经济与管理若干重要问题的数学分析

王志国　著

中国财经出版传媒集团
经济科学出版社
Economic Science Press

图书在版编目（CIP）数据

经济与管理若干重要问题的数学分析/王志国著
. --北京：经济科学出版社，2023.2
ISBN 978-7-5218-4591-4

Ⅰ.①经… Ⅱ.①王… Ⅲ.①数学分析-应用-经济管理 Ⅳ.①F2

中国国家版本馆CIP数据核字（2023）第040669号

责任编辑：于 源 刘 悦
责任校对：李 建
责任印制：范 艳

经济与管理若干重要问题的数学分析
王志国 著
经济科学出版社出版、发行 新华书店经销
社址：北京市海淀区阜成路甲28号 邮编：100142
总编部电话：010-88191217 发行部电话：010-88191522
网址：www.esp.com.cn
电子邮箱：esp@esp.com.cn
天猫网店：经济科学出版社旗舰店
网址：http://jjkxcbs.tmall.com
北京季蜂印刷有限公司印装
710×1000 16开 19.75印张 330000字
2023年9月第1版 2023年9月第1次印刷
ISBN 978-7-5218-4591-4 定价：88.00元
（图书出现印装问题，本社负责调换。电话：010-88191545）

本书主要研究工作得到“江西省主要学科（社会科学）
学术或技术带头人”计划的支持

自序：在经济与管理实践中发现和追寻数学的“美”

若要问什么是数学？大多数人认为，数学是一门研究数量、结构、变化、空间以及信息等量和关系的科学。数学的本质是什么？是人类为认识物质世界及其运动关系的一种创造性思维，是一门语言工具和科学艺术。作为语言、工具，数学用符号、规则描述现实和抽象世界的时空结构和数量关系，用逻辑和推演来发现和验证数学对象的性质和变化规律。作为科学和艺术，数学研究自然科学和社会科学一切数量和运动关系，是来自人类脑海深处的创造和美感。数学思维的最后鉴定者是美学。我早年学的是数学专业，积累了一些数学思维，之后又学习经济学，40年来，一直从事经济和管理工作的实践与理论研究。长期的实践与研究工作，我逐渐体会和领悟到，数学之美来自它的抽象性和严密性，来自它的逻辑性和一致性，来自它的简洁优美，来自它的对称和谐。数学对自然科学、工程技术、经济和社会现象的数量关系探讨，发现和构造其研究对象的空间存在形式和运动关系，如同创作音乐、绘画、建筑作品或者设计工业作品一样，需要更深刻的创造性思维，需要创作的激情，需要像创作艺术作品那样的奇思妙想。现在呈现给读者的这本书，是我从事经济与管理研究以及实践工作中用数学分析方法解决所遇到的若干重要理论与实际问题的研究成果，包括本人主持的“江西省主要学科（社会科学）学术或技术带头人项目”的部分成果，也是我40年来探求、发现和感受数学之美的经历和结果。

一

时光如梭。51 年前，1972 年的一个冬日，我和一批带着青春理想的青年离开学校，加入中国人民解放军的队伍。在二炮新兵连训练完成后不久，就作为志愿队战士随着大队进入中南半岛的热带雨林，执行援老（挝）抗美的特殊使命。经过两年多血与火的熔炼，我感觉到自己已经脱胎换骨，从一个“毛头小伙”成长为一名坚定的“战士”，人生意志和吃苦奋斗的精神更加坚定。此后，无论部队是在西北风雪高原，还是以后在地方其他任何工作岗位，遇到再苦再难的事，我都觉得与那段日子相比不算什么，与牺牲在异国他乡的战友相比都是幸运的。

1977 年，在我们这批青年都以为不会再有读书的机会时，我们欣喜地听到全国恢复高考的消息，但是部队那时候没有普遍参加高考的安排。我是在 1978 年 5 月退伍回乡后才获得参加高考的机会。在老师指导下，经过两个多月复习备考的日夜奋战，我感觉自己疲惫到一阵风就能被吹倒。但我坚持了下来，并且取得了并不算很差的高考成绩。为了能确保录取，我填报了湖北师范学院。在部队我当过新闻通讯员，也当过连队的理论教员，按理说文史哲的基础相对较好一点，但是却被数学专业录取。我有一个性格特点，就是干一行、爱一行，既然如此，就把数学专业学到底。作为恢复高考第二届、全国统考第一届的大学生，我们的口号是为“四个现代化”努力学习，把失去的时间追回来，投入到最紧张、最火热的学习生活中。我和班上同学甚至分工合作，把数学界具有权威性的苏联数学家吉米多维奇所著的4000 余道其中不少奇难的《数学分析习题集》基本解题完毕，并试图出版。老师的严格教学和我们自己刻苦的训练培养了我的数学思维以及运用数学分析的方法解决实际问题的能力。

1982 年秋，我毕业来到一所地方商业学校，原本是要教书的，但被抽调到上级机关做“中心”工作。正是这个偶然机会使我开始进入经济与管理领域的研究生涯。当时，我国还是实行严格的计划经济，流通领域的商品都实行计划价格。例如，食品公司的零售猪肉都是严格执行计划价格。由于统装肉价格不能满足群众生活水平提高后对不同部位猪肉的消费偏好，管理部门决定改善服务，实行分部位销售。如何根据消费者对不同部位猪肉的需求，给予不同的定价，并且使分部位销售的总价与统装肉的总价一致，既不能亏损，也不能多余。这显然是一个稍显复杂的数学问题。但是，当时商业部门具备高等数学知识的人很少，老师傅们便用“凑”的办法不断调整定价。我当时正好参加提高服务质量的“中心”工作，于是提出用列方程组和用消费者调查的方法进行订价，得到了老师傅们的赞扬。后来，我把这一次订价实践的工作经历写成工作论文，就是本书的第十章。这是我从事经济与管理问题数学分析研究的发端，也是我第一次感受到，数学方法可以使经济管理中看来很复杂的问题，如此简洁和优美地得到解决。

二

经过这次从实践中提炼数学问题，构造数学模型解决问题的经历后，我特别注意观察经济社会发展中的数学问题。当时我国经济体制改革正从农村转向城市，1984 年 4 月，《中共中央关于经济体制改革的决定》发布，价格改革成为经济体制改革的关键。国务院为此组建了价格研究中心，负责价格改革方案的研究设计和理论价格测算。我敏锐地感到我的分部定价数学模型可以扩展到更大、更宏观的国民产品系统的定价问题。为此，我深入研究了国民产品价格的理论与实际管理问题，历时两年写成《一种新的国民产品系统的线性价格模型》，并将论文寄给了国务院价格研究中心的专家。由于我的模型是将国民产品分部门产品，以比价体系的方法，用迭代方法求解；与以往用投入产出矩阵以特征根求解的方法完全不同，是一个测算国民产品理论价格的全新思路和模型方法。因此，得到了该中心领导和专家的高度重视，我也被借调到中心工作了一段时间，并参与中国理论价格测算的研究工作。在领导和各位老师的指导帮助下，我将该方法进行了进一步完善，特别是用迭代方法解决了产品价格中平均利润率的表达与计算问题。就是在模型中将社会平均利润率写成总利润对各种分配要素的比率，使其经济学含义显而易见，用迭代方法且不用复杂的特征根方法求解。这是对原投入产出价格用特征根求解的巨大进步。后来这个模型的不同简要版分别发表在《系统工程理论与实践》1992 年（12 卷）第 12 期和《成本与价格资料》1990 年第 8 期。这就是本书的第一章。我感到，这个理论模型是一个基础模型，可以推广到更大范围的经济与管理领域。此后，我的多项成果都是对这个模型的推广和应用，解决相应的重要理论和实践问题。这个课题的研究使我的视野实现了从微观管理问题向宏观经济的跨越，领悟到线性方程、比价体系对国民经济的宏观表达，所构造的"自适应"迭代方法，对解决经济系统的复杂难题——社会平均利润率求解的精妙之处。

在国务院价格研究中心工作结束之后，在中心领导和江西省政府领导的关怀下，我开始在江西省政府发展研究中心从事专职政策咨询研究工作。为此，我系统学习了经济学与管理专业的理论知识，先后在浙江工商大学管理系进修，在江西省委党校经济学部攻读经济学研究生。在此后的政府经济政策研究生涯中，我主要是承担江西省委省政府交办的调研任务、工作报告和有关文件、文稿起草任务，先后发表了400多篇调研报告、政研报告、咨询建议和学术论文。这些报告的一部分也已多次结集出版。我也逐步成为熟悉世情、国情、省情的一名政府政策咨询研究工作者。但我也仍然没有全部忘记我的数学专业知识底蕴和数学思维，在实践中发现一些重要理论问题时，仍然挤出节假日和晚上时间来研究该问题的数学解决方案。

例如，《物流场论及其在经济分析中的应用》这篇文章就是我在研究城市经济中的发现，城市之间的经济联系主要是物流运动以及信息流、资金流、人员流。其中，物流和信息流是最基本的。它们构成了如同物理学和数学中的物理场和数学场。运用物理学和数学中的场方法论，可以分析经济社会发展中的许多问题。于是，我构造了一种叫作物流场的理论模型和数学分析方法，用来分析经济发展、国土资源开发和交通运输经济方面的问题。特别是运用"等位势"方法获得一个城市的经济腹地的精确量化确定方法。这篇论文发表在中国《地理学报》1990年（45卷）第1期上，并被中国人民大学复印报刊资料《中国地理》K91，1990年第4期全文收录，我也成为江西省当时为数不多的能在权威刊物发表论文的青年学者。这篇文章获江西省青年社会科学优秀成果奖一等奖，收入本书第六章。

《森林资源循环的一般均衡模型》是我在参加赣南一些重点林业县调研时产生的森林永续利用与经济学一般均衡方法的联想。于是，我研读了国内外森林经理学、林业资源规划与调查统计方法等方面的理论与方法，构造了森林资源循环的一般均衡模型。提出了森林保有积蓄量的概念，以及保有积蓄量的生态基准量、最大生物效能量和最佳经济效益量（生态基量、生物效量、经济效量）三种特殊均衡量的概念。提出异龄林按细分面积的插花分布实现同龄化的概念与实现方法，将前人各种采伐模式归于一种一般的采伐模式中，提出了用编制一般均衡表的方法，实现森林资源循环的一般均衡和三种特殊均衡态的控制方法。为森林经理、森林永续利用提供了一种崭新的思想理论和控制方法。1995 年，该模型在全国林业系统工程学会第二届年会上宣读，获得极大的反响，并发表在《江西农业大学学报》1995 年（17 卷）第 2 期，获江西省科协首届一等优秀科技论文。这篇文章收入本书第七章。上述两篇文章，前者将物理和数学的场方法论引进经济分析中，后者将经济学均衡分析方法引进森林经理学中。可以说是数学方法实现自然科学与经济和管理学科交叉发展的范例，较好地展现了数学方法的抽象性、严密性和创造性美感。

《归一化优选排序法》和《归一化多层优选排序法及在目标管理干部素质评价中的应用》两篇文章，是我在参与企业经济效益考核和参加后备干部评选中产生的关于评价方法的思考。当时较普遍的做法是将一些考核指标分值直接相加或相乘，按总分排序，其结果不可避免地有一定的偏差。归一化优选排序法，对指标进行了无量纲的标准化处理，并充分考虑不同指标的权数，进行归一化运算，其结果更加合理。而多层优选排序方法构造了一个优选环境套，将模糊概念分解为多层指标体系，在最低层次用求数学均值的方法将模糊评价转化为量值。经过多层次运用归一化方法，最终可求出每个优选对象的优选成绩，按成绩决定一个顺序。这两篇文章前一篇发表在《江西经济管理干部学院学报》1987 年第 2 期，后一篇入选 1987 年 12 月江西省委组织部、省人事厅、行政学院举办的“目标管理责任制研讨会”发言论文。两篇文章在 20 世纪 80 年代较早发表，是我独立提出的方法。1990 年代后期，我才在有关刊物发现有学者介绍和运用类似的方法。收入本书第八和第九章。这两篇文章展现了数学使经济和管理决策中模糊问题的精确化，体现了复杂问题降维处理的思想方法。

20 世纪 70 ~ 80 年代是三论——系统论、信息论、控制论大流行的时期，我也系统地阅读过钱学森、申农、维纳的著作。在我写出《一种新的国民产品系统的线性价格模型》之后，我对价格改革是中国经济体制改革的关键进行了一些深入思考：在一个有多种调控手段的经济系统中，保持经济系统的稳定运行，价格体系是否存在唯一性？我试着列出经济系统的多种控制变量，例如含有价格、税收、财政、金融、汇率等变量的相互关系，令价格体系不变、以线性变化和非线性变化冲击经济系统，得出经济系统不变、变化以及稳定运行的条件，得到多维经济系统保持稳定运行的价格体系不是唯一的结论。这个结论的意义是，在推进经济体制改革时，价格只是多种调节手段的一种，依靠价格与财政、税收、金融等多种手段的综合作用，可以控制系统稳定运行。这篇文章发表在《系统工程》1992 年增刊上，收入本书第十二章。

三

对前述我提出的国民产品系统价值价格模型基础方法最好的应用，是我主持“江西省主要学科（社会科学）学术或技术带头人计划项目”所做的一些工作。1999 年，江西省科技厅、人事厅、省委组织部、宣传部等部门在江西省遴选主要学科学术或技术带头人（社会科学第一次遴选），我以成果多、获奖多、进入决策效果好而唯一入选。我选的项目就是将我在国务院原价格研究中心（后重组为国务院经济技术社会发展研究中心）开展的理论价格模型研究进一步提升完善和拓展，推广到经济与管理的一些重要领域。其中，收入本书的工作有以下内容。

一是《马克思劳动价值论的数学分析》。马克思劳动价值论及其剩余价值学说是全世界无产阶级最伟大的学说和革命性武器。马克思本人非常重视经济理论的数量化，他的劳动价值论体现了多方面的数学关系。例如，社会必要劳动时间决定商品价值、社会平均成本、社会平均利润、商品价值与劳动生产力的关系、价值向生产价格转化等。但马克思并未将它们写成数学公理体系，以至于后来的研究者出现了很多争论。例如，是第一种社会必要劳动时间，还是第二种社会必要劳动时间决定商品价值量？商品价值与劳动生产率呈反比，那不同时期生产率越高，生产的商品价值量越小？等等。本课题所做的工作是：把马克思关于劳动价值的质的规定性、量的规定性梳理清晰；建立一套基本公设体系；在此基础上，将马克思的劳动价值论的概念、定义、性质、定理、推论全部数学形式化。过去人们争论不休，甚至说商品价值、生产价格只是理论概念，在现实中无法计算，等等。由于我的基础模型可以计算现实的商品价值和生产价格，因而运用这套模型可以实现马克思的商品价值和生产价格的全部数学化、可计算化。特别指出的是，马克思认为，商品价值是在供求一致的情况下才“纯粹”地实现。这个设想与当代西方经济学供求均衡下的价格，在数量上似乎有某种联系。当然，这种“联系”绝对无法抹杀马克思的社会必要劳动时间决定商品价值与供求平衡决定价格在本质上的不同。但是，本书并没有深入讨论这种可能的数量“联系”，相信未来有更深入的研究者进行探究。这篇文章是本书的第二章，它展现了数学公理化、形式化对马克思主义重大理论问题研究的重要意义，也展现了数学的严密性和逻辑形式之美。

二是《马克思“价值转形”的对称不变性解法》。马克思首先用社会必要劳动揭示商品价值的源泉，用剩余价值揭示资本主义利润的源泉。而在资本主义现实社会，商品是以生产价格的形式出现的，因此，在揭示资本主义的剥削性质后，必须将商品价值转化为生产价格。马克思认为，社会商品的总价格等于总价值，总利润等于总剩余，而价值是先于生产价格存在的。这说明生产价格是由价值转化而来的。1906 年和 1907 年，德国统计学家鲍尔特基维茨用三部门比例系数列转化方程组的方法，证明两对总量关系只能成立一个。一些反马克思主义者便抓住不放，认为马克思的转形理论存在破缺。后来，不少学者包括中国许多学者延续这一思路，都只能证明一个总量相等关系成立。当然，也有少数学者如塞顿、森岛通夫等开创了另外的思路，证明在一些特殊情况下两总量关系成立。为此，围绕马克思转形理论证明，形成了 100 多年马克思主义者和反或非马克思主义者的激烈“论战”。我在多年前就认定我的价值价格基础模型提供了解决这个百年难题的一个新的证明思路。在研究中我发现，凡利用部门转化系数的证明方法，如果将两总量分别相等作为约束条件列入方程，将使方程组个数比未知数个数总要多出一个，在方程组都独立的情况下，必使方程组成为无解的超定方程；而要使方程组有解，必须放弃一个总量相等关系。这就是西方学者和我国绝大部分学者延续使用转化系数的方法不能证明“两总量相等”问题的根本症结所在。在实施带头人项目研究中，我将马克思的“转形表”（《资本论》第三卷第九章）翻译成投入产出表，将价值算法模型与生产价格算法模型联立求解，得到了两总量关系成立的一组充分必要条件。生产价格体系：P = K + S；价值体系：W = L + M；当 P = W、S = M 时，必有充要条件：K = L。而 K、L 是由特定的包括物质投入和劳动投入的经济技术结构组成。按照投入产出关系，它们是一组由 n 个相互消耗的产业部门组成的方程组个数远少于未知数个数的不定方程组，有无穷多组解，其中，必有与现实经济技术结构相同的解。这就是说，存在无穷多组经济技术结构满足两总量相等的要求。而且，这种解法正是精准反映了马克思自己在论述转形问题时所说的“加入某种商品的剩余价值多多少，加入另一种商品的剩余价值就少多少，因此，商品生产价格中包含的偏离价值的情况会互相抵消”的论断，体现了马克思的原意。由于迭代算法的解只与经济技术结构有关，与初始值无关。可以分别选择商品的原始价值或原始价格作为初始值，对于一定的经济技术结构，只要价值和生产价格的算法确定，给定初始价值，可以获得生产价格；给定初始生产价格可以获得价值。也就是说，在这种生产技术结构下，价值和生产价格是一个对称体，可以相互转换。这时，“价值先于生产价格存在”有着特别重要意义，它说明从历史上看，价值向生产价格转化是完全可能的。这就从一般意义上证明了两总量相等关系。我还将转换后的马克思投入产出转形表，编制成电子计算机程序进行了计算机运算，在误差为零（$\varepsilon = 0$）的情况下，计算机只迭代了 4 ~ 6 次，就达到了不动点，收敛得非常快。这篇论文开创了马克思转形理论新的证明方法，从数理逻辑上一般性证明了马克思转形理论的正确性，同时还开创了用计算机方法研究马克思劳动价值论的先例。证明过程中充分必要条件的求解和马克思价值价格体系对称性的发现，既是马克思经济学理论的重要发现，也是数学创造的和谐与对称美。该文章发表在《经济评论》2003 年第 5 期，并获第三届薛暮桥价格研究奖，收入本书第三章。

三是《一种国际比较方法：基于国际生产价格的求解与核算》。从本质上说，国际比较应该是寻求各国共同的价值尺度。马克思社会必要劳动时间决定商品价值的理论认为这个共同价值尺度只能是世界生产该商品的社会必要劳动时间，而不是其他的东西。而目前的国际比较主要采用汇率法或者购买力平价法。汇率法受各国政治经济政策影响，经常出现扭曲；而购买力平价法在物量、国际价格等方面也存在一些问题，是从购买力说明价格，并不涉及社会必要劳动时间。本章提出以编制世界投入产出表为基础，运用本人提出的生产价格基础模型，求解世界生产价格作为国际比较的理论价格或不变价值尺度。由于国际生产价格实现了社会平均成本摊销，并能实现国际资本的平均利润，应该被各国普遍接受。本章提出了编制国际投入产出表的具体方法和国际生产价格的具体求解方法。以现行各国以及联合国正在编制的各国投入产出表为基础，只需按照某种规范统一各国编制标准即可。国际生产价格确定之后，各国就可以按照这个价格进行国民经济核算和确定货币交换关系。这个方法为世界各国以及相关国际组织开展国际比较工作，提供了一个新的思路和方法。该文章发表在《价格月刊》2019 年第 11 期，收入本书第四章。

四是《一种用比价体系构建的国际比较方法》。这是又一种新的国际比较方法。我在提出国民产品系统结构以及按比价关系求解分部位销售猪肉的价格时，就想到这个方法可以求解各国标准产品物量和标准价格，运用比价关系，就可以求解全部产品价格。只是在多年后才真正开展这种方法拓广研究。我发现，各国生产技术、经济结构虽然不同，但是比价关系具有同构性、无技术差别性、无货币量纲性和开放条件下的趋同性等重要特性。选定各国共同的标准产品，运用比价体系，可以将各国总产品折合成国际标准产品物量。这个物量是带有物质量纲的真实产品，例如国际标准粮单位、国际标准钢单位等。选定基准货币，就可以计算国际标准产品价格。这个价格也是带有价格量纲的真实价格：如一个国际标准粮或国际标准钢单位多少基准货币单位等。运用国际标准产品物量、国际标准产品价格就可以进行各国国民经济的国际核算，进行货币交换关系确定。而且这种核算、货币交换关系确定与标准产品、基准货币的选择无关。也就是说，可以任意选定，其国内生产总值的国际核算与货币交换率都是不变的。这正是国际比较所需要的结果。这个方法与购买力平价法的理论依据不同，物量与价格的内涵不同、量纲不同，计算方法也不同，两者颇有异曲同工之妙。但比价体系法的比价、物量与价格更具现实经济内涵，因而在国际比较中具有更好的说明性和实用性。该文章发表在《统计研究》2005年第11期，被中国人民大学复印报刊资料《统计与精算》F104，2006年第2期全文收录，收入本书第五章。国际比较问题既宏观又复杂，两个模型、两种方法展现了数学方法在探讨人类经济发展比较问题上的广阔空间。

五是《通货价值改变对居民家庭收支的影响》。20世纪90年代末到21世纪初，受亚洲金融风暴的影响，我国物价指数出现了连续多年的较高上涨和持续下降的局面，也就是通货价值发生了较大的胀缩。在承担“带头人”项目中，我专门列出一个子项，研究通货胀缩对居民收支影响的现实问题。以价格为自变量，构造了一般家庭的收入、支出、消费、储蓄、投资与借贷行为关系的一组方程体系，分析在价格变动情况下，这些变量以及居民行为的变化关系。运用20世纪90年代我国居民家庭的收入支出资料，分析了不同收入类型家庭，在通货胀缩情况下的收入变动规律和消费特征。该文章入选“中国数量经济学会20周年回顾国际研讨会”发言论文，并收入《21世纪数量经济学》第1卷32章（中国统计出版社，2000年），现收入本书第十三章。

除上述文章外，还有三篇其他数学分析文章。例如《外向型经济的测度理论与实际测评》。20世纪80年代末我国形成了外向型经济发展战略，为对比分析评价我国、江西以及若干典型省份外向型经济发展的基本状况，该文章在分析外向型经济测度理论的基础上，构建外向度测度模型，并运用80年代至90年代初全国和各省资料进行了实证分析。该文是江西省社会科学“八五”规划重点项目《江西对外开放研究》的子项目报告。发表于《江西国际经贸》1995年特辑，收入本书第十一章。

《九江市社会商品购买力及其投向预测》是本人早期的应用数学分析方法的成果。现在看来，虽然所用的数学模型较为简单，但在20世纪80年代初期，能够在实际经济管理中运用这种方法实属不易，具有一定的先导性，现收入本书第十四章。

《广义对称论及其在若干重要领域的应用》是我在本科学习期间写的一篇文章。该文研究了日常生活中最为常见的对称现象及其蕴含的科学原理。从直观对称图像入手，分析了对称性的基本类型、基本元素和基本性质，把对称性从一维到三维空间推广到N维空间。该文章认为，对称体是在N维空间中，在某种一对一的变换下，保持某种不变特征的集合体。这一特性被称为广义对称性。广义对称性是普遍存在的，一种特定的不变运动，对应着自然界的一种守恒定律。对称性在数学、物理、化学尤其是理论物理学、高能物理学、天体物理学上有广泛美妙的应用，如可以简化数学运算、构造统一场论、构造高能物理模型，等等。该文给出了丰富的案例，说明这些特性和广泛性的存在。并认为，对称性是宇宙世界物质运动的一种普遍现象和基本规律，体现了人类认识世界的某种客观规律。运用对称性可以发现物质世界更多的未知规律。该文最初是我为1982年数学本科毕业准备的论文，后因文章提出的问题过于复杂和广泛等多种原因，而另选课题。但40年过后再来看这篇文章，觉得仍然有些道理。因为毕竟是本科论文，其中很可能存在一些纰漏，而且在引用文献上也不全合乎现在的科学引文规范。但是我还是将该文基本按原文内容收入本书作为最后一章。这篇文章更是直接探寻自然科学和数学本身的和谐对称之美。事实上，因为我已多年不再从事这个领域的研究，也无法再改进它，只能期待专业人士的批评指正了。

四

以上是本书各篇章的写作背景、主要内容以及我个人当时和现在的一些思考。总体来说这些文章构成有这样三个共同点。

第一，原创性。各章的数学模型都是本人独立思考提出来的、之前所没有的数学模型。除第十一、第十四章稍有不同外，其余模型都是在独立提出一定的理论假定，然后依据理论构建数学模型，进行解模分析。当然，第二、第三章依据的理论是马克思的劳动价值论的质的规定性，而数学分析则是本人在这个基础上遵循马克思的原意做出的。第十四章时间序列回归和指数方程预测，是对已有数学方法的应用。目前，我国定量模型的研究工作绝大部分都是类似的应用分析。科学界大力提倡在研究中提出原创性模型，我是在努力实践这一目标。当然，这里面的许多工作还是在前人工作的基础上再向前进一步。例如，马克思的价值转形分析、国际生产价格、广义对称论等都大量引述和评价了前人所做的工作；但就模型本身来说，是一个新的原创模型。

第二，抽象性。这里所说的抽象性不仅是指各章的数学模型具有抽象性，更主要的是说这些模型是从现实生活中的实际问题出发，在抽象事物运动的主要矛盾和运动规律的基础上转变成数学问题，提出数学模型，通过解模来解决某种理论问题和实际问题。例如，从分部销售定价问题到用迭代算法解决国民产品系统的价值、价格问题，转形问题，归一化优先排序问题，两种方法进行国际比较问题，通货价值改变对居民收支影响问题，多维经济系统价格体系非唯一性问题，广义对称论及其应用问题等，均是从实践抽象到理论抽象，从提出问题到解决问题。可以说，是对数学方法抽象之美的一种不懈的追求与尝试。

第三，现实性。各章阐述的问题，除马克思劳动价值论，广义对称论主要是理论问题外，其余都是与现实问题紧密联系在一起的。例如国际比较、物流场、森林资源循环、优选排序、居民收支、价格体系非唯一性问题，等等，都是经济与管理以及体制改革中的现实问题。这些问题的解决对于推进相关工作有很大的作用和现实意义。而对马克思理论问题的研究，也是对马克思主义科学体系完备性的坚定维护和证明，有着重大理论和现实意义。而广义对称论则是现实科学研究的一种有重要应用价值的科学工具，也是我本人对自然科学和数学本身和谐对称之美的努力探寻。

综观自己的研究生涯，我的工作时间和主要精力放在政府政策咨询研究工作上，在研究成果的数量上和进入决策的效果上，政策研究工作均占绝对大的比重。我在已经很饱和的政研工作量的基础上，仍然挤出时间来研究经济与管理的数学分析问题，这就要过度支出我的基本休息时间，甚至支出健康了。多少年来，我很少有惬意的闲暇时间，每天都是脚步匆匆，手里做着一项、二项课题，另外还有几项课题在那里等着开工！节假日绝大部分时间都在忙碌着，年轻时许多业余爱好全部丢弃，白天时间不够，晚上加班干，不知度过了多少不眠之夜。长时间的疲惫，身体被透支，处于亚健康状态，经常是一项大的调研课题或文稿起草工作在最紧张的时候或者结束之后，或者气温变化较为急剧时，就会遭遇一场感冒高烧、呼吸道感染，直到需要几种抗生素联合使用来抑制感染。但是，通常由于工作还没有完成，在退烧之后就要接着工作。这种状况在我职业生涯的后 15 年中最为严重，从我几个平常之年的单位考核报告或述职中可见一斑。

五

我要衷心感谢在我的职业生涯中各个阶段给我关心、支持、指导和帮助的领导、老师、朋友和家人们。衷心感谢大学期间老师们对我的悉心教诲、指导和数学思维的培养。衷心感谢国务院原经济技术社会发展研究中心的领导和同事们对我早年所做工作的大力支持和关怀。衷心感谢“江西省主要学科（社会科学）学术或技术带头人计划项目”的主管部门。由于项目的支持，我多年的研究思路与设想，也是经济与管理领域的一些重要问题的数学分析才得以完成和实现。衷心感谢江西省政府研究室（研究中心）历任领导和同事们对我工作的大力支持关心和协助。特别感谢在我研究过程中给予指导鼓励支持和帮助的各位学术前辈和同仁。

王立元博士参与翻译和校对了本书的英文摘要；研究生任俞琪、王立山，以及杨庐娇等参与了书稿的整理和公式校对，在此一并致谢！特别感谢经济科学出版社为本书的出版提供的大力支持！

作者

2023年2月于南昌

目　　录

Contents

一种用迭代法计算的国民产品系统的理论价格*

摘　要　本章提出了不同于传统投入产出价格的一种国民产品理论价格模型。该模型引入了社会总产品价格，以及反映第二种社会必要劳动时间分配的部门产品量。其利润率表达为社会总剩余与利润分配的各种要素的比率，价格中工资与消费品的价格指数直接相关。由此明确定义了国民产品总价格与总价值、总利润与总剩余之间的经济关系，可计算马克思劳动价值型价格、生产价格，以及“多渠价格”。模型中平均利润率是通过迭代的方法计算的，其过程包含了丰富的经济机制。

与传统投入产出价格模型比较，本模型不需要求解变异矩阵的最大特征根即可求出平均利润率，其计算更加容易实现。

关键词　迭代法　平均利润率　价值型价格　生产价格

Chapter 1　A Theoretical Price Model of National Product System Calculated by Iterative Method

Abstract　A theoretical price model of national products, which is different from traditional input-output prices, is proposed in this chapter. This model introduces social aggregate product prices and sectoral product quantities that reflect the

---

* 本章内容为作者20世纪80年代中期在国务院原价格研究中心参加中国理论价格测算研究工作时提出和完善的《一种新的国民产品系统的线性价格模型》的简要版本。发表于《系统工程理论与实践》1992年（第12卷）第2期；发表时应用示例删除，本章中按“成本与价格资料”1990年第8辑本人文章示例数据补齐；题目有改动。

second distribution of socially necessary labor time. The profit rate is expressed as the ratio of the total social surplus to various factors of profit distribution, and the wage in the price is directly related to the price index of consumer goods. From this, the economic relationship, what between the price of the total social product and the total value, the total profit and the total surplus, can be defined clearly. And it can calculate the Marx's labor value price, production price, and "multi-channel price", also. In this model, the average profit rate is calculated using iterative method. It includes rich economic mechanisms in this process.

Compare with the traditional input-output price model, this model can get its solution of the profit rate without the biggest feature value of variation matrix. The calculation of this model is much easier to implement.

Keywords Iterative Method Average Profit Rate Value – Based Price Production Price

第一节　迭代数学模型

传统的投入产出价格体系需要用对应变换矩阵的非负最大特征值来求解[1][2]。长期以来，人们对这个特征值的倒数也就是国民产品价格体系的平均利润率，其经济学机理很是困惑；而且高阶矩阵的求逆和求特征根的计算较为复杂，给国民产品系统大规模价格体系的测算带来困难。本章依据马克思主义价值价格理论，利用投入产出、劳动消耗和资本占用系数，运用数值逼近思想，提出一种用迭代方法计算的国民产品系统价格体系。模型把利润率直接表达为社会总剩余对各种分配因素的比率，使这个重要的经济学概念及其经济学机理明了化，并且在经济系统中可以一体化计量；其计算不再用特征根求解，容易实现；而且其成本中的工资费用随消费品价格波动而相应变化，比较客观地反映了价格调整过程中的一些要求。

用迭代法计算的价格体系可归纳为下述方程组[3]：

$$P_i^{t+1} = \sum_{j=1}^{n} a_{ji} p_j^t + V_i^t + M_i^{t+1} \tag{1-1}$$

$$V_i^t = \delta^t V_i^{t-1} \tag{1-2}$$

$$\delta^t = \sum_{i=1}^{n} W_i P_i^t [\sum_{i=1}^{n} W_i P_i^{t-1}]^{-1} \tag{1-3}$$

$$M_i^{t+1} = d_1 \alpha^t K_i^t + d_2 \beta^t V_i^t + d_3 \gamma^t F_i^t \tag{1-4}$$

$$K_i^t = \sum_{j=1}^{n} a_{ji} P_j^t + V_i^t \tag{1-5}$$

$$F_i^t = \sum_{j=1}^{n} (b_{ji}^1 + b_{ji}^2) P_j^t + b_i^3 \tag{1-6}$$

$$M^t = G - \sum_{i=1}^{n} K_i^t Q_i \tag{1-7}$$

$$\alpha^t = M^t [\sum_{i=1}^{n} K_i^t Q_i]^{-1} \tag{1-8}$$

$$\beta^t = M^t [\sum_{i=1}^{n} V_i^t Q_i]^{-1} \tag{1-9}$$

$$\gamma^t = M^t [\sum_{i=1}^{n} F_i^t Q_i]^{-1} \tag{1-10}$$

$i=1, 2, 3, \cdots, n;\ t=0, 1, 2, \cdots, T$

该方程组的式（1-2）~式（1-10）是式（1-1）的展开式或解释式，式（1-1）中 P_i^{t+1} 为 i 部门产品的第 t+1 次迭代价格；a_{ji} 为传统的投入产出消耗系数；V_i^t 为 i 部门单位产品的第 t 次迭代劳动工资成本；M_i^{t+1} 为 i 部门单位产品第 t+1 次迭代利润。

式（1-1）表示单位 i 产品价格由原材料成本、工资成本、利润三大因素决定。δ^t 为第 t 次迭代消费品总价格变化指数；W_i 为构成工资的消费品总量中 i 产品的数量。

这里假定各个产业部门的人工消费倾向是一致的。当 t=0 时，P_i^0，V_i^0 为 i 产品的初始价格和其中的工资含量，并且应使 $P_i^{t-1} = P_i^t = P_i^0$；$V_i^{t-1} = V_i^t = V_i^0$；$i=1, 2, 3, \cdots, n$。

式（1-2）、式（1-3）反映价格波动时，工资随其中消费品价格的变动改变同一个幅度 δ^t，以保证产业部门一定的人工消费水平和消费结构不因价格调整而发生变化。

式（1-4）为 i 产品按社会平均成本、劳动工资、资金或其综合形式分配利润的通用关系式。其中，d_1，d_2，d_3 为按各种因素分配利润的权系数，需满足 $\sum_{i=1}^{3} d_i = 1$。令其中一部分为零时，可得到不同因素分配利润的“单渠”“双渠”价格体系；当 d_i 都不为零时，就是“三渠”价格。特别地，当 $d_1 = d_3 = 0$ 时，就是马克思劳动价值体系；当 $d_1 = d_2 = 0$ 时，就是利润与资本成比例的马克思“生产价格”；当 $d_1 = 0$ 时，就是中国理论价格测算中使用的利润与工资、资金成比例的“双渠”价格。在多渠价格里，还可以通过对权系数不同取值来决定各种分配因素决定的利润在产品价格中所占的份额。

K_i^t，V_i^t，F_i^t 分别为单位 i 产品第 t 次迭代社会平均成本、工资成本和资金占用，即社会剩余的分配因素，α^t，β^t，γ^t 为对应的分配率或社会平均利润率。

式（1－5）为单位 i 产品的第 t 次迭代总成本构成。

式（1－6）为单位 i 产品第 t 次迭代资金占用构成，其中，b_{ji}^1，b_{ji}^2 分别为生产单位 i 产品作为固定资产、定额流动资产占用的 j 产品量；b_i^3 为生产单位 i 产品占用的非定额流动资金。这里以实物形式占用的资金每一次迭代都重新进行了估价。

用于社会分配的总剩余由式（1－7）决定，即总利润等于社会产品总价格 G 与总成本的差。其中，Q_i 为 i 部门产品的生产量。由此，平均利润率可以明确地表达为总利润对各种分配因素的比率，如式（1－8）、式（1－9）、式（1－10）所示。传统的投入产出价格其利润率与产量无关，只由投入产出、资本、人工消耗矩阵 A、B、C 确定[1][2]；这在很大程度上是由于需要用特征根求解价格向量 P 所致。事实上，对国民产品总体来说，社会总剩余的数量除了与成本价格直接相关外，与社会产品量及其结构也总是相关的。当在全社会内按不同分配因素进行平均分配时——这是保证国民产品价格体系合理，以及生产价格形成的必要条件，利润率就与产量相关了。这也就是前面提到传统模型平均利润率机理困惑的原因之一。这里三种利润率都与产量有关，而且又是价格的函数，反映了各部门产品数量和价格变化后，社会总成本发生变化，引致社会总剩余变化，同时各分配因素的量值也发生变化，从而保证每一次迭代产品利润始终保持在全社会平均化（利润率相同）。

第二节　迭代基本思想和过程

新价格 P_i^{t+1} 的自身决定量必须有一个计算标准，在新价格未计算出来前只能用旧价格 P_i^t 计算。在首次迭代中，给定初始条件 P_i^0，V_i^0，其中 P_i^0 的不合理因素显然被带到 P_i^1 中了；但 P_i^1 中的利润是按平均化要求计算的。因而比 P_i^0 合理一些。用这个合理一些的价格再去计算。在第二次迭代中，利润在 P_i^1 的基础上仍然保持平均化；工资随 P_i^1 中的消费品变化同幅度变动；而物耗成本是用“合理一些”的 P_i^1 计算。所以总的来看，第二次迭代得到的价格 P_i^2 应该比 P_i^1 更合理了一步。如此反复迭代下去，注意 G 代表的总价格水平不变，每一次迭代 P_i^{t+1} 比 P_i^t 要合理一步，表明它们的差距在逐步缩小。经有限的 T 次后，价格 P_i^{t+1} 与 P_i^t 也就充分接近。

对任何 $\varepsilon \geqslant 0$，存在一个正整数 $T(\varepsilon)$ 使 $t+1 \geqslant T$ 时，不等式组：

$$|P_i^{t+1} - P_i^t| \leqslant \varepsilon,\ i=1,\ 2,\ 3,\ \cdots,\ n \qquad (1-11)$$

恒成立（当 $\varepsilon=0$ 时取等号）。

这时便停止迭代。由于每个产品价格的自身决定量用 T 次价格计算与用 T－1 次价格计算已没有什么不同了。因此，可以认为，由初始价格带来的不合理成分已逐步消除，或者说，其不合理影响已满足我们给定的误差要求了。

这种价格体系的迭代形成过程，可较详细地说明马克思价值与生产价格理论中所阐述的，被生产成本包含的各种要素最终可用生产价格来交换的一般情形。在前面的叙述中，我们还不加限制地使总价格等于总价值，把总剩余看作总利润。事实上，本模型揭示的数量关系说明，前者总是可以做得到；而后者严格地说，只在 $d_1 = d_3 = 0$ 的情况下才是一致的。这也是对马克思价值“转形”中总价格＝总价值、总利润＝总剩余两对“总量相等”的一种实现形式和证明[4][5][6]。

上述价格决定因素里没有考虑折旧和税收成分。这些因素的处理，可以用其他方法确定单位产品的折旧和税费额代入；可以按传统投入产出方法把折旧转到 A 矩阵，或者连同税费一起转到利润中[2]，等等。当模型的参数和变量全部取为已经发生的某个生产周期的实际数据时，计算出的价格反映的是那个周期经济结构和技术水平下的理论价格[7]；当这些参数反映的是未来时期的结构和水平时，这个计算价格就是未来对应周期的理论价格预测；当其中的一些参数在某些宏观政策下取特定值时，如对 δ^t，d_i 甚至 G 取特定值，则这个价格体系就是特定经济政策的模拟。它们都可以作为制定经济政策的参考依据，或作为经济调控价格参数加以利用。

第三节　应 用 示 例

以下假定一些数据，利用模型计算各种价格体系。

表 1－1、表 1－2 为设定的国民经济系统三个部门实物和价值混合型的投入产出平衡表、资金占用表（未注明价值量的均为实物量）。表 1－3 是根据表 1－1、表 1－2 数据计算的物质消耗和资金占用系数。其中，$a_{ji}=q_{ji}/Q_i$，$b_{ji}^1=f_{ji}^1/Q_i$，$b_{ji}^2=f_{ji}^2/Q_i$，$b_i^3=f_i^3/Q_i$；i，j＝1，2，3。

初始条件：

$P_1^0=0.5$　　$P_2^0=10$　　$P_3^0=5$

$V_1^0=0.2667$　　$V_2^0=3.1579$　　$V_3^0=1.5$

迭代精度：$\varepsilon=0$

表 1－4 是根据迭代模型计算“三渠”价格体系的计算机运算结果，利润加权系数为 $d_1=0.3$，$d_2=0.3$，$d_3=0.4$。第 1～3 列各行数字是第Ⅰ～Ⅲ部门单位产品的成本、工资、资金占用、利润和价格；第 4 列各行数字是相应社会平均利润率；第 5 列各行数字是相应的总量；最后一行数字是满足要求的各部门产品价格。可以检验，它们符合特定经济关系。

表 1－1　　三个部门混合型投入产出

产品分配去向 / 产品消耗来源	中间产品				最终产品			总产品	
	Ⅰ部门 q_{j1}	Ⅱ部门 q_{j2}	Ⅲ部门 q_{j3}	小计 $\sum_j q_{ji}$	积累 Z_j	消费 D_j	小计 Y_j	实物形态 Q_j	价值形态 G_j
物质消耗									
Ⅰ部门 q_{1i}	120	380	60	560	80	560	640	1200	600

续表

产品分配去向 / 产品消耗来源		中间产品				最终产品			总产品	
		Ⅰ部门 q_{j1}	Ⅱ部门 q_{j2}	Ⅲ部门 q_{j3}	小计 $\sum_j q_{ji}$	积累 Z_j	消费 D_j	小计 Y_j	实物形态 Q_j	价值形态 G_j
Ⅱ部门 q_{2i}		9	152	18	179	50	151	201	380	3800
Ⅲ部门 q_{3i}		6	19	14	39	13	68	81	120	600
小计（价值形态）		180	1805	280	2265	605	2130	2735	—	5000
新创造价值										
劳动报酬 V_i		320	1200	180	1700					
剩余产品价值 M_i		100	795	140	1035					
小计 V_i+M_i		420	1995	320	2735					
总产品	Q_i（实物形态）	1200	380	120	—					
	G_i（价值形态）	600	3800	600	5000					

表 1-2　　三个部门混合型资产占用

资产分布 / 资产来源	固定资产				流动资产			
	Ⅰ部门 f_{j1}^1	Ⅱ部门 f_{j2}^1	Ⅲ部门 f_{j3}^1	小计 $\sum_j f_{ji}^1$	Ⅰ部门 f_{j1}^2	Ⅱ部门 f_{j2}^2	Ⅲ部门 f_{j3}^2	小计 $\sum_j f_{ji}^2$
物质占用								
Ⅰ部门 f_{1i}	12	38	9	59	6	19	3	28
Ⅱ部门 f_{2i}	9	50	18	77	12	57	6	75
Ⅲ部门 f_{3i}	—	—	—	—	—	—	—	—
货币占用 f_i^3					36	76	18	130

表 1-3　　单位实物产品的物质消耗和资金占用

指标	消耗系数 a_{ji}			固定资产占用系数 b_{ji}^1			定额流动资产占用系数 b_{ji}^2			非定额流动资金占用系数
	Ⅰ部门	Ⅱ部门	Ⅲ部门	Ⅰ部门	Ⅱ部门	Ⅲ部门	Ⅰ部门	Ⅱ部门	Ⅲ部门	b_i^3
Ⅰ部门	0.1	1	0.5	0.01	0.1	0.075	0.005	0.05	0.025	0.03
Ⅱ部门	0.0075	0.4	0.15	0.0075	0.1316	0.15	0.01	0.15	0.05	0.2
Ⅲ部门	0.005	0.05	0.1167	0	0	0	0	0	0	0.15

表 1-4　　"三渠"价格计算结果（$d_1=0.3$　$d_2=0.3$　$d_3=0.4$）

项目	Ⅰ部门单位产品	Ⅱ部门单位产品	Ⅲ部门单位产品	平均利润率	总计
成本	0.4210738	7.90303	3.832995	0.0779862	3968.399
工资	0.2670819	3.162812	1.502336	0.1817643	1702.647
资金占用	0.2106391	3.055881	2.17485	0.2463549	1674.984
利润	0.1332758	1.944045	1.107776	—	1031.601
价格	0.5543497	9.847074	4.940771		5000.000

计算机运算中，每进行一次迭代，都要根据式（1-11）检验误差；若不满足给定要求，便再一次迭代。这里只迭代了 8 次，到第 5 次时，小数点后第 4 位就基本不变动了，表明迭代收敛得比较快。

表 1-5～表 1-7 是分别按成本、工资、资金分配利润的计算结果。

表 1-5　　按成本利润率定价的计算结果（$d_1=1$　$d_2=0$　$d_3=0$）

项目	Ⅰ部门单位产品	Ⅱ部门单位产品	Ⅲ部门单位产品	平均利润率	总计
成本	0.418044	7.912674	3.820156	0.260434	3966.888
工资	0.2664765	3.155643	1.49893	0	1698.788
资金占用	0.2124383	3.087338	2.197373	0	1691.799
利润	0.1088729	2.06073	0.9948987	0.260434	1033.113
价格	0.526917	9.973404	4.815056		5000.000

表 1-6 按工资利润率定价（马克思价值体系）的计算结果

($d_1=0$ $d_2=1$ $d_3=0$)

项目	Ⅰ部门单位产品	Ⅱ部门单位产品	Ⅲ部门单位产品	平均利润率	总计
成本	0.4225359	7.908804	3.817553	0	3970.495
工资	0.2668445	3.16	1.501	0.6051879	1701.133
资金占用	0.2106314	3.053047	2.172642	0	1673.633
利润	0.1614911	1.912394	0.908387	0.6051879	1029.505
价格	0.5840269	9.821198	4.72594		5000.000

表 1-7 按资金利润率定价（马克思生产价格体系）的计算结果

($d_1=0$ $d_2=0$ $d_3=1$)

项目	Ⅰ部门单位产品	Ⅱ部门单位产品	Ⅲ部门单位产品	平均利润率	总计
成本	0.4221836	7.891657	3.853966	0	3967.926
工资	0.2677018	3.170152	1.505822	0	1706.599
资金占用	0.209333	3.035077	2.160088	0.620334	1663.74
利润	0.1298564	1.882762	1.339976	0.620334	1032.074
价格	0.5520401	9.77442	5.193942		5000.000

本章主要参考文献

［1］［奥］A·P. 卡特，B. 斯科尔卡，等．投入—产出分析的贡献［M］. 阿姆斯特丹，伦敦：北荷兰出版公司，1969.

［2］［奥］B. 斯科尔卡．访沪报告：用投入产出模型计算的人为价格［J］. 经济研究参考资料，1983（6）.

［3］王志国．一种计算国民产品系统理论价格的线性模型［J］. 江西经济管理干部学院学报，1988（1）.

［4］马恩列斯著作研究会．战后西方在“转形问题”上的论争（专辑）［J］. 马克思主义研究参考资料，1982（43-44）.

[5] [英] 塞顿. 价值转化问题 [J]. 张自庄, 译, 经济学译丛, 1982 (6).

[6] [日] 森岛通夫, 乔治·凯蒂福雷斯. 转形问题: 马尔科夫过程 [J]. 王雨林, 译, 经济研究参考资料, 1984 (96).

[7] 国务院价格研究中心. 中国理论价格的测算报告 [R]. 1983 - 1984.

第二章

马克思劳动价值论的数学分析*

摘　要　本章把马克思劳动价值论区分为质的规定性和量的规定性，以公理化和数理逻辑的方式，对马克思劳动价值论的主要概念、规定、定理、推论进行了数学分析，着重从量的规定性上探讨了社会必要劳动时间与商品价值量的数量关系。探讨了处于供求平衡的基准状态下的第一种社会必要劳动时间与商品价值量的数量关系，推导出不同生产条件下，个别价值决定商品价值量的一般条件和特殊条件，证明了在具有比较基准条件下，总产品价值与劳动生产率成正比关系。本章认为，在考虑供求波动以及按C、V、M三部分构成计算商品价值的情况下，由于国民产品的相互消耗关系，任何一种商品供求平衡点和商品价值构成的变化，都会引起整个国民经济系统供求平衡点和商品价值的变化。因此，必须从国民产品系统整体出发，模拟产品相互消耗和剩余价值平均化过程，用方程组的形式，对所有商品的价值量进行联立求解。运用马克思的三个基本假定和本人提出的价值价格模型，推导出满足上述要求，同时反映第一、第二种含义的社会必要劳动与商品价值量关系的一般数学模型；给出了马克思生产价格模型，介绍了价值向生产价格"转形"的两对总量关系相等的一组充分必要条件。

关键词　劳动价值论　质、量规定性　两种社会必要劳动时间　商品价值量

---

* 注：本章内容为江西省主要学科（社会科学）学术或技术带头人项目《国民产品的系统结构与价格模型方法》的子项目。

Chapter 2 Mathematical Analysis of Marx's Labor Theory of Value

Abstract Marx's labor theory of value is divided into qualitative prescription and quantitative prescription in this chapter. The main concepts, regulations, theorems and inferences of Marx's labor theory of value were mathematically analyzed in the form of axiomatic and mathematical logic. And the quantitative relationship between socially necessary labor time and commodity value is discussed from the perspective of quantitative prescription. The author discusses the quantitative relationship between the first socially necessary labor time and the value of commodities under the reference state of supply and demand balance, and deduces the general and special conditions under which individual values determine the value of commodities under different production conditions. It proved that the total product value is proportional to labor productivity under the condition of comparative benchmark. Considering the fluctuation of supply and demand and the calculation of commodity value according to the three components of C, V and M, due to the mutual consumption relationship of national products, any change in the balance point of supply and demand of commodities and the composition of commodity value will cause the change of entire national equilibrium point of supply and demand in the economic system and changes in the value of commodities. Therefore, it is necessary to start from the whole national product system, simulate the process of mutual consumption of products and average surplus value, then use the form of equations to solve the value of all commodities simultaneously. Using Marx's three basic assumptions and the value price model proposed in our study, it deduces a general mathematical model that meets the above requirements and reflects the relationship between socially necessary labor and commodity value. The Marx's production price model also be shown, and a set of necessary and sufficient conditions for the equality of the two pairs of aggregates in the "transformation" of value to production price are introduced.

Keywords Labor Theory of Value Qualitative and Quantitative Prescription Two Kinds of Socially Necessary Labor Time Commodity Value

马克思说过，一种科学，只有当它成功地运用数学时，才能达到完善的地步。马克思在他的经济学著作中，开创性地使用了大量数学方法。但受制于当时的经济数学工具，以及马克思著作的主题是政治经济学和辩证唯物主义思维，因此，他的劳动价值学说主要还是定性为主的理论思维，并没有对其中一些重大理论问题，进行精确的边界和定量关系分析，这就引起了各种不同的延伸解释和广泛的争论。所以，关于社会必要劳动时间与商品价值量的关系问题，长期以来，引发了激烈的争论[1]~[12]。争论的焦点主要可归纳为：是第一种，还是第二种社会必要劳动时间决定商品价值量，抑或两种社会必要劳动时间共同决定，再或者只有一种意义的社会必要劳动时间？争论各方无不深入系统地研究了马克思的《资本论》和众多的经济学手稿，并结合当代经济社会发展实际，分析透彻，言之有据，言之确凿，成为政治经济学研究史上的奇光异彩。这里，我们吸收各家观点所长，另辟蹊径，把马克思的劳动价值论区分为质的和量的两种规定性，运用国民产品系统结构和本人早年提出的价值价格模型方法，以数理逻辑的方式，着重从量的规定性上探讨马克思劳动价值论及社会必要劳动时间与商品价值量的数量关系。

第一节　马克思劳动价值论质的规定性

马克思劳动价值论质的规定性，是马克思关于劳动基本性质、特征、形态的科学发现和科学界定，以及关于商品价值的源泉、实体、本质的科学发现和科学界定。它体现了马克思关于社会经济现象的唯物主义世界观和科学研究方法论，体现了马克思对以往政治经济学理论的批判、继承精神，以及为无产阶级斗争服务的革命纲领性。马克思劳动价值论的质的规定性是马克思主义政治经济学理论的本质性要素，在马克思政治经济学理论中占据核心位置，发挥主导作用。

1. 马克思关于劳动的质的规定性

按照马克思劳动价值论的原创性含义，马克思关于劳动的质的科学发现和规定性，主要有三个方面。

（1）关于劳动的基本性质，发现了劳动具有二重性。马克思说：“一切劳动，从一方面看，是人类劳动力在生理学意义上的耗费……从另一方面看，是人类劳动力在特殊的有一定目的的形式上的耗费”[①]，前者“作为相同的或抽象的人类劳动，它形成商品价值”，后者“作为具体的有用劳动，它生产使用价值”。[②] 大卫·李嘉图以前的古典经济学家没有发现劳动二重性，因此，他们不能够提出彻底的劳动价值论；马克思发现了劳动的这一基本性质，最终完成了科学劳动价值论的创立。所以，马克思认为，劳动二重性“是理解政治经济学的枢纽”。[③]

（2）关于劳动的基本特征，区分了简单劳动和复杂劳动；生产性劳动和非生产性劳动。简单劳动是在一定的社会条件下，一般劳动者都能从事的劳动，一般为体力劳动。复杂劳动是需要一定的知识、技能，不是所有人都能胜任的劳动，更多地表现为脑力劳动。复杂劳动需要经过知识教育和技能培训，是倍加的简单劳动。马克思把生产物质性产品的劳动称为生产性劳动，它创造了价值。非物质生产部门，除了在流通领域内进行的生产过程的继续以外（如商业活动中的储运、包装等），其余的仅是为了实现价值及其形式转变的劳动，是非生产性劳动，不创造价值。

（3）关于劳动的基本形态，区分了活劳动、物化劳动以及劳动的潜在状态、流动状态和凝固状态。活劳动是劳动者在生产过程中对脑力和体力的使用；在生产过程中，活劳动与生产资料相结合，生产出新产品，活劳动创造价值。物化劳动是凝结在劳动对象中，体现为劳动产品的人类劳动；生产过程中的物化劳动也就是生产资料，不创造价值，只转移价值。马克思说的劳动的潜在状态是人或劳动力的潜在劳动能力；流动状态是劳动力的使用或劳动过程；凝固状态是某种劳动过程结束后，劳动物化成劳动产品。

2. 马克思关于商品价值的质的规定性

马克思关于商品价值的质的科学发现和规定性，主要有四个方面。

（1）发现了商品的二因素性质。商品是用来交换的劳动产品，商品价值是它的社会属性；商品价值的物质载体——使用价值是它的自然属性。“作为使用价值，商品首先有质的差别；作为交换价值，商品只能有量的差别”[④]“作为它们共有的这个社会实体的结晶，就是价值——商品价值”。[⑤]

---

①②③ 马克思恩格斯全集（第二十三卷）［M］. 中共中央马克思恩格斯列宁斯大林著作编译局，译. 北京：人民出版社，1972：55，60.

④⑤ 马克思恩格斯全集（第二十三卷）［M］. 中共中央马克思恩格斯列宁斯大林著作编译局，译. 北京：人民出版社，1972：48－51.

商品价值是商品交换的基础。

（2）关于商品价值的源泉实体的发现和规定性。马克思认为，活劳动是商品生产的决定因素，是形成价值的根本的唯一的源泉；价值的实体也就是价值规律的质的规定性——价值是人类一般的或抽象的劳动时间的凝结。这是劳动价值论的本质规定性。

（3）关于商品价值质的三大构成发现和规定性。马克思把单个商品和社会总产品都分为三个组成部分：不变资本价值 C——资本家投入的生产资料转移的价值；可变资本 V——资本家支付给工人的工资价值；剩余价值 M——工人活劳动创值的，超过可变资本价值 V 的被资本家无偿占有的价值。剩余价值是马克思揭示资本主义剥削秘密的基本证据，也是马克思政治经济学革命性的武器。因此，围绕剩余价值的生产、实现和分配，构成了马克思政治经济学理论的主线。

（4）关于商品价值的实质和表现形态。马克思认为，价值的实质是隐蔽在商品中人与人相交换的社会关系。“人们使他们的劳动产品彼此当作价值产生关系，……在交换中使他们的各种产品作为价值彼此相等，也就使他们的各种劳动作为人类劳动而彼此相等”。[①] 价值的表现形态遵循了从简单的、扩大的、一般的表现到成熟的（货币的）表现形式这样一个历史演变过程。

第二节　马克思关于商品价值量的一般性规定

马克思劳动价值论的量的规定性，是马克思关于一般化社会劳动和特殊社会劳动量的计量方法，关于商品价值量与社会劳动量的关系，价值量与价格量关系，价值量与劳动生产率的关系，商品交换数量原则的规定性。量的规定性是劳动价值论质的规定性的数量表达和商品运动规律的数量刻画。马克思劳动价值论量的规定性同样是马克思对社会经济现象的唯物主义世界观和科学研究方法论的体现，是马克思对经济科学规律的精确把握，在马克思政治经济学理论中同样占据重要地位。

---

① 马克思恩格斯全集（第二十三卷）［M］. 中共中央马克思恩格斯列宁斯大林著作编译局，译. 北京：人民出版社，1972：46.

按照马克思的劳动价值的原创性含义，马克思关于商品价值的量的规定性主要有四个方面。

1. 关于商品价值量的基本规定性

价值规律的量的规定性——社会必要劳动时间（量）决定商品的价值量。“社会必要劳动时间是在现有的社会正常的生产条件下，在社会平均的劳动熟练程度和劳动强度下制造某种使用价值所需的时间”。“只是社会必要劳动量，或生产使用价值的社会必要劳动时间，决定该使用价值的价值量”[①] 马克思在这里规定的事实上是一个统计量：一个统计总体关于劳动时间的数学期望，或统计平均值。它是对一个特定统计总体内各种不同生产条件，不同熟练程度和不同劳动强度下生产某种使用价值的加权平均值。个别劳动时间，不管是高于这个平均值，还是低于平均值，都不能决定商品价值量，只能形成个别价值。

国民生产系统是一个具有一般系统所有性质的复杂系统。它的层次性也就是统计总体的边界，在这里至少有四种规定：一是生产企业，它们具体生产某种使用价值的商品，它们产生个别劳动时间。二是生产部门，即生产某种使用价值的所有企业的集合。它们产生统计平均数意义的劳动时间。马克思定义的正常条件，平均技能、平均强度的劳动时间就是这个层次统计总体相应变量（指标）的数学期望，其平均劳动时间被称为第一种含义的社会必要劳动时间。三是一个国家，即所有生产部门的集合。一定时间内，一个国家的社会总劳动量是一定的，客观上要求按照社会需要确定一个相当的比例分配到各个生产部门。如果某个部门的劳动量多了，就像个别企业的个别劳动时间超过了部门平均劳动时间一样，形成不了价值，成为无效劳动；如果某个部门的劳动量少了，那么这个部门将获得超额价值。马克思定义的社会必要劳动时间的另一种含义，也就是第二种含义的社会必要劳动时间，是指本层次统计总体在满足合理分配比例时的部门总劳动量。马克思说：“价值规律所影响的（在量上影响的——引者注）不是个别商品或物品，而总是各个特殊的因分工而互相独立的社会生产领域的总产品；因此，不仅在每个商品上只使用必要的劳动时间，而且在社会总劳动时间中，也只把必要的

① 马克思恩格斯全集（第二十三卷）[M]. 中共中央马克思恩格斯列宁斯大林著作编译局，译. 北京：人民出版社，1972：52.

比例量使用在不同类的商品上。当全部产品是按必要的比例进行生产时，它们才能卖出去。社会劳动时间可分别用在各个特殊生产领域份额的这个数量界限，不过是整个价值规律进一步发展的表现，虽然必要劳动时间在这里包含着另一种含义”。① 马克思明确地说：“如果某个部门花费的社会劳动时间量过大，那么，就只能按照应该花费的社会时间量来支付等价。因此，在这种情况下，总产品——即总产品的价值就不等于它本身所包含的劳动时间，而等于这个领域的总产品同其他领域的产品保持应有的比例应当花费的劳动时间”。② 马克思以麻布生产为例，“在全部社会劳动时间中，以织麻布的形式耗费的时间太多了。其结果就像每一个织布者花在他个人的产品上的时间超过了社会必要劳动时间一样”。③ 这就是说，第二种含义的社会必要劳动时间对产品价值量作了进一步规定，价值规律在这个层次发生作用，是整个价值规律的进一步发展、延伸。四是国际范围内，即所有生产某种使用价值的国家的集合。这个意义上的统计平均数就是国际抽象劳动或国际价值量。马克思指出，“强度较大的国民劳动比强度较小的国民劳动会在同一时间内生产出更多的价值，不同国家在同一劳动时间所生产的同种商品的不同量，有不同的国际价值”。④ 在马克思时代，还没有系统论的概念，数理统计方法还处在萌芽阶段，但是马克思给出的商品价值量的规定，完全符合系统论和数理统计方法对价值量的处理条件和要求。这为我们运用现代数理方法处理劳动价值论的数量关系提供了科学基础。

2. 马克思对价值与价格量纲的规定性

马克思分析价值量使用了两种量纲。一是自然尺度：时间。二是社会尺度：货币。在分析价值实体和价值量决定时，马克思用的是时间尺度。因为，作为劳动产品，时间尺度是所有不同使用价值最基本、最重要的共同性质。在分析价值的实质和表现形态时，马克思用的是货币尺度。因为，劳动产品在反映人与人交换的社会关系以及在价值生产、实现与分配中，货币尺

---

① 马克思恩格斯全集（第二十五卷）［M］. 中共中央马克思恩格斯列宁斯大林著作编译局，译. 北京：人民出版社，1972：716－717.

② 马克思恩格斯全集（第二十六卷）［M］. 中共中央马克思恩格斯列宁斯大林著作编译局，译. 北京：人民出版社，1972：234－237.

③④ 马克思恩格斯全集（第二十三卷）［M］. 中共中央马克思恩格斯列宁斯大林著作编译局，译. 北京：人民出版社，1972：124－126，614.

度是所有商品在经济社会交流中最基本、最重要的共同性质。

事实上，这两种量纲可以相互转换。对单位劳动时间进行货币估价，可以获得商品价值的货币形态；反之，对商品货币价值形态除以单位劳动时间估价，就可以得到商品价值的时间形态。在涉及价值与价格的关系以及相关的一切社会关系时，价值量纲主要是货币形式，并与价格有共同的量纲。价值与价格的基本关系是，价格是价值的货币表现形式，价格在供求关系作用下，围绕价值上、下波动。价值量纲是劳动价值论量的规定性的一个重要因素，过去的研究对这个问题关注不多，以致出现过价值不可定量论以及其他一些不必要的争论。

3. 马克思对价值与劳动生产率量化关系的揭示

马克思指出："劳动生产力越高，消耗在一定量产品上的劳动就越少，因而产品的价值也越小。劳动生产力越低，消耗在同量产品上的劳动就越多，因而产品的价值也越高。因此，作为一般的规律，我们可以这样说，商品的价值与生产这些商品所耗费的劳动时间成正比，而与所耗费的劳动生产力成反比。"[①] 马克思揭示的这一规律是就单位产品的劳动时间，以及在单位劳动时间估价一定的条件下所说的。马克思并未讨论在两个不同时期内，社会产品的货币价值既定、单位劳动时间估价可变，以及相对于一个基准期劳动生产率变化情况下的社会生产总价值与劳动生产率的量化关系。如果考虑后几种情况，那么，劳动生产率与全社会产品价值量是成正比关系的。过去，这一点深入讨论得不多，更未严格设定比较条件，以致出现过价值量的规定性与当代科技发展、经济发展相矛盾的看法。

4. 马克思对价值转化为生产价格的量的规定性

马克思认为，在资本主义商品生产的市场竞争条件下，价值转化为生产价格，剩余价值转化为利润。这种转化在总量上存在两种关系："一切不同生产部门的利润总和，必然等于剩余价值总和；社会总产品的生产价格总和，必然等于它的价值总和。"[②] 马克思认为，无论资本主义生产采取什么

---

① 马克思恩格斯全集（第二十三卷）［M］. 中共中央马克思恩格斯列宁斯大林著作编译局，译. 北京：人民出版社，1972：53－54.

② 马克思. 资本论（第三卷）［M］. 中共中央马克思恩格斯列宁斯大林著作编译局，译. 北京：人民出版社，1975：193.

样的隐蔽形式，因为这两对总量关系的存在，而且价值在历史上又先于价格，因此，资本主义的生产价格和利润都是由价值和剩余价值转化而来的。价值和生产价格在总量上的相等关系，为劳动价值论在考虑整个国民经济系统总劳动量分配和价值量的确定，提供了一种科学的理解和计量前提。但过去对这个问题在劳动价值论中处于什么样的地位及其深刻的科学内涵研究很少。

劳动价值论质的规定性和量的规定性是辩证的统一。质的规定性是量的规定性的基本依据；量的规定性是对质的规定性的进一步立论、证实和精确化。这是任何一门学科的研究方法论或科学研究实践的客观规律。马克思的经济学自始至终都贯穿着对数学的应用，并通过对概念和规律的定量化来实现，是经济学定量研究方法或经济学逻辑的先驱，也为后人丰富和发展马克思经济学留下广阔的空间。马克思劳动价值论量的一般规定性是本章数理逻辑推导的基本依据。

5. 区分马克思劳动价值论质和量的规定性的重要意义和作用

（1）更好地深化对劳动价值论的认识，更好地找准丰富和发展劳动价值论的方向。如依据对劳动价值论质的规定性的揭示，我们坚持劳动价值论首要的是要坚持劳动价值论的本质规定性，即劳动本体论和一元价值论；我们发展劳动价值论就是要结合当前蓬勃发展的科学技术和经济社会发展实践，拓展劳动和劳动产品的范畴、特性及其新型关系，同时依据对劳动价值论量的规定性的认识，运用现代数理科学方法，进一步丰富发展马克思在当时条件限制下，所没有讨论的数量变化关系，推进马克思经济学的公理化体系和形式逻辑关系研究。

（2）区别劳动价值论的本质问题和非本质问题，避免劳动价值论研究中纠缠不清的、无谓的争论。总地说，过去劳动价值论研究中对劳动价值论质的研讨比较多，也比较深刻，取得的共识也比较多；而量的研究比较少，尤其是定性研究者、定量研究者较少沟通，致使分歧也较多。而且，由于没有把质的规定性与量的规定性区分开来，致使常有把量的规定性的不同看法，说成是对质的规定性的肯定或否定，从而使双方的争论可能被涂上“政治色彩”。对质量规定性的区分，可以避免这种情况发生。关于劳动价值论量的研究，国内也有很多好的研究成果。[13]~[16]

第三节　劳动价值论数学分析的基本公设

上述对马克思劳动价值论的质和量的规定性认识，为马克思劳动价值论的数学分析提供了基本依据。以下给出劳动价值论数理逻辑分析的公设条件。

1. 国民产品生产系统

一国的国民产品是由一系列不同产品的生产部门和一系列不同产品的生产企业组成。按照国民产品分类，它由大类产品、中类产品、小类产品一直到具体产品多个层次组成。为了方便起见，假定由三个层次组成。

设国民产品生产系统 S，之下由两层子系统组成，生产同类商品的 i 部门子系统 S_i，i = 1，2，…，n；生产 i 商品的 j 企业子系统 S_{ij}，j = 1，2，…，m。选取某个确定的生产时间，例如，一年作为统计报告期；设 i 部门所生产的商品量为 Q_i，j 企业生产的商品量为 Q_{ij}，i = 1，2，…，n，j = 1，2，…，m；Q_{ij}即为具体产品。系统 S 上所有产品就构成总产品，记为 Q。

显然 S，S_i，S_{ij}；Q，Q_i，Q_{ij}，i = 1，2，…，n，j = 1，2…，m；构成 6 个集合，其中，$S_{ij} \in S_i \in S$；$Q_{ij} \in Q_i \in Q$，并且有：

$$S = \bigcup_{i=1}^{n} S_i,\ S_i = \bigcup_{j=1}^{m} S_{ij} \quad i = 1, 2, \cdots, n$$

$$Q = \bigcup_{i=1}^{n} Q_i,\ Q_i = \bigcup_{j=1}^{m} Q_{ij} \quad i = 1,2,\cdots,n$$

$$Q_i = \sum_{j=1}^{m} Q_{ij} \quad i = 1, 2, \cdots, n$$

2. 国民产品生产时间

所有国民产品生产都需要花费劳动时间。设系统 S 生产国民总产品 Q 花费的劳动时间为 T，i 部门生产商品 Q_i 花费的劳动时间为 T_i，i 部门 j 企业生产商品 Q_{ij}花费的劳动时间为 T_{ij}，i = 1，2，…，n；j = 1，2，…，m；i 部门及其 j 企业生产单位商品劳动时间分别为 t_i，t_{ij}，i = 1，2，…，n；j = 1，2，…，m。显然 T，T_i，T_{ij}是劳动时间的集合。而且有：

$$T = \sum_{i=1}^{n} T_i,\ T_i = \sum_{j=1}^{m} T_{ij} \quad i = 1, 2, \cdots, n$$

S，S_i，S_{ij}；Q，Q_i，Q_{ij}；T，T_i，T_{ij}；i=1，2，…，n；j=1，2，…，m；均为统计总体。马克思劳动价值论个别劳动时间是指企业 S_{ij} 生产商品 Q_{ij} 花费的平均劳动时间；马克思社会平均劳动时间对应的是 S_i 部门生产商品 Q_i 花费的平均劳动时间；马克思所说的在社会总劳动时间中把必要的比例量使用在不同类商品上，是指国民生产系统 S 把必要的劳动时间分配在各个 S_i 部门，使它们生产的每一种类 Q_i 商品，都符合社会的需要。

第四节 第一种社会必要劳动时间与商品价值量

1. 第一种社会必要劳动时间的自然尺度和货币尺度

根据上述设定，马克思定义 i 部门 j 企业单位商品个别劳动时间是第三层次子系统 S_{ij} 的统计平均数，即：

$$t_{ij} = T_{ij}/Q_{ij} \quad i=1, 2, \cdots, n;\ j=1, 2, \cdots, m \qquad (2-1)$$

马克思定义第一种社会必要劳动时间是第二层次子系统 S_i 的统计平均数，或统计总体 S_i 的数学期望，也就是 i 部门所有 j 企业个别劳动时间对产量的加权平均值：

$$t_i = T_i/Q_i = \sum_{j=1}^{m} t_{ij}Q_{ij}/Q_i \quad i = 1, 2, \cdots, n \qquad (2-2)$$

令 $\eta_{ij} = Q_{ij}/Q_i$，i=1，2，…，n；j=1，2，…，m；为产量权数，则有：

$$t_i = \sum_{j=1}^{m} \eta_{ij}t_{ij} \quad i = 1, 2, \cdots, n \qquad (2-3)$$

这就是单位 i 商品的第一种社会必要劳动时间的自然尺度。

对单位劳动时间进行货币估价，设为 g，其量纲：货币单位/时间单位。则 i 部门 j 企业单位商品个别价值为：

$$w_{ij} = gt_{ij} \quad i=1, 2, \cdots, n;\ j=1, 2, \cdots, m \qquad (2-4)$$

i 部门单位产品的商品价值量为：

$$w_i = gt_i = \sum_{j=1}^{m} g\eta_{ij}t_{ij} \quad i = 1, 2, \cdots, n \qquad (2-5)$$

这就是单位 i 产品的第一种社会必要劳动决定的商品价值量的货币

尺度。

根据第一种社会必要劳动时间的规定性可知，第一种社会必要劳动时间存在于国民产品系统的同类产品部门之内。这里，马克思没有考虑商品的供求关系，或者已假定所有产品都能满足社会需求，能完成其使用价值的消费，是对 S_i 系统静态的、已产出的生产过程的劳动时间或商品价值量的数学统计规定。这是马克思在劳动价值论量的规定性中对统计平均数的基本运用。

2. 国民产品总价值、部门价值、单位商品价值量的构成

根据马克思对商品价值量的三部分构成原理，i 部门 j 企业单位商品的个别价值构成可写为：

$$w_{ij} = c_{ij} + v_{ij} + m_{ij} \quad i = 1, 2, \cdots, n; \ j = 1, 2, \cdots, m \tag{2-6}$$

i 部门单位商品价值构成：

$$w_i = c_i + v_i + m_i \quad i = 1, 2, \cdots, n \tag{2-7}$$

i 部门总产品价值构成：

$$W_i = C_i + V_i + M_i \quad i = 1, 2, \cdots, n \tag{2-8}$$

国民总产品价值构成：

$$W = C + V + M \tag{2-9}$$

其中，C、V、M 包括大小写系列符号分别表示不变资本价值、可变资本价值、剩余价值。显然有：

$$W = \sum_{i=1}^{n} W_i$$

$$W_i = w_i Q_i = \sum_{j=1}^{m} w_{ij} Q_{ij} \quad i = 1, 2, \cdots, n$$

马克思规定的正常生产条件、平均熟练程度和平均劳动强度，可表达为平均技术条件和平均劳动强度，它们由物化劳动和活劳动反映；商品价值中包含的平均剩余与活劳动成比例。于是，i 部门单位商品三部分价值构成可以改写为以下形式。

平均物化劳动价值：

$$c_i = \sum_{j=1}^{m} c_{ij} Q_{ij} / Q_i = \sum_{i=1}^{m} \eta_{ij} c_{ij} \quad i = 1, 2, \cdots, n \tag{2-10}$$

平均活劳动价值：

$$v_i = \sum_{j=1}^{m} v_{ij}Q_{ij}/Q_i = \sum_{j=1}^{m} \eta_{ij}v_{ij} \quad i = 1, 2, \cdots, n \qquad (2-11)$$

平均剩余价值：

$$m_i = \sum_{j=1}^{m} m'v_{ij}Q_{ij}/Q_i = \sum_{j=1}^{m} m'\eta_{ij}v_{ij} \quad i = 1, 2, \cdots, n \qquad (2-12)$$

单位商品价值：

$$w_i = \sum_{j=1}^{m} \eta_{ij}[c_{ij} + (1 + m')v_{ij}] \quad i = 1, 2, \cdots, n \qquad (2-13)$$

其中，m′为全社会平均剩余率：

$$m' = M/V = \sum_{i=1}^{n} m_iQ_i/\sum_{i=1}^{n} v_iQ_i = \sum_{i=1}^{n}\sum_{j=1}^{m} m_{ij}Q_{ij}/\sum_{i=1}^{n}\sum_{j=1}^{m} v_{ij}Q_{ij} \qquad (2-14)$$

可见，它们是i部门所有生产企业单位商品的不变资本价值、可变资本价值以及全社会平均剩余率与可变资本价值乘积对产量的加权平均值。

从实际生产过程上看，无论是企业还是部门，其单位商品的价值量和构成分量，都是由总量再到单位量进行核算，而不是反过来核算。这是因为，生产是一个连续过程，不同时点上的技术经济消耗参数可能不同，必须要经过一个时间段的积累，用这个时段的积累总量除以产品量，才能得到单位量。也就是说，作为最基本的生产单位，其个别意义的单位商品的价值量，事实上也是一个统计平均数。

3. 不同生产条件下个别价值及其产品量对单位商品价值量的影响

马克思论述过较好、中等、较坏三种不同生产条件下生产的产品量在总产量中的比重不同对商品价值量的影响。他认为，当商品总量不变，哪种条件生产的商品占大多数，价值就由那种商品调节；当供需极不平衡时，商品价值可由最好或最坏条件下生产的个别价值决定。这个问题也就是不同生产条件下的个别价值及其产品量对加权平均数的影响程度问题。

设i部门由优、中、劣三种生产条件的企业构成，其单位商品个别价值为 w_{ij}，j=1，2，3，产品量为 Q_{ij}，j=1，2，3，部门总产量为 $Q_i = Q_{i1} + Q_{i2} + Q_{i3}$。i部门单位商品的价值量一般情况为所有不同生产条件下个别价值对其产量的加权平均和：

$$w_i = w_{i1}\frac{Q_{i1}}{Q_i} + w_{i2}\frac{Q_{i2}}{Q_i} + w_{i3}\frac{Q_{i3}}{Q_i} \qquad (2-15)$$

如果 w_i 由某种生产条件的企业个别价值完全决定，则应满足一定的条件。

（1）商品价值由个别价值决定的一般条件。

例如，如果由中等条件企业个别价值完全决定，即有 $w_i = w_{i2}$，于是：

$$w_{i2} = w_{i1}\frac{Q_{i1}}{Q_i} + w_{i2}\frac{Q_{i2}}{Q_i} + w_{i3}\frac{Q_{i3}}{Q_i}$$

$$w_{i2}(Q_{i1} + Q_{i2} + Q_{i3}) = w_{i1}Q_{i1} + w_{i2}Q_{i2} + w_{i3}Q_{i3}$$

$$(w_{i2} - w_{i1})Q_{i1} + (w_{i2} - Q_{i3})Q_{i3} = 0$$

若要使等式成立，须具备以下两个条件：

条件 1： $$w_{i2} = w_{i1} = w_{i3} \tag{2-16}$$

即三种生产条件的企业个别价值都相等，或者：

条件 2： $$\frac{w_{i2} - w_{i1}}{w_{i3} - w_{i2}} = \frac{Q_{i3}}{Q_{i1}} \tag{2-17}$$

即中等条件企业个别价值分别与优等、劣等条件企业个别价值的差的比，与劣等、优等条件企业产量的比相等。

可以看出，第一个条件仍属于特殊情况，第二个条件为一般情况。若由其他条件的企业个别价值完全决定，情况类似。图 2-1 表明，在由价值和产量围成的矩形中，w_{i3}，w_{i1} 以下与 w_{i2} 以下都有重合部分（重阴影部分），当两块较浅阴影面积相等时，商品价值由 w_{i2} 决定，而与产量 Q_{i2} 大小无关。

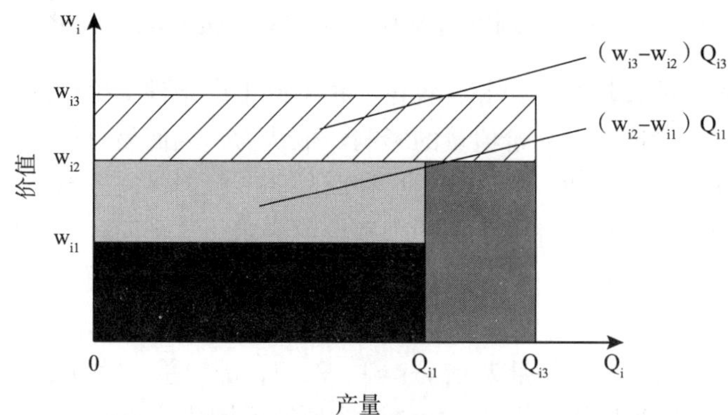

图 2-1　i 部门商品价值由个别价值 w_{i2} 决定的一般条件

这就是马克思说的，如果优等、劣等条件生产的价值“两端相互平衡……，那么，市场价值就会由中等条件下生产的商品的价值来决定”。

（2）商品价值由个别价值决定的特殊条件。

例如，当某种生产条件的企业其产量占总产量极大比重，假定为 j 企业，即有：

$$\lim_{Q_{ij} \to Q_i} \frac{Q_{ij}}{Q_i} = 1$$

此时有：

$$\lim_{Q_{ij} \to Q_i} \frac{Q_{ik}}{Q_i} = 0 \quad k = 1, 2, \cdots, m; \ k \neq j$$

于是：

$$\begin{aligned} w_i &= \lim_{Q_{ij} \to Q_i} \left[w_{i1} \frac{Q_{i1}}{Q_i} + w_{i2} \frac{Q_{i2}}{Q_i} + \cdots + w_{ij} \frac{Q_{ij}}{Q_i} + \cdots + w_{im} \frac{Q_{im}}{Q_i} \right] \\ &= w_{ij} \lim_{Q_{ij} \to Q_i} \frac{Q_{ij}}{Q_i} = w_{ij} \end{aligned} \tag{2-18}$$

即 i 部门单位商品价值量依极限接近于 j 企业商品的个别价值。

马克思说的供需极不平衡，例如，供给量极大地超过需求量，此时，只有优等条件的企业产品卖得出，其他条件的企业因为亏本退出竞争，离开本行业。这种情况相当于优等条件企业的产量接近于总产量，其他条件的企业产量接近于零，则 i 部门单位商品价值量接近于优等条件企业商品的个别价值。当供给量过小，而“需求量非常强烈，以致当价格由最坏条件下生产的商品的价值来调节时，也不降低，那么，这种在最坏条件下生产的商品就决定市场价值。”① 这种情况不能用加权平均数的规律来处理。这两种情况都是考虑供求关系的动态的情形，严格地说都不能用第一种含义的社会必要劳动时间的加权平均数来讨论，而要用第二种含义的社会必要劳动时间的方法来处理。

但是，这里要说的是，马克思的论述说明，供求关系、价格行为以及通过影响企业的生产量对商品的价值量产生了影响。必须注意的是，这里严格地表达为：对价值量产生影响，而不是对劳动价值论质的规定性产生影响。

---

① 马克思．资本论（第三卷）［M］．中共中央马克思恩格斯列宁斯大林著作编译局，译．北京：人民出版社，1975：204.

第五节　商品价值量与劳动生产率的关系

1. 商品价值与劳动生产率的一般关系

马克思关于“商品的价值与生产这些商品所耗费的劳动时间成正比，而与所耗费的劳动生产力成反比”，其数学关系可表达为以下内容。

i 部门 j 企业劳动生产率：

$$f_{ij}=Q_{ij}/T_{ij}\quad i=1,\ 2,\ \cdots,\ n;\ j=1,\ 2,\ \cdots,\ m \tag{2-19}$$

i 部门劳动生产率：

$$f_i = Q_i/T_i = \sum_{i=1}^{n} Q_{ij}/\sum_{j=1}^{m} T_{ij}\quad i = 1,2,\cdots,n;\ j = 1,2,\cdots,m \tag{2-20}$$

即劳动生产率是单位时间内生产的商品量，其量纲为：商品单位/时间单位。

对部门劳动生产率稍作变换：

$$f_i = \frac{\sum_{j=1}^{m} Q_{ij}T_{ij}/T_{ij}}{\sum_{j=1}^{m} T_{ij}} = \sum_{j=1}^{m} f_{ij}T_{ij}/T_i\quad i = 1,2,\cdots,n$$

令：　$\xi_{ij}=T_{ij}/T_i\quad i=1,\ 2,\ \cdots,\ n;\ j=1,\ 2,\ \cdots,\ m$

则有：

$$f_i = \sum_{j=1}^{m} \xi_{ij}f_{ij}\quad i = 1,2,\cdots,n \tag{2-21}$$

即部门劳动生产率是企业个别劳动生产率对劳动时间的加权平均和。

根据前述对第一种社会必要劳动时间的定义式（2－1），对单个企业 j，有：

$$t_{ij}=\frac{1}{f_{ij}},\ 或\ f_{ij}=\frac{1}{t_{ij}}\quad i=1,\ 2,\ \cdots,\ n;\ j=1,\ 2,\ \cdots,\ m \tag{2-22}$$

对 i 部门来说，根据式（2－2），有：

$$t_i=\frac{1}{f_i}或\ f_i=\frac{1}{t_i}\quad i=1,\ 2,\ \cdots,\ n \tag{2-23}$$

即单位商品第一种社会必要劳动时间与劳动生产率互为倒数，两者成反比关系。其变化关系如图 2－2 所示。

这一规律在现实中可以找到许多很好的说明。例如工业品，随着企业采用先进技术和改善管理，劳动生产率提高，单位商品第一种社会必要劳动时间减少，成本减少，企业为了竞争，采用降低价格的策略，把一部分好处让给消费者。因此，工业品尤其是高新技术产品有降低价格的长期趋势。而手工制品，花费的必要劳动时间较多，在一部分人崇尚自然、崇尚个性化特点的情况下，这些商品仍然有销路，并且由于人力资本价值提高，这些商品出现价格上涨的长期趋势。这种情况在第一、第二产业越来越发达，人们越来越追求个性化服务，在服务业需求越来越大的当代尤其典型。

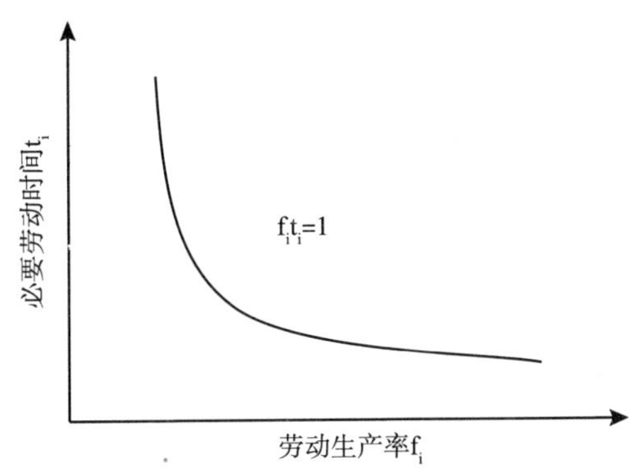

图 2－2　i 部门第一种社会必要劳动时间与该部门的劳动生产率呈反比关系

2. 商品价值量在不同比较期与劳动生产率的关系

但是，社会必要劳动时间与劳动生产率成反比的规律能否不加限制地导出：劳动生产率越高，社会生产的价值量越小；劳动生产率越低，社会生产的价值量越大的结论呢？肯定不能。否则，与常理并不相符。可以证明，这个推论在形式逻辑上是不完备、有矛盾的。以下的证明还表明，结论正好相反。

这里的高低、大小事实上是一个比较问题。需要明确几个比较前提：一般来说，比较问题有两类：横向比较和纵向比较。横向比较是同一时期不同统计总体之间的比较，如不同企业、不同部门。纵向比较是同一统计总体的不同时期的比较，需要有报告期和基准期。如今年和上年比较，今年是比较期或报告期，上年就是基准期。同时，比较量纲要求相同。这里包括劳动生产率的量纲要相同，价值量的计算标准要相同。总之，要有一个比较基准。而且，还要假定一些不变条件和可变条件。这里可变条件是劳动生产率，其他的除比较目标值外，应当认为是可确定的不变条件。这是比较的一般原则和条件，也称比较公理。缺乏这些条件，就无从比较。因为，在一个统计总体、一个报告期内，单位产品价值量与劳动生产率就是互为倒数的关系。这是它们的基本定义之间的关系。

在上述比较条件下，先讨论 i 部门内各企业之间的横向比较。

以价值的自然尺度劳动时间来衡量。设 i 部门 j 企业报告期内实际生产的商品总量为 Q_{ij}，根据式（2－1）、式（2－19）关系，以第一种社会必要劳动时间表达的时间总量 T'_{ij} 为：

$$T'_{ij}=t_iQ_{ij}=t_if_{ij}T_{ij}\quad i=1,\ 2,\ \cdots,\ n;\ j=1,\ 2,\ \cdots,\ m \tag{2-24}$$

其中，T_{ij} 为该企业的实际总生产时间，比较价值标准为 t_i，t_i 为 i 部门单位商品社会必要劳动时间，而不是 j 企业的个别劳动时间 t_{ij}。这是因为，“商品的现实价值不是它的个别价值，而是它的社会价值，是用生产它所必须的社会劳动时间来计量”①。也就是说，j 企业的商品价值必须用所属的 i 部门平均劳动时间计量。显然，在 t_i，T_{ij} 为确定的情况下，该企业总产量以第一种社会必要劳动时间表达的总劳动时间 T'_{ij} 与其劳动生产率 f_{ij} 成正比。劳动生产率越高，也就是 f_{ij} 越大，其生产的总社会必要劳动时间 T'_{ij} 越大。例如，i 部门 k 企业劳动生产率 $f_{ik}>f_{ij}$，则有 $T'_{ik}>T'_{ij}$。

对于不同部门来说，不存在以“商品单位/时间单位”为量纲的劳动生产率进行横向比较的条件。因为不同部门其产品形态、功能不一样，劳动生产率确定的边界条件完全不相同，不能比较。根据式（2－2）、式（2－20）关系，这里，i 部门的总产品以第一种社会必要劳动时间表达的总劳动时间 T_i 就是它的实际总劳动时间。即：

$$T'_i=t_iQ_i=t_if_iT_i=T_i\quad i=1,\ 2,\ \cdots,\ n \tag{2-25}$$

同时，i 部门与 k 部门的单位商品必要劳动时间也是不同的，即 $t_i\neq t_k$。也就是在部门之上一级系统内，不存在具有同一的社会必要劳动时间的商品和单位商品，不存在比较条件。

---

① 马克思恩格斯全集（第二十三卷）[M]. 中共中央马克思恩格斯列宁斯大林著作编译局，译. 北京：人民出版社，1972：353.

但是，i 部门可以纵向比较。根据哥德尔完备性定理，比较条件是价值量的计算标准必须统一，也就是 i 部门单位产品社会必要劳动时间，报告期与基准期使用统一标准，设采用基准期标准，记为 t_i^0，则该部门报告期总产品的社会必要劳动时间为：

$$T_i' = t_i^0 Q_i = t_i^0 f_i T_i \quad i = 1, 2, \cdots, n \tag{2-26}$$

在实际总生产时间 T_i 为一定的情况下，该部门总产品第一种社会必要劳动时间 T_i'，也与劳动生产率 f_i 成正比。如 i 部门报告期劳动生产率大于基期劳动生产率，即 $f_i > f_i^0$，则报告期总产品社会必要劳动时间 $T_i' > T_i^0$。i 部门内 j 企业的纵向比较情况类似，如图 2-3 所示。

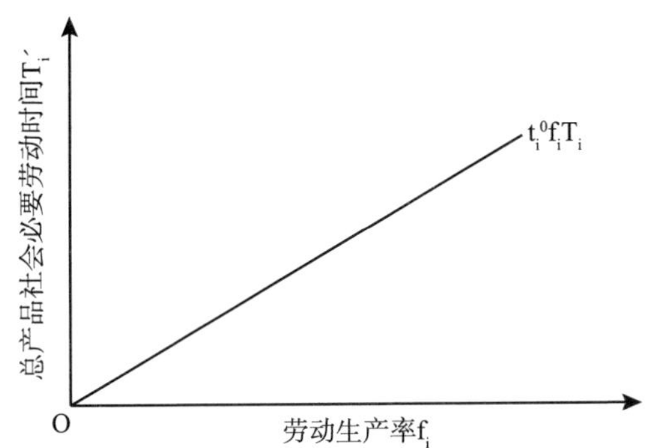

图 2-3　i 部门报告期总产品社会必要劳动时间与该部门劳动生产率呈正比关系

以价值的货币尺度来表达，上述变化关系仍然成立。

在横向比较中，设 i 部门单位商品以货币表达的第一种社会必要劳动时间决定的价值量为 w_i，e_{ij} 为以价值单位表示的 i 部门 j 企业的劳动生产率，则有：

$$e_{ij} = \frac{Q_{ij} w_{ij}}{T_{ij}} = \frac{w_{ij}}{T_{ij}/Q_{ij}} = \frac{1}{t_{ij}} w_{ij} = f_{ij} w_{ij} \quad i = 1, 2, \cdots, n; \ j = 1, 2, \cdots, m \tag{2-27}$$

即 e_{ij} 与该企业的单位商品第一种社会必要劳动时间成反比；与以商品量为单位表达的劳动生产率成正比。其量纲为：货币单位/时间单位。

在纵向比较中，设 i 部门单位商品基期货币价值量为 w_i^0，e_i 为以价值单位表示的 i 部门劳动生产率，有：

$$e_i=\frac{Q_i w_i^0}{T_i}=\frac{w_i^0}{T_i/Q_i}=\frac{1}{t_i}w_i^0=f_i w_i^0 \quad i=1,\ 2,\ \cdots,\ n \tag{2-28}$$

即 i 部门在比较基准期单位商品货币价值量确定的情况下，以价值单位表达的劳动生产率与该部门单位商品第一种社会必要劳动时间成反比；与以商品量为单位的劳动生产率成正比。其量纲与 e_{ij} 相同。

设 W_i、W_{ij} 为 i 部门及 j 企业报告期的总产品价值量，根据式（2-27）、式（2-28），则有：

$$W_{ij}=w_i Q_{ij}=e_{ij}T_{ij}=f_{ij}w_i T_{ij} \quad i=1,\ 2,\ \cdots,\ n;\ j=1,\ 2,\ \cdots,\ m \tag{2-29}$$

$$W_i=w_i^0 Q_{ij}=e_i T_i=f_i w_i^0 T_{ij} \quad i=1,\ 2,\ \cdots,\ n \tag{2-30}$$

即在实际总生产时间、单位商品价值量一定的情况下，劳动生产率越高，其生产的总价值量越大。如图 2-4 所示。

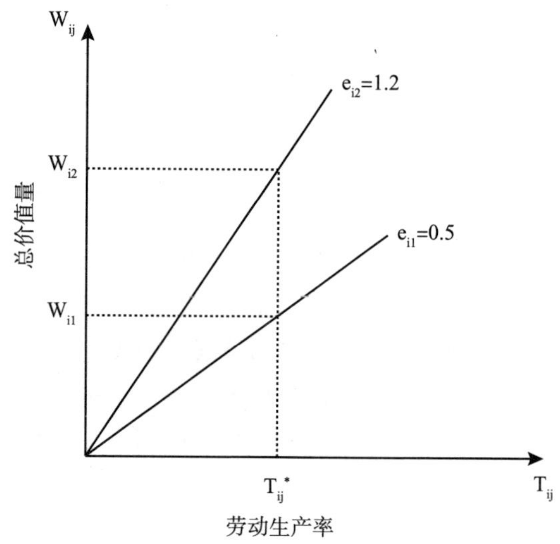

图 2-4　以价值单位表示的 i 部门不同企业劳动生产率与该企业总产品价值量呈正比关系

上述规律成立的充分必要条件最终归纳为：在劳动生产率与社会生产价值量相互关系比较中，不管是同一生产者报告期与基准期比较，还是不同的生产者之间的比较，必须保持统计总体共同的、确定的单位商品价值量作为可比条件。在纵向比较中，这个条件相当于对报告期单位社会必要劳动时间提高货币估价。因为报告期劳动生产率提高后，其单位商品社会必要劳动时间减少，但是该单位商品市场价值 w_i 并未减少，仍为 w_i^0。由于：$w_i^0 = gt_i^0$，当 t_i 减小后，由于 g 的扩大，可以使 w_i 保持与基准期 w_i^0 不变。

综上所述，可以得出结论：无论是以自然尺度还是以货币尺度来衡量，劳动生产率与单位商品社会必要劳动时间成反比，与社会生产的总价值量成正比。

后一结论也是马克思所揭示的。马克思说："生产力特别高的劳动起了自乘作用，或者说，在同样的时间内，它所创造的价值比同种社会平均劳动要多。"① 蔡继明教授在2001年对此作了初步的定量研究②。

这个规律与当代科技进步、经济增长的情况正好相符。在生产时间和单位商品价值量与上一生产周期不变的情况下，劳动生产率提高越快，社会产品总价值量越大。甚至减少生产时间，降低产品价格，如由每周48小时工作制减少为35小时工作制，前面提到的把单位商品社会必要劳动量减少带来成本降低的好处一部分让给消费者等，社会整体仍然可以提高总价值量。同时，由于劳动生产率的提高，单位劳动时间的货币价值可以提高，也就是劳动者的收入提高，生活质量改善。这正是科技进步、经济增长、社会发展的基本规律。因此，单位商品价值量与劳动生产率成反比，社会生产总价值量与劳动生产率成正比，是相互关联、互为因果的两个规律，是价值规律衍生的两个商品生产规律，也是促进市场竞争的规律，其作用机制与价值规律是一致的，因而也是科技进步，经济增长的基本规律。马克思在阐述这一规律时，只考察基准期的情况，也就是商品价值量与劳动生产率这两个概念定义的基本性质及其关系，并没有涉及和对比不同时期的变化特征。而后来的一部分研究者也不加区分地讨论。这就相当于讨论经济发展、经济增长问题不设基准量和基准期，总是报告期与报告期相比，从而陷入一种逻辑上的自我循环，并引申出这一规律与当代科技进步相矛盾的结论，显然是不对的。

---

① 马克思恩格斯全集（第二十三卷）［M］. 中共中央马克思恩格斯列宁斯大林著作编译局，译. 北京：人民出版社，1972：354.

② 蔡继明. 论非劳动要素参与价值决定的关系［J］. 经济研究，2001（12）.

第六节　第二种社会必要劳动时间与商品价值量

1. 第二种社会必要劳动时间的数量表示

当考虑第二种社会必要劳动时间时，商品价值量的数量关系更为复杂。

按第三节的基本设定，国民产品系统 S 的社会总劳动时间 T 与各部门、各企业劳动时间的关系为：

$$T = \sum_{i=1}^{n} T_i = \sum_{i=1}^{n}\sum_{j=1}^{m} T_{ij} \tag{2-31}$$

可以假定，从全社会角度来看，社会总劳动时间就是全社会必要劳动时间，因此：

$$T = \sum_{i=1}^{n} t_i Q_i = \sum_{i=1}^{n}\sum_{j=1}^{m} \eta_{ij} t_{ij} Q_i \tag{2-32}$$

对全社会劳动时间进行货币估价，可以获得以货币尺度表示的社会总产品价值：

$$W = gT = \sum_{i=1}^{n} g t_i Q_i = \sum_{i=1}^{n}\sum_{j=1}^{m} g\eta_{ij} t_{ij} Q_i \tag{2-33}$$

或：

$$W = \sum_{i=1}^{n} W_i = \sum_{i=1}^{n} w_i Q_i \tag{2-34}$$

对式（2-32）除以 T，对式（2-34）除以 W，各部门第二种含义的社会必要劳动时间的分配比例关系为：

$$\frac{t_1Q_1}{T} + \frac{t_2Q_2}{T} + \cdots + \frac{t_iQ_i}{T} + \cdots + \frac{t_nQ_n}{T} = 1 \tag{2-35}$$

$$\frac{w_1Q_1}{W} + \frac{w_2Q_2}{W} + \cdots + \frac{w_iQ_i}{W} + \cdots + \frac{w_nQ_n}{W} = 1 \tag{2-36}$$

其中，t_iQ_i/T，w_iQ_i/W 分别为第 i 部门社会必要劳动时间占全社会总劳动时间的比例。按照马克思的定义，这个比例的含义是，在一个特定的报告期内，社会对某类商品的供给，刚好等于全社会对该类商品有支付能力的需求，从而使全社会对生产该类商品的劳动时间分配份额成为必要，既没有多余，也没有不足。由于任何一个以国家为边界的经济系统，不管其能够生产的商品类型多么不同，不管其用什么调节手段使供给满足或接近于满足需求，例如，不管是用市场的，还是用计划的，这个国家的商品部门以及供求关系都是客观存在的。也就是说，第二种含义的社会必要劳动时间或分配比例都是客观存在的。马克思在社会再生产理论中详细分析了简单再生产、扩大再生产所需的社会总劳动量分配的必要条件，提出了以后作为社会主义计划经济的基本依据之一的有计划按比例发展规律。这就是说，第二种含义的社会必要劳动时间是对人类社会生产存在的一个客观规律的揭示。以国家为边界是马克思分析这个问题的一个基本规定。由于一个国家资源和技术条件的限制，不一定能够生产社会需求的所有商品，这时便由国际贸易来提供；同时，国际比较利益存在，也可导致产生国际贸易，这就需要考察世界市场或国际社会的必要劳动时间。这是属于一个更大经济系统的商品价值量的规定性问题。

2. 第二种社会必要劳动时间的基本特点和性质

根据第二种社会必要劳动时间的含义和存在的基础，第二种社会必要劳动时间具有以下基本特点和性质。

（1）第二种社会必要劳动时间存在于一个国民经济系统的不同商品部门之间。从供求平衡点上定义社会必要劳动时间，事实上存在三层意义：第一层是国民产品总供给和总需求平衡所必要的总劳动时间；第二层是国民产品总劳动时间对商品生产部门分配在供求平衡时部门必要的劳动时间；第三层是部门劳动时间对具体商品分配在供求平衡时，具体商品获得的必要劳动时间。但是，这里讨论的是在第二种含义上对商品价值量的规定性具有基础作用的社会必要劳动时间，这样，只有第二层意义的社会必要劳动时间，具备相对独立性。因为，第一层的必要劳动时间可以通过对货币估价同比例胀缩来解决；第三层次上同类商品的必要劳动时间积累就是第二层的必要劳动时间，或者通过调整部门划分可以归结为第二层的必要劳动时间问题。

（2）第二种社会必要劳动时间量是考虑供求关系的、动态的社会必要劳动量。首先要明确的是，第二种社会必要劳动是人类的生产劳动，而不是其他的。这是讨论这个问题的所有自然属性和社会属性的基本前提。按照马克思的定义，它之所以成为必要是对一定的经济技术条件下的供给和社会需求来说的，因此，它是相对于供求关系确定的。在实际社会生产中，供给和需求涉及价格、消费行为、市场竞争，并呈现一系列的波动过程，第二种社会必要劳动时间与这些因素相关。如果把第二种社会必要劳动时间的报告期规定为一个时间段，那么，它是一个动态波动过程积累的平均状态。也就是说，它仍然是一个统计学意义的规律。但是，它比第一种社会必要劳动时间对商品价值影响要呈现的机制复杂得多。

(3) 第二种社会必要劳动时间积累的物化状态就是产业结构。从社会再生产一系列过程上看，上一个生产周期第二种社会劳动时间产生的结果，一部分商品作为生活资料被消费；另一部分作为投资品成为下一周期的生产资料。若干个周期积累下来，各产业部门形成了一定的资本积累，也就是特定商品的生产能力，它们与本周期第二种社会必要劳动时间的分配相结合，形成了第二种社会必要劳动时间下的供给。这就是通常意义下的产业结构。既然所有周期的社会总劳动时间的分配都是必要的或者是合理的，那么所形成的产业结构是否也应该是合理的？不是的。因为社会需求总在不断变化，而产业结构只是以前生产周期第二种社会必要劳动时间的积累，因此，产业结构与当期社会需求总不能是一致的，这就使产业结构调整成为一种常态。而第二种社会必要劳动时间的分配在这种意义上也就只具备在当期考虑的意义。

(4) 第二种社会必要劳动时间无论是自然尺度表达还是货币尺度表达，其比例是唯一的。i 部门第二种社会必要劳动时间的自然尺度比为：

$$t_iQ_i/T = gt_iQ_i/gT = w_iQ_i/W \quad i = 1,\ 2,\ \cdots,\ n \tag{2-37}$$

同时也是该部门第二种社会必要劳动时间的货币尺度比。

(5) 式 (2-35)、式 (2-36) 表明，第二种社会必要劳动时间比例之和始终为 1。

3. 考虑第二种社会必要劳动时间的商品价值量与价值向生产价格转形

马克思关于两种社会必要劳动时间对商品价值量的规定性是一个系统的状态集合 $S\{T|T_1,\ T_2,\ \cdots,\ T_n;\ Q|Q_1,\ Q_2,\ \cdots,\ Q_n;\ t_1,\ t_2,\ \cdots,\ t_n;\ w_1,\ w_2,\ \cdots,\ w_n\}$ 其中的一个状态元，被称为基准情况，其数学关系可以表达为：

$$\begin{cases} \dfrac{t_1Q_1}{T} + \dfrac{t_2Q_2}{T} + \cdots + \dfrac{t_iQ_i}{T} + \cdots + \dfrac{t_nQ_n}{T} = 1 \\ t_i = \sum_{j=1}^{m} \eta_{ij} t_{ij} \quad i = 1,\ 2,\ \cdots,\ n \end{cases} \tag{2-38}$$

或：

$$\begin{cases}\frac{w_1Q_1}{W}+\frac{w_2Q_2}{W}+\cdots+\frac{w_iQ_i}{W}+\cdots+\frac{w_nQ_n}{W}=1 \\ w_i=c_i+v_i+m_i \quad i=1,\ 2,\ \cdots,\ n\end{cases} \tag{2-39}$$

所谓基准情况，是指满足以下两个基本条件。

（1）各商品生产部门都能获得和合理使用各种资源，既没有短缺，也没有富余。

（2）各商品生产部门的产出都能在市场上交换，既没有不足，也没有存货。

这两个条件也就是各商品生产部门按社会总需求获得社会总劳动量的合理分配，使其部门内所有的劳动既没有不足，也没有多余。也就是供求相互一致。按照西方经济学后来的术语，就是资源市场出清和商品市场出清。这时每个部门的商品价值量都由第一种含义的社会必要劳动时间确定，即由统计总体 S_i 关于劳动时间的加权平均数确定；并由这种平均值计算第二种含义的社会必要劳动时间、全社会的必要劳动时间、价值量及其分配比例。

很显然，这是一种理想状态。实际经济生活中并不是这样。因为社会总需求由于每个人的需求受到太多因素的影响并不十分确定而难以确定；而全社会总劳动时间的分配本身受各种因素影响也是难以合理的，因而各部门按社会总需求获得社会总劳动量的合理分配是十分困难的。因此，“供求实际上从来不会一致，如果它们达到一致，那也是偶然现象，所以在科学上等于零①”。也就是说，市场不能出清是经济系统的常态。

在市场不能出清的常态下，商品价值量的确定变得十分复杂。因为统计总体 S_i 包含的 i 部门劳动时间已不是供求平衡点上的社会承认的那种必要劳动量，S_i 上关于单位商品的劳动时间的加权平均数，已经不是马克思所定义的那种第一种含义的社会必要劳动时间。而且，由于国民产品系统的相互消耗性，例如，采煤用电，发电用煤，煤电相互消耗，使 i 部门的劳动量离开供求平衡点后，通过 i 部门产品的相互消耗性，影响其他部门的劳动量，使之偏离了原有的供求平衡点。这时，只要有一个部门的劳动量偏离供求平衡点，就可能导致国民产品系统所有部门偏离平衡点。这就使企图单一地确

① 马克思．资本论（第三卷）［M］．中共中央马克思恩格斯列宁斯大林著作编译局，译．北京：人民出版社，1975：212.

定某个商品部门的必要劳动量从而确定它的商品价值成为不可能。同时，如果我们试图按 C、V、M 三大构成确定它们的平均状态，也会发现，由于商品间相互消耗和平均剩余率的性质，用逐个单一计算各商品的加权平均数的方法，也根本不可能。这两种情况都要求必须从国民产品整体出发，用联立方程组的形式，对所有商品同时求解确定。

问题总是有办法解决的。马克思提出了解决困难的三个基本假定，这三个假定，体现了马克思的科学思想方法，现代数学为实现马克思的设想提供了精确的计量。

马克思的第一个基本思想方法如前已述，马克思规定各部门劳动量中只有符合社会需要的那一部分劳动量为必要劳动量，它形成商品的价值；超过必要劳动量的那部分劳动量不能形成价值，其结果就像花在个人产品的时间超过了第一种含义的社会必要劳动时间一样。马克思的这个规定还可以理解为，当部门劳动量大于必要劳动量后，单位劳动时间的货币估价低于社会必要劳动量的货币估价。看一看现实生活，这是很容易理解的。当市场上某种商品多了，市场价值就下降了，不值钱了，意味着花在这些商品上的劳动时间的货币估价降低了。当然，在以价格为尺度的实际交换中，由于需求价格弹性，社会需求量会因价格的变化而扩大和缩小，但是，它总能够在一定的价格下，形成一个相对需求量。对少于社会必要劳动量的那部分商品的价值量。马克思说："如果用来生产某种商品的社会劳动的数量，同要由这种产品来满足的特殊社会需要的规模相比太小，结果就会相反。"① 这时，市场价格就会上涨，"市场价值就总是由最坏条件下生产的商品来调节"②。这就是说，少于第二种含义的社会必要劳动量的那部分产品的价值会抬升。

马克思的第二个基本假定是，虽然第一步给出了各部门偏离了供求平衡点的劳动量的处理方法；但是，仍然不能从全社会上确定供求平衡点上的劳动量是多少，什么时候达到了供求平衡。于是，马克思运用统计学大数平均定律的思想方法。规定，供求不平衡虽然经常发生，但就一个较长时间段来说，各种偏离，正向的、反向的，可以相互抵消；以至于从这个时间段的整体上看，供求总是一致的，或者达到一种动态平衡点。马克思说，价值规律"只有在供求不再发生作用时，也就是互相一致时，才纯粹地实现……。虽

①② 马克思．资本论（第三卷）［M］．中共中央马克思恩格斯列宁斯大林著作编译局，译．北京：人民出版社，1975：207，209.

然在任何一定的场合，供求都是不一致的，但是它们的不平衡会这样接连发生，而且偏离到一个方向的结果，会引起另一个方向相反的偏离，以至于就一个长或短的时期的整体来看，供求总是一致的”① 马克思这里所说的相向偏离互相抵消的情形，相当于从概率和数理统计学上说，这种偏离构成了一个随机变量 X，具有概率密度 P(x)，当样本容量足够大时，可转换成标准正态分布 X～N（0，1），其数学期望——均值为零。如图 2－5 所示。

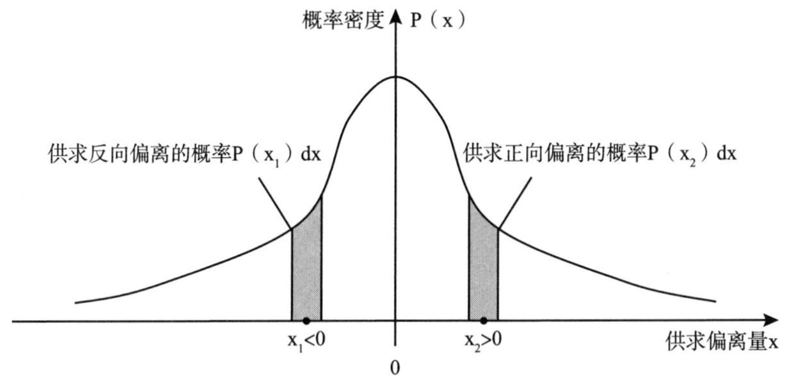

图 2－5 供求偏离构成的随机向量呈标准正态分布

有关概率与数理统计研究表明，社会经济现象中，很多随机变量服从正态分布。这就为我们给出了通常在一个较长时间的报告期内，总可以假定全社会供求一致的依据。马克思在这里明确指出了，价值规律只有在这种供求一致——“供求不再发生作用”的情况下，才能真正地完全实现。这就是说，价值规律在只考虑第一种含义社会必要劳动时，是没有供求关系的特例；在一般条件下发挥作用，是在考虑第二种含义社会必要劳动时，要求各部门获得必要的劳动量分配比例，只有在全社会劳动量供求一致时，价值规律才能“纯粹”地实现。而且，马克思认为第二种情况是一种常态。应当指出，这里的供求一致，应该理解为在全社会范围内实现，而不是在部门层上实现。否则，在一个时间段上部门劳动量可认定供求平衡，那么，马克思第一步处理方法就成为多余，也没有区分第一种、第二种社会必要劳动时间

① 马克思．资本论（第三卷）［M］．中共中央马克思恩格斯列宁斯大林著作编译局，译．北京：人民出版社，1975：212.

的必要了。从社会生产实际上看，一定时期内，全社会供需总是一定平衡点上的结果，而具体商品则总是出现紧张不足或积压滞销的现象。

马克思的第三步基本假定是，马克思认为，价值在历史上存在很长一段时间，只是在资本主义生产中，它才逐渐被掩盖了；马克思定义商品价值由生产它的社会必要劳动时间决定，但要以货币价格的形式表现出来。因此，在充分揭示资本主义剩余价值生产秘密之后，需要把价值转换到资本主义的现实生产过程中。于是，马克思提出价值转化为生产价格的理论。

由于市场竞争和生产要素的流动，不同商品部门的等量资本可获得等量利润。商品价值中的 C + V 转化成生产成本 K，剩余价值 M 转化为利润 S，随着一个全社会的平均利润率在不同生产部门中形成，商品的价值也就转化为生产价格。马克思认为，在转化程式中，商品价值的 C、V、M 在加入生产价格 K、S 中可能存在大于或小于的偏离情况，但把全社会当作一切生产部门的总体来看，这种偏离的情况可以互相抵消，即总价格等于总价值，总利润等于总剩余。马克思这里再一次运用大数平均律和随机变量正态分布均值为零的思想。但马克思并未严格地证明这两对总量关系相等，以致引起100 多年来的“价值转形”问题大论战。本人通过严格的数学推导，证明在价值向生产价格转化中，一个经济系统内，生产价格范畴诸总量与价值范畴诸总量总可以是对应相等的[17]。

这就是说，虽然我们不能够单一确定某一部门的供求平衡点上的劳动时间，不能单一计算某一部门社会必要劳动量，从而确定该部门的商品价值量；但是，由于我们已可以认定，相当时段内全社会劳动量总是供求一致的，而价值又可以通过货币表现形式来计算，并且价格总量就等于价值总量，这就使我们具备了解决在考虑第二种含义的社会必要劳动时间的条件下，商品价值量一般性确定问题的基本条件。

马克思没有提供求解的具体数学方法，但他提供的思想方法和总量条件已经足够。现代数学发展已提供了解决这个问题的多种模型[18]-[20]。笔者在20 世纪 80 年代参与“中国理论价格”测算工作时，提出了一种迭代方法计算的价格模型[21]就能满足要求。这个模型依据马克思的价值三大构成，运用投入产出消耗系数，模拟国民产品互相消耗过程和平均剩余价值形成过程，并使用迭代计算方法，当达到迭代到不动点时，即求出了全社会所有产品的单位产品价值量。其数学表达为：

$$
\begin{cases}
w_1^{t+1} = (a_{11} + c_{11})w_1^t + (a_{21} + c_{21})w_2^t + \cdots + (a_{n1} + c_{n1})w_n^t + (G - L^t)V^{-t}v_1^t \\
w_2^{t+1} = (a_{12} + c_{12})w_1^t + (a_{22} + c_{22})w_2^t + \cdots + (a_{n2} + c_{n2})w_n^t + (G - L^t)V^{-t}v_2^t \\
\cdots\cdots \\
w_n^{t+1} = (a_{1n} + c_{1n})w_1^t + (a_{2n} + c_{2n})w_2^t + \cdots + (a_{nn} + c_{nn})w_n^t + (G - L^t)V^{-t}v_n^t \\
\dfrac{w_1^N Q_1}{G} + \dfrac{w_2^N Q_2}{G} + \cdots + \dfrac{w_i^N Q_i}{G} + \cdots + \dfrac{w_n^N Q_n}{G} = 1
\end{cases}
\tag{2-40}
$$

迭代终止条件：$\lim\limits_{t\to N}|w_i^{t+1} - w_i^t| \leqslant \varepsilon$；初始条件：$w_i^0 = P_i \quad i = 1, 2, \cdots, n$

简写为：

$$
\begin{cases}
w_i^{t+1} = \sum\limits_{j=1}^{n}(a_{ji} + c_{ji})w_j^t + (G - L^t)V^{-t}v_i^t \\
\quad i = 1, 2, \cdots, n;\ t = 0, 1, 2, \cdots, N \\
\sum\limits_{i=1}^{n} w_i^N Q_i / G = 1
\end{cases}
\tag{2-41}
$$

$$\lim_{t\to N}|w_i^{t+1} - w_i^t| \leqslant \varepsilon;\ w_i^0 = P_i;\ i = 1, 2, \cdots, n$$

其中，G 为国民总产品的总价格，即总价值，令 $G = \sum\limits_i w_i^t Q_i$ 也可以；L^t 为总不变资本、可变资本价值之和，即总生产成本，$G - L^t$ 即总剩余，也即总利润；$\sum(a_{ji} + c_{ji})w_j^t$ 为 i 部门单位商品价值中的不变资本价值和可变资本价值，其中，a_{ji}，c_{ji}分别为生产单位 i 部门产品作为不变资本和可变资本消耗的 j 部门产品量，即投入产出物质消耗系数和工资消费品消耗系数；v_i^t，V^t 为 i 部门单位商品可变资本价值和全社会总可变资本价值，可通过系数 c_{ji}算出；$m' = (G - L^t)V^{-t}$即为马克思定义的平均剩余率；上标 t 为迭代序号；$\varepsilon \geqslant 0$ 为任意给定的迭代误差。计算数学揭示，上述方程的解由其系数决定，在一定范围内与初始值无关。这里由于 G 为价格量纲计量。为方便起见，其初始值选用现行价格 P_i。

上述所有系数和除商品价值 w_i 以外的各单位量、总量，都可以从编制以现行价格为基本计算单位的价值型和物质型混合投入产出表和人工消耗表中获得。如果要获得以自然尺度表达的单位商品社会必要劳动时间，只需将上述模型中所有价值量除以单位劳动时间货币表价 g 即可。

马克思的生产价格可计算的数学表达式为：

$$P_i^{t+1} = \sum_j (a_{ji} + c_{ji}) P_i^t + (G - K^t) F^{-t} F_i \quad (2-42)$$

迭代终止条件：$\lim_{t \to N} |P_i^{t+1} - P_i^t| \leq \varepsilon$；初始条件：$P_i^0 = P_i$，i=1，2，…，n.

其中，$K_i^t = \sum_j (a_{ji} + c_{ji}) P_i^t$，为单位 i 商品的成本价格；$K^t = \sum_i K_i^t Q_i$，为社会总成本；$F_i^t = \sum_j (b_{ji}^1 + b_{ji}^2) P_j^t + b_i^3$，为单位 i 商品全部预付资本；$F^t = \sum_i F_i^t Q_i$，为社会总预付资本；$G - K^t$ 为社会总利润；$(G - K^t) F^{-t}$，为社会资本平均利润率；b_{ji}^1，b_{ji}^2，b_i^3，分别为生产单位 i 商品占用的固定资本、流动资本和货币资本。其余符号与式（2-41）相同。将式（2-41）、式（2-42）联立求解，可以分别计算单位商品的价值和生产价格。当满足充要条件：

$$\sum_j q_j (w_j^0 - p_j^0) + \sum_j d_j (w_j^0 - p_j^0) = 0 \quad (2-43)$$

时，有总价格 = 总价值、总利润 = 总剩余，两总量相等。式（2-43）中 q_j 为实物型投入产出中间消耗矩阵 j 行向量之和；d_j 为实物型投入产出人工消耗矩阵 j 行向量之和。也就说马克思提出的价值转化为生产价格的数量依据是完全正确的。严格的数学证明见王志国发表的文章《马克思“价值转形”的对称不变性解法》[17]。

用上述模型求解的商品价值量，已经同时表达了马克思的第一种含义和第二种含义的社会必要时间的内容，因而可以笼统地称 w_i，i=1，2，…，n，为单位 i 部门产品社会必要劳动时间决定的商品价值量。$w_i^N Q_i G^{-1}$ 为 i 部门在全社会总必要劳动量中所占比例。当然，可能有人说，这个模型的解已经不是马克思的加权平均数的概念。对不对呢？问题提得不错，只是平均数思想和方法有多种途径可以实现。前面已经指出，马克思规定的一定时期内全社会总劳动量总是供求一致的思想，总价格 = 总价值，总利润 = 总剩余的思想，都是一个大平均数的概念，而系数 a_{ji}，c_{ji} 也是平均数概念，m′更是全社会平均剩余率，而且，把它们放在国民产品大系统里联立求解，因此，其结果是一个更高级的统计平均数。价值、价格，利润、剩余，第一、第二种社会必要劳动时间，千万种商品，问题非常复杂，如果我们追踪每一件商品的生产、流通、消费过程，以求出它的上述参数，这种做法如同我们企图追踪容器里的每一个热气体分子，以求出它的温度、压力一样，必将无所收获。

因此，从国民产品整体出发，把商品价值、价格、社会必要劳动时间作为这个系统内千百万种商品的生产成本、利润、供求、市场竞争等复杂运动的统计平均规律，这种方法与热力学中的温度、压力、体积是气体分子热运动的统计平均规律有异曲同工之妙。

第七节 重要结论

根据以上论证，本章主要结论可归纳以下六点。

（1）可以把马克思的劳动价值论区分为质的规定性和量的规定性两个方面。质的规定性是关于劳动的基本性质、商品价值的实体、本质特征等方面的规定性，是马克思的政治经济学的本质性、革命性要素。量的规定性是关于社会必要劳动时间量与商品价值量、商品交换数量原则等方面的规定性，是对劳动价值论质的规定性的数量表达和商品运动规律的数量刻画。区分劳动价值论质和量的规定性，可以更好地深化对劳动价值论的认识，从质和量两个基本方面找准丰富和发展劳动价值论的方向，同时可以避免劳动价值论研究中不必要的争论。

（2）依据马克思劳动价值论量的一般规定性，可以做出一些基本公设，把马克思关于社会必要劳动时间决定商品价值量及其相关数量变化关系表达为一个公理化的形式逻辑体系，我们尝试性地作了一些工作。

（3）第一种社会必要劳动时间，是不考虑供求关系的特殊条件下生产某种单位商品需要的社会必要劳动时间，是以商品部门为统计总体的所有生产同类商品的个别劳动时间对产量的加权平均数，即：

$$t_i = \sum_{j=1}^{m} \eta_{ij} t_{ij}$$

（4）不同生产条件下，个别价值依其产品量在部门总产品量中的比重对单位商品价值量产生影响；以优、中、劣三种生产条件为例，某种生产条件下的个别价值完全决定产品价值量的一般条件（以中等条件决定为例）为：

$$\frac{w_{i2} - w_{i1}}{w_{i3} - w_{i2}} = \frac{Q_{i3}}{Q_{i1}}$$

（5）马克思关于商品价值量与劳动生产率成反比的规律是单位商品社

会必要劳动时间与劳动生产率的基本定义关系：$t_i=1/f_i$；马克思同时揭示社会生产总价值与劳动生产率成正比的规律，以部门生产为例：$W_i=e_{ij}T_{ij}=f_{ij}w_iT_{ij}$。这两个规律是社会必要劳动时间决定商品价值量规律的衍生规律，是促进市场竞争的规律，符合科技进步、经济增长、社会进步的基本趋势。所谓劳动生产率越高，生产的商品总价值越小的推论是错误的。

（6）第二种社会必要劳动时间，是考虑供求关系的一般条件下，在供求平衡点上，社会总劳动时间对各部门的合理分配，社会只承认这个量为必要劳动量，在经济运行的常态条件下，商品的价值量由这个必要劳动量来规定。由于国民产品的互相消耗性，动态平衡性，任何一个部门都不能单独达到平衡，并独立地计算该部门的必要劳动时间。必须从国民产品系统整体出发，运用马克思对一定时期总劳动量供求一致和总价格等于总价值、总利润等于总剩余的假定，利用联立方程组的方法，模拟产品互相消耗和剩余平均过程，对所有商品的价值量同时确定。本章提出的一种迭代模型为：

$$\begin{cases} w_i^{t+1}=\sum_{j=1}^{n}(a_{ji}+c_{ji})w_j^t+(G-L^t)V^{-t}v_i^t \quad i=1,2,\cdots,n \\ \sum_{i=1}^{n}w_i^N Q_i/G=1 \end{cases}$$

运用这个模型求出的单位 i 商品价值量 w_i 共同反映了第一、第二种社会必要劳动时间对商品价值量的决定。在这种条件下，我们称之为社会必要劳动时间决定商品价值量，价值规律只是在这个时候，才能“纯粹”地实现。

马克思的生产价格数学表达式为：

$$P_i^{t+1}=\sum_{j}(a_{ji}+c_{ji})P_i^t+(G-K^t)F^{-t}F_i \quad i=1,2,\cdots,n$$

将商品价值与生产价格两组方程联立求解，可以获得一组充分必要条件，使马克思价值系统与生产价格系统“两对总量”相等同时成立。马克思价值向生产价格转化完成了政治经济学的带有本质性的逻辑转变和数理关系的量化转变。

另外，我们对马克思的科学研究方法论作如下简要评述：马克思劳动价值论量的规定性遵循了这样一条发展主线：先从单种商品的第一种社会必要劳动时间规定开始，再到考虑国民产品互相关联的第二种社会必要劳动时间规定；从较短的单个时间段上的供求波动，到一个较长的连续时间段的供求平衡；从以国家为边界确定商品价值、价格，然后延伸到国际商品的价值与价格；从揭示资本主义剩余价值生产的奥秘开始，再转换到资本主义利润平均化现实生产过程。马克思关于劳动价值论的思想方法和数理方法经历了一个从简单到复杂，从局部到整体，从间断到连续，从本质到表象的深化和上升过程，表现了马克思无与伦比的科学世界观和科学研究方法论。应该说，马克思劳动价值论质的规定更深刻，更具本质性，当然也留下了需要创新的紧迫性和广阔空间。与质的规定性相比，量的规定性无论是第一种社会必要劳动时间，到第二种社会必要劳动时间；还是从价值到生产价格的转化，受当时的数学工具限制，其数学表达只完成了一半。本章期望是把量的规定性第一个问题完成，而作者的另一篇文章[22]已经把量的规定性第二个问题完成。

本章主要参考文献

［1］颜鹏飞．关于一个多世纪以来劳动价值论大论战的回顾与反思［J］．经济学动态，2001（11）：4－10.

［2］杨玉生．评西方经济学界关于劳动价值论的争论［J］．广播电视大学学报（哲学社会科学版），2002（1）：55－67.

［3］赵振华．当前我国深化认识劳动价值论的研究综述［J］．前线，2001（10）：18－20.

［4］邹东涛．劳动价值论：把创新写在自己的旗帜上［J］．经济评论，2003（4）：6－15. DOI：10.19361/j.er.2003.04.002.

［5］谷书堂，杨玉川．对价值决定和价值规律的再探讨［J］．经济研究，1982（1）：18－25.

［6］姜启渭．创造价值的社会必要劳动的两重含义的存在性——劳动价值理论的深层研究之一［J］．当代经济研究，1997（2）：44－52.

［7］朱妙宽．试论不同层次的价值决定——兼谈学术界的分歧和争论［J］．经济评论，2001（5）：7－11. DOI：10.19361/j.er.2001.05.002.

［8］潘石．论两种社会必要劳动时间的关系——兼与胡寄窗等同志商榷［J］．经济研究，1990（8）：55－59.

［9］卫兴华．价值决定和两种含义的社会必要劳动时间［J］．经济研究，1984（1）：47－53，46.

［10］宋则行．对“两种含义的社会必要劳动时间”的再认识［J］．当

代经济研究，1996（5）：1－6.

［11］陈振羽．第二种意义社会必要劳动价值论辨析［J］．江汉论坛，2000（3）：5－9.

［12］胡寄窗．社会必要劳动时间不存在两种含义［J］．经济研究，1990（3）：37－44.

［13］白暴力．价值与价格理论［M］．北京：中国经济出版社，1999.

［14］徐幼民．狭义劳动价值论的论证问题研究［J］．财经理论与实践，2001（5）：10－13.

［15］、［18］张守一．宏观经济管理与数量经济学模型［M］．北京：中国经济出版社，1990.

［16］、［19］陈德尊．价格的经济数学模型［M］//胡昌暖．价格学．北京：中国人民大学出版社，1982.

［17］、［22］王志国．马克思“价值转形”的对称不变性解法［J］．经济评论，2003（5）：8－13，32. DOI：10. 19361/j. er. 2003. 05. 002.

［20］［奥］A·P. 卡特，B. 斯科尔卡，等．投入—产出分析的贡献［M］．阿姆斯特丹，伦敦：北荷兰出版公司，1969.

［21］王志国．一种用迭代方法计算的价格体系［J］．成本价格资料，1990（8）.

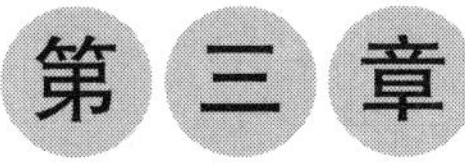

马克思“价值转形”的对称不变性解法*

摘　要　马克思“价值转形”问题是一个争论百年的难题。本章运用作者提出的马克思价值价格基本模型，提出价值转形的一种对称不变性解法。利用迭代价格模型，建立马克思的价值 W 和生产价格 P 两套均衡体系，求出两总量命题同时成立的充分必要条件和求解方法，指出在这个条件下，W、P 两体系是一个对称结构，可以相互转换保持系统诸总量不变，并对马克思五部门转形表成功进行了计算机对称验证，同时还导出其他若干重要推论。

关键词　价值转形　迭代法　W、P 两体系　对称转换　总量不变性

Chapter 3　Symmetrical and Constant Solution of Marx's Value Transformation

Abstract　As a controversial issue, the problem of Marx's "value transformation" has been debated for more than one hundred years. In this chapter, we proposes a symmetric invariant solution of value transformation, using the basic Marx's value-price model proposed by the author. Using the iterative price model, two sets of equilibrium systems of Marx's value W and production price P are established, and the simultaneous solutions are carried out, then the necessary & suffi-

---

* 本章内容为江西省主要学科（社会科学）学术或技术带头人项目《国民产品的系统结构与价格模型方法》的子项目；发表于《经济评论》2003 年第 5 期，节标题及部分内容有改动；获第三届薛暮桥价格研究奖。

cient conditions and solution methods for the simultaneous establishment of the two propositions are obtained. It points out that, the W and P systems are a symmetric structure, which can be converted into each other to keep the total quantity of the system be constant. Computer operation successfully symmetry verify the five-sector transformation table of Marx. And it derived several other important inferences at the end of this chapter.

Keywords Value Transformation Method of Iteration W&P Systems Symmetrical Turning Total Quantity Inflexibility

马克思的“价值转形”问题是马克思经济学中至关重要的问题。在深化劳动价值理论的认识和研究中，对价值转形问题深入探讨和方法创新，对于捍卫和维护马克思主义劳动价值理论的科学性具有重要的历史和现实意义。本章运用马克思价格价值基础模型提出一种新方法，力图按马克思的原意来解决价值“转形”问题，并且对马克思“转形表”进行正确性验证。

第一节　马克思价值转形问题的百年论战背景

19 世纪后半叶，马克思的伟大著作《资本论》[1]问世，标志着无产阶级政治经济学说体系的创立。资产阶级各种思想家、经济学家为了对抗马克思主义的学说，他们或独立提出代表资产阶级价值体系的一套套学说，或者千方百计寻找马克思理论的“缝隙”，试图从内部推翻马克思主义的理论体系。价值转形问题就是他们认为找到的这样一个“缝隙”。

1884 年，《资本论》第一卷（1867 年）问世不久，奥地利学派著名代表欧根·冯·庞巴维克（Eugen Von Bohn - Bawerk，1851 - 1914）发表《资本与利息理论的历史和批判》，用专章批评马克思《资本论》第一卷提出的劳动价值论和剩余价值论，认为这些理论不符合逻辑又与经验事实相违背。1896 年，《资本论》第三卷问世第二年，庞巴维克又发表《马克思体系的终结》，进一步批评马克思的劳动价值理论，认为《资本论》第三卷与第一卷产生矛盾，价值向生产价格转形是生产价格论对劳动价值论的否定[2]。庞巴维克的批评立即引来了各种意识形态和各种流派经济学家的强烈反响，并引发了一场旷日持久的大论战。无产阶级理论家给予坚决反击，资产阶级经济学家则大加赞赏；马克思主义经济学家据理反驳、引申论证；一些所谓中立的或同情马克思主义的学者则提出种种办法进行“纠偏”“补漏”等。100多年来，由于不断有各个时期著名理论家和经济学者加入“转形”问题讨论，并运用最新科学进展不断提出日益深刻复杂的模型与解法，使这场大论战成为马克思主义经济学与其他流派经济学斗智斗勇的重要前沿，成为经济学说史上的一道绚丽奇观。

围绕马克思价值“转形”问题的种种争论，其焦点可归结为两个方面。

（1）20世纪60年代以前，集中在马克思转形公式的所谓逻辑矛盾方面。即《资本论》第三卷第九章马克思阐述的劳动价值C+V+M向生产价格K+S转化或转形[①]中，只转形了产出，而没有转形投入。即生产价格中的利润S是由M按资本有机构成不同的各部门总预付资本平均分配的，而K是仍然按劳动价值中的C+V计算的；而事实上构成生产成本的物质消耗和活劳动消耗是在市场按生产价格购买的。因此认为，马克思价值转形在理论上和实践中都是有缺陷的。对于这一点马克思本人也有察觉。他说，“这个论点好像和下述事实相矛盾：在资本主义生产中，生产资本的要素通常要在市场上购买，因此，它们的价格包含一个已经实现的利润，这样，一个产业部门的生产价格，连同其中包含的利润一起，会加入另一个产业部门的成本价格”[②]，“一个产品的价格，例如资本B的产品的价格，同它的价值相偏离，是因为实现在B中的剩余价值可以大于或小于加入B的产品价格的利润，除此之外，在形成资本B的不变部分的商品上，以及在作为工人生活资料因而间接形成资本B的可变部分的商品上，也会发生同样的情况”。[③]但是，马克思又说：“这一切总是这样解决的，加入某种商品的剩余价值多了多少，加入另一种商品的剩余价值就少多少，因此，商品生产价格中包含的偏离价值的情况会互相抵消。”[④]因此，马克思认为，“如果把社会当作一切生产部门的总体来看，社会本身所生产的商品的生产价格的总和等于它们的价值的总和”。[⑤]而且，“一切不同生产部门的利润的总和，必然等于剩余价值的总和”[⑥]，并在多处重申这个观点。他在《资本论》第三卷第九章的转化表中的数据论证了这两对总量分别相等的关系。这就是马克思的著名的

---

① 马克思．资本论（第三卷）[M]．中共中央马克思恩格斯列宁斯大林著作编译局，译．北京：人民出版社，1975．第174～176页转化表，其中利润符号记为S。

②③④⑤⑥ 马克思．资本论（第三卷）[M]．中共中央马克思恩格斯列宁斯大林著作编译局，译．北京：人民出版社，1975：179，180，181，193.

"两总量命题"或"两总量等式"：第一，总价格 = 总价值；第二，总利润 = 总剩余。

由于这两个总量关系的存在，而且价值历史上先于生产价格的存在，马克思坚持认为生产价格归根到底是由价值决定的，由价值转化而来的。但是，马克思并未用严格的数学方法来证明"多多少""少多少"刚好使"偏离价值的互相抵消"及其两总量等式成立的条件；因此，马克思的方法和结论受到了指谪、质疑。一些经济学家由此提出一些解决方案，试图在同时转化 C、V 的基础上，仍然保证马克思"两总量等式"的成立。

（2）"斯拉法革命"以后，集中在马克思劳动价值论是否有必要上。1960 年，剑桥大学学者皮耶罗·斯拉法发表《用商品生产商品》[3]，从生产过程的实物关系出发，分析工资、利润和价格之间的关系，得出了工资及其变动对利润和生产价格的影响，劳动和生产资料的比例的变动对利润率和生产价格的影响，以及社会产品和剩余产品的生产等多方面的重要结论。西方一些马克思主义经济学家认为，可以用斯拉法的方法装备劳动价值论，为价值转形提供一种新的解决思路和分析工具；并由此也提出了马克思的劳动价值论分析方法是否更有效，可以建立"没有劳动价值论的剥削理论"等疑问①。而西方另一些马克思主义经济学反对者则认为，马克思劳动价值论是"多余"的、迂回的、可以取消的等。但是，仍然有很多学者用更新的思路和数学方法，力图论证马克思的思路和结论的正确性。

按照对马克思经济学说的态度和对转形问题的不同解法，可分为三种类型。

第一类：马克思经济学反对者及其替换型解法。代表人物包括 19 世纪末最先发难的庞巴维克，20 世纪 50 年代的罗宾逊夫人，当代新古典综合派代表萨缪尔森（Paul A. Samuelson）[4][5]等，他们的基本态度是，马克思劳动价值论是矛盾的，没有意义的。与此相应，萨氏提出一种抛弃—替换型解法。斯迪德曼则主张用斯拉法的方法来代替马克思的劳动价值分析[6]。

第二类：马克思主义者或马克思经济学家。如早期的马克思主义者法希亭，20 世纪 40 年代的斯威齐（Paul Sweezy）[7]，20 世纪 70 年代米克（Ronald Meek）[8]、多布、赖布曼、德塞以及布伦芬布伦诺等。他们坚持马克思经济学说，对资产阶级经济学家的批判给予坚决反击。他们中的一些人也运

① 晏智杰．劳动价值学说新探［M］．北京：北京大学出版社，2001：372 - 374.

用古典解法和现代数理方法，提出了马克思经济理论的一些补充、完善和发展的意见。

第三类：马克思主义的同情者或正直的经济科学家及其创造的古典型解法和现代型解法。他们旨在提出一些解决方案和数学模型，来论证和补充、完善马克思的转形理论。古典解法：1906 年、1907 年德国统计学家鲍尔特基维茨（L. Von Bortkiewicz）连续发表两篇论文，将转形“矛盾”集中在马克思价值转化表的逻辑形式上，并开创三部门比例法（系数法）转化和总量不变性假定条件的证明方法[9]。此法为后世大多数证明者沿用。现代型解法：20 世纪 50 年代提出，20 世纪 70 年代发展完善起来的方法，以英国经济学家弗·塞顿（F·Seton）[10]、日籍英国经济学家森岛通夫（Michio Mdrishima）为代表，他们用里昂惕夫的投入产出方法和瓦尔拉斯的一般均衡方法分析转形问题。1973 年，森岛通夫发表《马克思的经济学》，1978 年与乔治·凯蒂福雷斯合著《价值、剥削与增长》[11]，他们构造了转形的一种马尔科夫矩阵，用最大特征根及其特征向量进行迭代求解证明。1982 年，利佩茨提出了类似的但在可变资本的处理方面被认为有改进的解法[12]。在此之前，塞顿于 1957 年提出了用投入产出方法解决转型问题，并假定三部门价值结构的特殊情况，进行总量不变性证明。这种方法具有古典与现代解法的过渡特征。他们更多的是把马克思经济学作为科学，并运用数学最新进展来研究他们所看到的或被诘难的马克思经济学中的“矛盾”。当然，他们中有许多人在研究中也提出了一些对马克思经济学的“诘难”。

目前，古典解法的状况是，鲍氏、斯威齐、温特尼茨[13]、米克等都只能证明在 C、V 转化条件下，两总量等式只能有一个成立；前两人还只能在简单再生产条件下成立。塞顿方法虽然能证明两总量等式同时成立，但仍局限于：简单再生产；奢侈品部门的资本有机构成与社会总资本有机构成相同等。条件相当苛刻。现代解法的发展状况是，森岛方法虽然运用了最新数学工具，求解两总量等式成立，条件也更加通则化，但同样有一些限制条件。例如，要求各部门扩大生产率都相同，即都具有统一的剩余价值率（森岛的剩余价值率为：总剩余/总消耗）；并且，两对总量中不包含非基本商品。在实际经济系统中，这是很不常见和不令人满意的，都是属于转形的特解。

我国学界大规模介入这场“论战”是 20 世纪 80 年代初。朱绍文、王宏昌研究员等 1982 年翻译评述了国外这场大论战的大量资料文献[14]；杨玉生教授于 1990 年、胡代光教授于 1999 年出版专著，对西方经济学界关于

《资本论》研究以及马克思转形问题的各种观点进行了评析[15][16]；晏智杰教授于2001年出版专著对价值转形百年论战进行了详细、全面的考证、评点[17]，等等。20世纪80年代，国内也有学者（史哉书，1982；黄谷，1984；张泽荣，1984；王志国，1986）运用数学模型对转形问题本身进行了有益的探讨。20世纪90年代以后，国内运用数学模型方法研究转形问题有了很大进展，发表了一系列有价值、有力度的著作和论文。例如1999年，白暴力教授创造了三个“平分余量”：dk、dw、dr，对两总量命题进行修正[18]；丁堡骏（1999）①、张忠任（2001）②、朱奎（2004）③、岳宏志（2005年）④ 等学者在鲍尔特基维茨开创的系数转化法基础上，拓展部门数和成本部分的转化系数等试图证明；2002年5月，笔者在全国数量经济学会年会上，首次报告了对价值和生产价格两体系分别迭代、联立求解两总量命题同时成立的充分必要条件，即提出转形问题的对称不变性解法⑤。这些都极大地丰富了马克思的转形理论。

价值转形论战是在马克思政治经济学说核心层次上展开的，关系到马克思主义劳动价值论乃至马克思经济学科学体系是否完备的问题。至今虽历经100余年，由于其中的核心问题尚未得到彻底的或者满意的解决，仍未停下“脚步”。但无论结果如何，这场科学论战，其经历的时间之长，参加人数之多，讨论的问题之广泛深入，取得的成果之丰富，在经济理论发展史上都是罕见且有着重大贡献的。

第二节　转形问题各种解法的简要评论

围绕马克思价值转形的各种解法、模型不下十余种。除了极少数外，大多数解法对深化马克思主义经济学的理解，以及发展、完善马克思经济学都作出了重要贡献。但这些解法中，也存在种种不尽如人意的地方。他们有的

① 丁堡骏．转形问题研究［J］．中国社会科学，1999（5）：21－34，204－205.

② 张忠任．转形问题的最终解决［J］．数量经济技术经济研究，2001（2）：91－94.

③ 朱奎．转形问题的一个马克思主义解［J］．经济评论，2004（1）：9－17.

④ 岳宏志，寇雅玲．马克思转形理论的一个数理证明［J］．数量经济技术经济研究，2005（6）：3－10.

⑤ 王志国．马克思“价值转形”的对称不变性解法［J］．经济评论，2003（5）：8－13，32.

没有能证明马克思价值转形两总量命题同时成立；有的只能证明在极端特殊条件下成立。所以晏智杰教授说：“迄今为止，中外学者尚未见有谁提出一种解法，从理论上证明两个相等关系可以同时成立，除非再作出某些假定。”[①] 在古典和现代两类解法中，鲍尔特基维茨、塞顿、森岛通夫的解法具有代表性。以下以他们的模型为代表分析这些解法的一些问题。

（1）古典解法。比例系数转化方法从数学上看，是难以解决本问题的。因为，n 个部门 n 个比例，需要 n 个未知数，可列 n 个方程，两总量等式要 2 个方程，还有 1 个内生利润率使方程出现交叉项。因此，方程数总比未知数多一个，在方程全都独立也就是不存在共线性的情况下是无解的超定方程组。即使降维，使 n = 3，只考虑简单再生产；令第三部门转化比例 Z = 1；适当选择数据结构等，也只能求出特殊解和不完全解。如鲍氏的解法中，所提出的第 4 方程，即总量命题Ⅰ总价格等于总价值的等式，在求解中并没有发生实质性作用，其解并不受这个方程约束，其总量命题Ⅱ即总利润等于总剩余成立由 Z = 1 决定。温氏的解法中，第 4 方程虽然发生了使用，它使第Ⅰ总量关系约束满足，但他取消了 Z = 1 的假定，并缺乏第Ⅱ总量关系约束条件。所以，他们在 C、V 同时转化条件下，都只能做到两总量等式只有一个成立而不能同时成立。塞顿的三部门模型中，令第三部门的价值结构与全系统的价值结构完全相同。这就是说，它的方程组不是完全独立的，其中一个与另外的或者它们的和线性相关。而且在简单再生产条件下，这个具有代表性的奢侈品产业，可以保持产出物对剩余部分的比率不变性。这种条件下有解，但只能是特殊解，而不是一般解。因为某个部门的价值结构与全系统的价值结构相同是极为罕见的，现实中不能指望存在。

中国学者运用系数转化法的求证模型中，大多把利润率作为第 n + 1 个方程加入前 n 个方程求解。当把它作为已知条件时，就是利润率用未转化的价值资料核算或者外生出来，这时，大多数模型在两总量命题证明中，其价值—价格转化系数 ρ_i 事实上并没有发生作用，或者说是转化系数均等 1 的结果。这与马克思当年的解法没有任何区别，这个解法也就是引起激烈争论、长期未能解决的核心关联问题。要解决这个问题的唯一途径就是把利润率内生出来；而这在鲍尔特基维茨、温特尼茨模型中，其利润率就已经做到

① 晏智杰．劳动价值学说新探［M］．北京：北京大学出版社，2001：62.

内生求解了①。当在不变资本、可变资本或剩余价值部分加入众多的价值——价格转化系数后，这些模型变得异常复杂和难以定解。这时，要么有的模型在两总量命题成立的求证中，仍然不自觉地让转化系数 ρ_i 均等于 1；要么最终求证结果仍然是两总量命题不能同时成立，需要给出其不成立的种种解释和补救办法。

（2）现代解法。塞顿的解法开创了用投入产出矩阵描述价值转化问题方法，并用特征根求解，但是其两总量命题的证明却回归到三部门的古典方法求证。森岛的解法最为出色。他运用投入产出增广矩阵 M，构造马尔科夫迭代过程，用弗罗本纽斯根 λ_m 求解，使两总量命题得到完美证明。但是，他的解法中存在两个问题：第一，M 矩阵是在既定或现存的生产结构或产品向量 y_0 下决定的，当他构造的无穷序列 $\{y_t\}$ 收敛到 M 的属于 λ_m 的特征向量 $\bar{y}$ 时，很显然，$\bar{y} \neq y_0$。也就是说，用 $\bar{y}$ 证明的两总量命题，已经不是现存 y_0 所表示的生产结构下的两总量命题。换句话说，他证明的两总量命题是在 $\bar{y}$ 所表示的特殊生产结构下成立的，而不是现实的生产结构。第二，他的证明要求所有部门的扩大生产率或所有商品的总产量对总消耗量的比例都相同。按森岛的定义，也就是各部门的资本剩余价值率都相同，与资本的平均剩余率相等。在其迭代过程中，平均剩余率又成为平均利润率 $\bar{\pi}$。现实经济中，不能指望所有部门或所有商品的扩大生产率都相同。因此，森岛的证明仍然是一种特殊生产结构和特殊成本技术构成下的解法。

（3）鲍氏、塞顿、森岛为代表的三大类解法中，都在利润率的决定中排除了奢侈品或非基本品。鲍氏和塞顿的解法中都是因为奢侈品不作为投入品进入生产资料和工人消费品的生产成本，因此，第一、第二类部门的价格和利润水平决定不考虑第三部门的价值和结构。森岛的解法中平均利润率由非负最大特征根 λ_m 确定，而 λ_m 由增广投入产出系数矩阵 M 决定，M 要求是原始矩阵，他也排除了非基本品参与利润决定。但是，现实生活中是这样吗？我们可以举出多种理由认为不是这样。例如，第一，除了垄断外，要素是可以在社会各个部门包括奢侈品部门流动的。如果奢侈品部门的利润过高，很快有第一、第二类部门的资本流入；奢侈品部门利润过低，立即有资本流出。也就是说奢侈品部门资本是参与利润平均化的。第二，奢侈品与必需品具有相对性。汽车、花卉在大批量生产之前是资本家或富人专用的奢侈

① 晏智杰．劳动价值学说新探［M］．北京：北京大学出版社，2001：293－323.

品；在现代却为一般老百姓或工薪阶层所拥有，甚至成为必需品。因此，它们也完全可以作为投入品，进入第一、第二类部门或消耗矩阵中。所谓奢侈品或非基本品不参与利润率的决定完全是由其模型假设条件所确定的，与模型的构造和解模方法相关。事实上，马克思认为，平均利润率只取决于剩余价值率与社会总资本的有机构成。

（4）除文献①外，所有的与转形相关的解法与证明中，在处理马克思的C+V，以及被消耗了的C时，都还没有完全体现马克思的原意和体现现实生产的真实状况。即全部预付资本中，有以实物形式和货币形式存在的资本。在进入生产价格时，实物形式存在按生产价格核算问题，而货币形式则不存在。而现有的解法中，都没有加以区别。古典解法让C+V一起进行生产价格转化；森岛解法让C、V全部消耗，并参与剩余价值分割。既体现马克思的原意，又反映现实生产的解法应该是：被消耗了的C和V进入生产价格转化程序，成为成本价格；全部预付资本区分实物和货币形态，实物形态按生产价格核算后，与货币形态一起，共同参与剩余价值分割，实现利润平均化。

根据上述理由，笔者把一个成功解决马克思价值转形问题的解法归纳为以下标准。

在满足以下条件下，马克思定义的价值转化为生产价格两总量命题同时成立。

①生产成本同时转化；

②各部门利润率在成本转化后仍然保持平均化；

③不再限于简单再生产；

④在国民经济全体范围内考虑转形并共同参与利润率决定；

⑤不再限定特殊生产结构和资本结构，或生产结构、资本结构条件相当宽泛；

⑥对全部预付资本区分实物形态和货币形态，分别核算进行生产价格转化。

① 王志国．一种用迭代法计算的价格体系［J］．价格与成本资料，1990（8）：53－58.

第三节　马克思价值转形的历史性与逻辑性，系统总量的可变换性

这里对马克思价值转形问题的求解，有以下这样两大基础理解。

第一，马克思的价值转形首先是历史性的，然后才是逻辑性的。

所谓历史性就是价值转形是否有客观的、历史性的依据。对马克思的劳动价值论来说，这是一个非常重要的问题。如果转形仅仅是逻辑性的或分析工具性的，那么劳动价值论就不一定是非常必要的。因为也可以采用另外的分析工具或另外的逻辑形式来代替它的功能。萨缪尔逊认为，可以运用投入产出的物量方程式来分析同样的均衡价格体系，而不必依靠作为劳动量的价值关系。因此，他认为，马克思的劳动价值论是迂回的，价值转形是没有意义的。但是，如果转形是历史的、客观实在的，那么，转形问题就是对客观实在的模拟、解释和科学概括。那它就是不可取消的。马克思认为，价值和生产价格是商品交换在历史上的两个范畴。在古代，生产资料很少，而且归劳动者所有，产品主要是靠活劳动生产出来，物化劳动只占很少比重。劳动者互相交换他们的商品，排除在一些特殊情况下的交换行为，在一般的情况下，例如，公开的、交换对象可以有选择的，那他们一定是按生产该商品所花的劳动时间大致来决定交换数量。在现代城市和乡村，还保留有这样一些现象：手工业劳动者出售他们的劳动产品时，仍然是按生产他们的产品花了多少劳动日，按每个劳动日折合多少钱加上材料费来出售的。随着生产力和生产关系的发展，一些产品生产需要更多的物化劳动，一些人和集团积累和占有了更多的生产资料，他们将不会按照生产该商品的直接劳动时间交换他们的产品。在商品经济还不够发达的时期，也许人们还会把所使用的物化劳动大致折算成直接劳动时间，加入商品的总生产时间上。但在商品经济发达时期，人们绝对会用会计核算的方法计算他的产品卖价。到资本主义社会，生产力高度发达，生产关系日益复杂，资本产生一种内在本性，“只要资本量相等，那它就不管资本的构成如何，它们都会从社会总资本所生产的总剩

余价值中分到相等的份额”。[①] 在现实中，这个等分过程是通过资本主义竞争来实现的，实现的结果是生产价格以市场价格的平均趋势表现出来。所以马克思说：“商品按照他们的价值或接近于它们的价值进行交换，比那种按照它们的生产价格进行的交换，所要求的发展阶段低得多。而按照它们的生产价格进行的交换，则需要资本主义的发展达到一定的高度。”[②] 并说：“把商品价值看作不仅在理论上，而且在历史上先于生产价格，是完全恰当的。”[③] 当然，马克思对这个问题涉及的内容只描述了一个大概轮廓，限于当时情况，而未依据历史事实作严格的分析。但恩格斯认为，根据历史和人类学家毛勒、摩尔根等对原始公社的研究，价值向生产价格的历史转化，已经成了不容争辩的事实了。[④] 恩格斯在《资本论》第三卷《增补》中，针对人们的误解和争论，把价值向生产价格的转化作为重点进行了论证。恩格斯通过具体事例分析指出，在社会发展初期，商品交换就以价值规律为基础，直至19世纪，农民和手工业者家庭的一些商品交换还趋向于用它们所体现的劳动量来计量。[⑤] 马克思的价值规律对于整个简单商品生产时期是普遍适用的，其历史长达5000～7000年。[⑥] 恩格斯还以威尼斯商人、汉撒同盟的人经商为例，以工场手工业和大工业资本竞争为例，分析了转形的前提——利润率平均化的过程：先在一个民族内不同市场内平均化，然后向在同一市场输出同种商品或类似商品的各民族之间平均化；从工场手工业到大工业，通过不断更新的生产革命，无情地排挤掉以往的一切生产方式，使整个民族为资本服务，使不同的商业部门和工业部门利润平均化为一个一般的利润率。[⑦] 所以，恩格斯说：“这里所涉及的，不仅是纯粹的逻辑过程，而且是历史过程和对这个过程加以说明的思想反映，是对这个过程的内部联系的逻辑研究。”[⑧]

其后的马克思经济学家和马克思经济学研究者对这个问题也作了论证，如法希亭、温特尼茨、塞顿、米克以及日本的一些经济学家。英国格拉斯拉大学教授，著名的马克思经济学家米克在20世纪50～70年代发表多篇论著，根据他对马克思经济学体系的理解，提出了价值向生产价格转化的历史三阶段图式。米克的观点受到了森岛通夫和凯蒂福雷斯的批驳，他们断然否

①②③④　马克思．资本论（第三卷）［M］．中共中央马克思恩格斯列宁斯大林著作编译局，译．北京：人民出版社，1975：194，198.

⑤⑥⑦⑧　马克思．资本论（第三卷）［M］．中共中央马克思恩格斯列宁斯大林著作编译局，译．北京：人民出版社，1975：1013，1015－1016，1018－1019，1019－1027.

定转化问题的历史三段论。但米克始终认为，马克思劳动价值转化问题，一方面是逻辑的、数学的；另一方面是经济史和方法论的，马克思对价值和价格的分析的确有重要的“历史的”度量。1973 年，奈尔在历史上找到一些证据，认为“在简单商品生产的原始时代，农业价格趋于固定在劳动价值的水平上；而在工业中，倾向于形成生产价格”。①

马克思价值转形的逻辑性表现在两个方面。一是形式或分析方法上的。《资本论》第一卷以劳动价值论为基础，以资本的直接生产过程为中心，分析剩余价值的生产和资本积累的规律和历史趋势。劳动价值论在这里旨在说明，劳动是社会一般产品的价值源泉，也是剩余价值的源泉，而剩余价值又将是利润的源泉，从而为分析资本主义全部生产关系打下基础。在《资本论》第三卷，马克思以资本主义生产总过程为中心，分析剩余价值在各类资本中的分配。这种分配是通过资本利润平均化的过程，即形成生产价格的过程来实现的。因为在资本主义生产阶段，商品不是按它的价值来交换，而是按生产价格来交换。这样，在分析方法上就存在由价值向生产价格转化的逻辑必要。在第三卷里，这个逻辑形式就是剩余价值转化为利润，并且认定成本价格中偏离价值的情况相互抵消。这样，随着利润率在各产业部门的平均化，价值就转化为生产价格。二是数理上的。价值从时间标度或是从货币形态上看，都是可计量的，生产价格更是可货币度量。因此，从价值向生产价格转化必定存在数理上的关系。这种关系可以是一种比例关系，也可以是一种相等关系。马克思把它规定为相等关系。这是转形的数理逻辑性。

坚持转形问题的历史性与逻辑性，在于说明这样一个基本论点：转形问题是对历史相应过程的一个科学概括。既然它是真实的，又具有可测量的数量基础，无论它在现实中是以多么复杂的形式，多么长的时间内完成的；总可以找到一种方法，建立两者的数理对应关系。

第二，系统的总量是可以变换的。

关于转形的数量关系证明，最终归结为“两总量等式”是否一般化同时成立。那么，这两对总量究竟有些什么含义呢？

1. 总价值与总剩余

按照马克思的定义，单个商品的价值是由生产该商品的社会必要劳动时

① 奈尔．评森岛通夫《马克思经济学》[J]．经济文献杂志，1973（12）.

间决定。社会所有商品的价值总和或者社会总产品的价值就是总价值。无论是单个商品或是总产品，按劳动时间计算其价值都有两种表示方法。

（1）社会必要劳动时间 t_i；

（2）对单位劳动时间用带价值量纲的一般等价物 g 表出，获得单位商品价值 $W_i = t_i g$；总价值 $W = \sum W_i Q_i = \sum t_i g Q_i$。

其中，W_i、W 绝对量的大小与表价物 g 的量值有关。社会必要劳动时间由各类各种商品的技术经济条件以统计平均数的形式决定，而 g 的绝对值可以赋予大小不同，它们之间可以通过一个比例系数来变换。在一个国民产品系统内，对每种商品价值量有至关重要作用的是比价 $r_{ij} = W_j / W_i$ 和在总价值中的比重 $r_i = W_i Q_i / W$。前者决定了两种商品交换的比例关系；后者决定了每种产品或产业部门在国民总产品中的价值份额。将每种商品价值扩大或缩小 k 倍，r_{ij}、r_i 是不变的，即：

$$r_{ij} = kW_j / kW_i = W_j / W_i$$
$$r_i = kW_i Q_i / kW = W_i Q_i / W$$

单个商品的剩余价值是该商品的价值中，扣除预付的不变资本和可变资本价值后的剩余部分：$M_i = W_i - C_i - V_i$。它是由工人的剩余劳动创造的。总剩余价值是国民总产品价值经扣除后的剩余：$M = \sum M_i Q_i = \sum [W_i - C_i - V_i] Q_i$。剩余价值量的大小其决定机制非常复杂，取决于总价值量和系统内 C、V 所决定的资本和技术经济条件。马克思讨论了剩余价值量的决定或者同剩余价值率的关系，但他讨论的剩余价值率 m′又是假定的，而平均利润率 s′则取决于 m′。

2. 总价格与总利润

马克思定义单个商品的生产价格由成本价格加社会平均利润构成：$P_i = K_i + S_i$。所有商品价格的总和或社会总产品的生产价格就是总价格：$P = \sum P_i Q_i = \sum (K_i + S_i) Q_i$。与价值量同理，$P_i$、P 的绝对量的大小可以通过一个比例系数来变换，对每种商品价格起关键作用的是它们的比价和在社会总产品中所占的比例，由它们决定每一种商品与另一种商品的交换比例和在总产品中的份额。

单个商品中的利润，是社会总剩余转化而来的，由各个资本家以全部预付资本按一个统一的利润率 s′对总剩余价值进行平均分割得到的。总利润就是总剩余，也是单个商品利润的总和 $S=\sum S_iQ_i$。抛开转化程式，如果单考虑利润率、利润量，其决定机制也是十分复杂的；但在转化程序中，却变得十分简明。就是总剩余变成总利润后，按参与生产过程的总资本的比率进行分配。这样，它就只与不同生产部门的资本有机构成，以及社会总资本在不同部门之间的分布有关。

3. 两对总量的数理关系

价值向价格转形中，两个范畴的两对总量，其数理关系不外乎存在以下形式，即：

$$\begin{cases}P=kW & k=1\ \text{或}\ k>0,\ k\neq 1\\ S=hM & h=1\ \text{或}\ h>0,\ h\neq 1\end{cases}$$

根据前述两总量的特征，通过调整表价物 g 的量值，调整剩余率 m′或利润率 s′，或者调整 C、V 表达的经济技术结构关系，我们总可以找到一些条件和变换方法，使以下关系成立：

$$\text{Ⅰ}:P=W \quad \text{Ⅱ}:S=M$$

马克思对转形的数量论证，所使用的方法是：先确定和计算价值形态的各分量和总量，然后对剩余价值进行分割形成平均利润，获得价格形态的分量和总量；把两范畴的两对总量分别相等的事实，作为总价格、总利润由总价值、总剩余转化而来的论据。

我们的证明方法将采用以下思路：转形既然是客观的、历史的，而且社会总产品并没有由于从价值体系转换到价格体系而减少或增加，因此就假定两对总量相等。在这两个命题下，给出两套算法，建立两个均衡体系：价值体系 W 和生产价格体系 P 及其在一定条件下的对应关系，按照 W、P 的内在要求，分别求出各自范畴的处于均衡状态下的参量：C、V、M，K、S，剩余率 m′和利润率 s′，进行两体系对比；由给出的算法导出两体系均处于均衡状态下，两总量命题同时成立的条件及求解方法。

第四节　价值体系与生产价格体系在同一技术经济结构下的均衡状态及其对称转换关系

以第一章提出的价值与生产价格计量模型作为基础模型。

假定一个完整的经济体系由 n 个部门或 n 种产品组成。其前 m 中产品是基本品，后 n－m 种产品是非基本品不进入其他产品的消耗。可编制这个体系包括简单再生产和扩大再生产各种情况在内的实物——价值或价格混合型投入产出表，考虑生产过程中全部预付资本包括不变资本和可变资本占用表和可变资本消费表。

以下系数与矩阵广为人知：

投入产出实物消耗系数矩阵 $A=\{a_{ji}\}$，$a_{ji}=q_{ji}/Q_i$

人工消费实物系数矩阵 $C=\{c_{ji}\}$，$c_{ji}=d_{ji}/Q_i$

定义以下系数与矩阵：

固定资本占用实物系数矩阵 $B^1=\{b^1_{ji}\}$，$b^1_{ji}=f^1_{ji}/Q_i$

流动资本占用实物系数矩阵 $B^2=\{b^2_{ji}\}$，$b^2_{ji}=f^2_{ji}/Q_i$

货币资本占用系数矩阵 $B^3=\{b^3_i\}$，$b^3_i=f^3_i/Q_i$

其中，$Q_i(i=1,2,\cdots,n)$ 为 i 部门产品及产量；$q_{ji}(i,j=1,2,\cdots,n)$ 为 i 部门作为中间产品消耗的 j 部门产品量；$d_{ji}(i,j=1,2,\cdots,n)$ 为 i 部门作为人工消费的 j 部门产品量；f^1_{ji}、$f^2_{ji}(i,j=1,2,\cdots,n)$ 分别为 i 部门作为固定资本和流动资本占用的 j 部门产品量；$f^3_i(i=1,2,\cdots,n)$ 为 i 部门的货币占用量。当上述 $j=m+1,m+2,\cdots,n$ 时，q_{ji}、f^1_{ji}、$f^2_{ji}(i=1,2,\cdots,n)$ 均为零。

设单位 i 商品的价值为 W_i，生产价格为 P_i，并把价值体系称为 W 体系，生产价格体系称为 P 体系。有时，W 也代表总价值，P 代表总价格。根据前述参数写出单位 i 商品的价值 C_i+V_i 部分，这里记为 L^k_i，其相应总量为 L^k：

$$L^k_i=\sum_j(a_{ji}+c_{ji})W^k_j \tag{3-1}$$

$$L^k=\sum_i L^k_iQ_i=\sum_i\Big[\sum_j(a_{ji}+c_{ji})W^k_j\Big]Q_i \tag{3-2}$$

单位 i 商品的人工消费价值 V^k_i 及总消费价值 V^k：

$$V^k_i=\sum_j c_{ji}W^k_j \tag{3-3}$$

$$V^k=\sum_i\sum_j c_{ji}W^k_jQ_i \tag{3-4}$$

单位 i 商品的成本价格 K^t_i 和总成本 K^t：

$$K^k_i=\sum_j(a_{ji}+c_{ji})P^t_j \tag{3-5}$$

$$K^t=\sum_i K^t_iQ_i=\sum_i\Big[\sum_j(a_{ji}+c_{ji})P^t_j\Big]Q_i \tag{3-6}$$

单位 i 商品的全部预付资本 F_i^t 及总预付资本 F^t：

$$F_i^t = \sum_j (b_{ji}^1 + b_{ji}^2) P_j^t + b_i^3 \tag{3-7}$$

$$F^t = \sum_i F_i^t Q_i = \sum_i [\sum_j (b_{ji}^1 + b_{ji}^2) P_j^t + b_i^3] Q_i \tag{3-8}$$

系统内所有商品平均剩余价值率 m' 与平均利润率 s'

$$(m')^k = (G - L^k)/V^k \tag{3-9}$$

$$(s')^t = (G - K^t)/F^t \tag{3-10}$$

式（3-1）~式（3-10）中，i、j=1，2，…，n；k、t=0，1，2，…，N。G 可看作一个中性量，可以为总产品价值，也可以为总产品价格；$M = G - L^k$ 为总剩余，$S = G - K^t$ 为总利润；k、t 为迭代序号。可以知道，每一次迭代对相应的各单位量和总量都用新价格进行了重新核算，式（3-7）、式（3-8）还对全部预付资本的实物形态和货币形式进行了区别核算，其中实物形态进行了重新估价。由于式（3-1）~式（3-6）中都含有非基本品的相应价值或价格，所以式（3-9）、式（3-10）表示的平均剩余率和平均利润率也都与非基本品相关。即非基本品也都参与了平均利润率的决定过程。

根据上述各式，以下给出马克思两总量命题成立各种情况的迭代算法。

（1）总量命题 I 成立条件下，单位 i 商品价值和生产价格迭代均衡和转换方式：

$$\begin{cases} W_i^{k+1} = \sum_j (a_{ji} + c_{ji}) W_j^k + (G - L^k) V^{-k} V_i^k & (3-11) \\ P_i^{t+1} = \sum_j (a_{ji} + c_{ji}) P_j^t + (G - K^t) F^{-t} F_i^t & (3-12) \end{cases}$$

$$i=1,\ 2,\ \cdots,\ n;\ k,\ t=0,\ 1,\ 2,\ \cdots,\ N$$

初始条件：W_i^0 = 单位 i 产品原始价；$P_i^0 = W_i^N$；或者 $P_i^0 = W_i^0$；i=1，2，…，n。

终止条件：给定误差 $\varepsilon_1 \geqslant 0$，$\varepsilon_2 \geqslant 0$

$$\lim_{k \to N} |W_i^{k+1} - W_i^k| \leqslant \varepsilon_1 \quad i=1,\ 2,\ \cdots,\ n$$

$$\lim_{t \to N} |P_i^{t+1} - P_i^t| \leqslant \varepsilon_2 \quad i=1,\ 2,\ \cdots,\ n$$ ①

① 这里 W_i^k 与 P_i^t 的收敛点一般情况下是不同的，一般情况是：$k \to N_1$，$t \to N_2$，N_1、N_2 都是有限正整数，为了简便，取 $N = \max(N_1,\ N_2)$，即有 $k \to N$，$t \to N$ 的写法。

式（3-11）、式（3-12）提供了由不一定是价值和生产价格的某个原始价，经迭代均衡转化为马克思的价值和生产价格的转变方法。当然，也可以给定初始价值或生产价格。

总量命题Ⅰ证明如下：

$$\begin{aligned} P &= \sum_i P_i^N Q_i = \sum_i \left[\sum_j (a_{ji} + c_{ji}) P_j^N + (G - K^N) F^{-N} F_i^N \right] Q_i \\ &= \sum_i \left[\sum_j (a_{ji} + c_{ji}) P_j^N \right] Q_i + (G - K^N) F^{-N} \sum_i F_i^N Q_i \\ &= K^N + (G - K^N) F^{-N} F^N = G \end{aligned}$$

$$\begin{aligned} W &= \sum_i W_i^N Q_i = \sum_i \left[\sum_j (a_{ji} + c_{ji}) W_j^N + (G - L^N) V^{-N} V_i^N \right] Q_i \\ &= \sum_i \left[\sum_j (a_{ji} + c_{ji}) W_j^N \right] Q_i + (G - L^N) V^{-N} \sum_i V_i^N Q_i \\ &= L^N + (G - L^N) V^{-N} V^N = G \end{aligned}$$

即：$P = W = G$

但是，这时不一定有 $S = M$

$$S = G - K^N = G - \sum_i \left[\sum_j (a_{ji} + c_{ji}) P_j^N \right] Q_i$$

$$M = G - L^N = G - \sum_i \left[\sum_j (a_{ji} + c_{ji}) W_j^N \right] Q_i$$

两者相等即总量命题Ⅱ成立的一般条件是：

$$\begin{aligned} S - M &= (G - K^N) - (G - L^N) = L^N - K^N \\ &= \sum_i \left[\sum_j (a_{ji} + c_{ji}) W_j^N - \sum_j (a_{ji} + c_{ji}) P_j^N \right] Q_i = 0 \end{aligned}$$

即：

$$\sum_i \sum_j (a_{ji} + c_{ji}) (W_j^N - P_j^N) Q_i = 0 \qquad (3-13)$$

可以看出，式（3-13）的解，除了 $W_i^N = P_j^N$ 外，还有其他解。

（2）总量命题Ⅱ成立条件下，单位 i 商品价值和生产价格迭代均衡和转换方式：

$$\begin{cases} W_i^{k+1} = \sum_j (a_{ji} + c_{ji}) W_j^k + (G - L^k) V^{-k} V_i^k & (3-14) \\ P_i^{t+1} = \sum_j (a_{ji} + c_{ji}) P_j^t + (G - L^k) F^{-t} F_i^t & (3-15) \end{cases}$$

$$i = 1, 2, \cdots, n; \ k, t = 0, 1, 2, \cdots, N$$

初始条件终止条件与命题Ⅰ迭代模型相同。

式（3-15）与式（3-12）不同之处在于，式（3-15）确立平均利润率使用的总利润是总剩余 $G - L^k$。

总量命题Ⅱ证明如下：

$$
\begin{aligned}
S = P^N - K^N &= \sum P_i^N Q_i - \sum_i K_i^N Q_i \\
&= [K^N + (G - L^N) F^{-N} F^N] - K^N \\
&= (K^N + G - L^N) - K^N \\
&= G - L^N
\end{aligned}
$$

$$M = W^N - L^N = \sum_j W_i^N Q_i - \sum_j L_i^N Q_i = G - L^N$$

即：$S = M$

但是，这时不一定有 $P = W = G$

$$P = K^N + G - L^N$$

$$W = G$$

两者相等即总量命题Ⅰ成立的一般条件是：

$$
\begin{aligned}
W - P &= G - (K^N + G - L^N) = L^N - K^N \\
&= \sum_i \sum_j (a_{ji} + c_{ji})(W_j^N - P_j^N) Q_i = 0
\end{aligned}
$$

与式（3－13）相同。

（3）总量命题Ⅰ～命题Ⅱ即两总量命题同时成立的充分必要条件与对称转换方法。

在上述证明中，式（3－13）是两总量命题同时成立的必要条件，可以证明，它同时也是充分条件。根据所设投入产出系数的定义，对式（3－13）继续变换：

$$
\begin{aligned}
\sum_i \sum_j (a_{ji} + c_{ji})(W_j^N - P_j^N) Q_i &= \sum_j \sum_i \left(\frac{q_{ji}}{Q_i} + \frac{d_{ji}}{Q_i}\right) Q_i (W_j^N - P_j^N) \\
&= \sum_j \sum_i (q_{ji} + d_{ji})(W_j^N - P_j^N) \\
&= \sum_j \sum_i q_{ji}(W_j^N - P_j^N) + \sum_j \sum_i d_{ji}(W_j^N - P_j^N) \\
&= \sum_j q_j (W_j^N - P_j^N) + \sum_j d_j (W_j^N - P_j^N)
\end{aligned}
$$

由式（3－14）和式（3－15）可知，$S \equiv M$。考虑迭代过程：$W^0 Q = W^1 Q = \cdots = W^N Q = W$；$P^0 Q = P^1 Q = \cdots = P^N Q = P$；并且令 $E^k = W^k - P^k$。这里 W^k、P^k、Q、E^k，$k = 0$，1，2，…，N，为 k 次迭代向量形式。显然，当 $k = 0$ 时，仍然有 $P = W$。于是式（3－13）可以写成：

$$\sum_j \sum_i q_{ji} E_j^0 + \sum_j \sum_i d_{ji} E_j^0 = 0 \tag{3-16}$$

或者：
$$\sum_{j} q_j E_j^0 + \sum_{j} d_j E_j^0 = 0 \tag{3-17}$$

式（3－16）可写为：

$$\begin{cases} \sum_{j} q_{ji} E_j^0 = 0 \quad i = 1, 2, \cdots, n & (3-18) \\ \sum_{j} d_{ji} E_j^0 = 0 \quad i = 1, 2, \cdots, n & (3-19) \end{cases}$$

或者：
$$\sum_{j} q_{ji} E_j^0 = - \sum_{j} d_{ji} E_j^0 \quad i = 1, 2, \cdots, n \tag{3-20}$$

这就是总量命题Ⅰ～命题Ⅱ同时成立的充分必要条件的进一步形式。它在 k，t＝0 时，仍然成立。可以看出，它是无穷多组情况的组合。考虑到实物资本占用的情况，令 $f_{ji} = f_{ji}^1 + f_{ji}^2$；i＝1，2，…，n，还应有：

$$\sum_{j} f_{ji} E_j^0 = 0 \quad i = 1, 2, \cdots, n \tag{3-21}$$

式（3－16）～式（3－21）已经只与各部门的中间产品量、人工消费量、资本占用量以及价值和价格的初始值有关。它们是可确定的、可解的。这样，在满足式（3－16）、式（3－21），或者式（3－17）、式（3－21），或者式（3－18）～式（3－21）的条件下，算法 1～2 就决定了两套对称的均衡价值体系：W 体系、P 体系。给定初始值 W^0，经迭代均衡后，可以转换到 P^N；或者给定 P^0，可以转换到 W^N，并且能够保证两总量同时不变。写为：Ⅰ：W→P 转换；Ⅱ：P→W 转换。这就是两个体系的对称转换方法。它们是纯数理性的转换。

式（3－16）～式（3－21）只是说明 W 体系、P 体系对称不变性的存在及其转换的充要条件。但如何找到 q_{ji}、d_{ji}、f_{ji} 的具体解？运用本章表 3－1～表 3－3 提供的数据变量，以 W→P 转换以及条件式（3－18）、式（3－19）、式（3－21）为例，有以下方法。

设总产品价态有两种核算形式：G^W 为部门原始总价值向量，G^P 为部门原始总价格向量，其分量 G_j^w，G_j^p 已知，则有：$W^0 = G^w Q^{-1}$，$P^0 = G^P Q^{-1}$。X 为部门中间产品原始总价值向量，其分量 X_i 也是已知的。于是有：

$$\begin{cases} \sum_{j} q_{ji} E_j^0 = 0 \quad i = 1, 2, \cdots, n & (3-18) \\ \sum_{j} q_{ji} W_j^0 = X_i \quad i = 1, 2, \cdots, n & (3-22) \end{cases}$$

解这个方程组，有通解：

$$\begin{cases} q_{2i}=h_2X_i+h_3q_{3i}+h_4q_{4i}+\cdots+h_nq_{ni} \quad i=1,\ 2,\ \cdots,\ n & (3-23) \\ q_{1i}=-u_2q_{2i}-u_3q_{3i}-\cdots-u_nq_{ni} \quad i=1,\ 2,\ \cdots,\ n & (3-24) \end{cases}$$

其中，$u_j=\frac{E_j^0}{E_1^0}$，$j=2,\ 3,\ \cdots,\ n$；

$$h_2=\frac{1}{W_2^0-u_2W_1^0};\ h_j=\frac{u_jW_1^0-W_j^0}{W_2^0-u_2W_1^0},\ j=3,\ 4,\ \cdots,\ n$$

同理有：

$$\begin{cases} f_{2i}=h_2B_i+h_3f_{3i}+h_4f_{4i}+\cdots+h_nf_{ni} \quad i=1,\ 2,\ \cdots,\ n & (3-25) \\ f_{1i}=-u_2f_{2i}-u_3f_{3i}-\cdots-u_nf_{ni} \quad i=1,\ 2,\ \cdots,\ n & (3-26) \end{cases}$$

$$\begin{cases} d_{2i}=h_2V_i+h_3d_{3i}+h_4d_{4i}+\cdots+h_nd_{ni} \quad i=1,\ 2,\ \cdots,\ n & (3-27) \\ d_{1i}=-u_2d_{2i}-u_3d_{3i}-\cdots-u_nd_{ni} \quad i=1,\ 2,\ \cdots,\ n & (3-28) \end{cases}$$

B_i、V_i，$i=1,\ 2,\ \cdots,\ n$，为 i 部门不变资本占用和可变资本消费原始总量。此外，还应有一些基本限制条件：

$$\begin{cases} \sum_i q_{ji}\leqslant Q_j \quad j=1,2,\cdots,n & (3-29) \\ \sum_i d_{ji}\leqslant Y_j \quad j=1,2,\cdots,n & (3-30) \end{cases}$$

Y_j，$j=1,\ 2,\ \cdots,\ n$，为 j 部门最终产品产量。可以看出，式（3－23）~式（3－28）是一组不定方程组，有无穷多组解。也就是说，满足两总量命题同时成立的，由 q_{ji}、d_{ji}、f_{ji}组成的生产结构，有无穷多种组合，不再限于塞顿和森岛方法中的特殊结构，可以满足现实中的投入产出多样性结构的选择性要求。注意式（3－22）中的 W_j^0，用 P_j^0 替换，就是 P→W 转换的情形。由式（3－18）可知，它们是等价的。用式（3－18）加替换后的式（3－22）：

$$\sum_j q_{ji}E_j^0+\sum_j q_{ji}P_j^0=\sum_j q_{ji}(W_j^0-P_j^0)+\sum_j q_{ji}P_j^0=X_i \quad i=1,2,\cdots,n$$

即：
$$\sum_j q_{ji}W_j^0=X_i \quad i=1,2,\cdots,n$$

即回到替换前的情形。同理，对式（3－19）、式（3－21）变换都有类似情况。这就是这种变换的对称性质。由式（3－13）或式（3－16）~式（3－21）可知，它可以保证系统两总量乃至总成本、总不变资本和总可变资本等诸总量不变性同时成立。根据式（3－23）~式（3－28），任意给定一组解，即可求出满足各种转化条件的 W、P 两体系。特别地，当转换为

W→P，并降维使 n =5 时，就是马克思转形表的例子。

从这里我们可以看出，在一个经济体系里，生产结构具有决定性作用，在满足一组相当宽泛的条件下，价值和生产价格互为镜像，可以相互转换，而保持系统诸总量不变。因此，我们也可以把价值和生产价格看作国民产品的一种核算手段，不同的历史时期、不同的经济制度和不同的意识形态，决定着哪种核算手段起作用或者用哪种核算认识问题。马克思的历史唯物主义和无产阶级世界观决定了他的方法论是由价值体系 W 到价格体系 P 的转换。

至此，我们已经给出一个马克思价值向生产价格转形两总量命题的分别成立和同时成立的乃至诸总量保持不变的对称的数量转化方法。与鲍尔特基维茨、塞顿、森岛通夫的方法比较，这里没有假定简单再生产；不需要加总为三个部门；生产结构或资本结构可以有无数种选择；区分了预付资本的实物和货币形态；而且，非基本品参与了平均利润率的确定。

第五节　马克思价值转形表的正确性验证

根据马克思《资本论》第三卷第九章提供的价值转形的计算示例，运用上述三套模型，进行完整的转化验证。表 3 - 1 是马克思转形计算综合表①。它隐含两套各自均衡的价值体系：W、P。验证的方法是，根据算法 1 或算法 2，利用算法 3 提供的条件，构造 W、P 体系，按照马克思的思路，先进行 W→P 转换，当 W、P 两体系迭代均衡后，P 体系下的参量与 W 体系下的参量对比，两总量命题是否成立。反过来，进行 P→W 转换，当它们都实现均衡后，W 体系下的参量与 P 体系下的参量对比，其对称性如何。具体步骤是：将马克思转形表转换成里昂惕夫的投入产出表式；运用式 (3 - 23) ~ 式 (3 - 28) 求出 q_{ji}、f_{ji}、d_{ji} 各量；再求得 A、B、C 三类系数；用迭代算法计算 W、P 体系各参量并进行对比。

假定每个生产部门只有一种产品或经过换算只有一种产品，第四部门为非基本品生产部门，第五部门为非人工消费品生产部门，每种商品的原始价值：W^0 = (2.0000，6.0000，4.0000，5.0000，1.0000)。根据 W 列数据，

① 马克思．资本论（第三卷）[M]．中共中央马克思恩格斯列宁斯大林著作编译局，译．北京：人民出版社，1975：174 - 176.

马克思转形表便出现了实物形态的产量 Q_i（i=1，2，3，4，5）。根据 P 列数据可计算原始价格：$P^0=(2.0444, 5.5676, 3.4504, 5.5000, 1.8500)$。或者，任意设定各部门实物单位产量，即可计算各部门单位产品的原始价值和价格。根据表 3-1 的基本数据可编制实物和价值混合型的投入产出表 3-2、不变资本占用表 3-3、人工消费表 3-4。其中，D_j、Z_j、Y_j 是根据平衡关系设定的，q_{ji}、f_{ji}、d_{ji}的通式为：

$$\begin{cases} q_{2i}=0.0393X_i-1.1286q_{3i}+0.6874q_{4i}+1.4631q_{5i} \\ q_{1i}=9.7298q_{2i}+12.3665q_{3i}-11.2501q_{4i}-19.1252q_{5i} \end{cases}$$

$$i=1, 2, 3, 4, 5;\ X=(50, 51, 51, 40, 10)$$

$$\begin{cases} f_{2i}=0.0393B_i-1.1286f_{3i}+0.6874f_{4i}+1.4631f_{5i} \\ f_{1i}=9.7298f_{2i}+12.3665f_{3i}-11.2501f_{4i}-19.1252f_{5i} \end{cases}$$

$$i=1, 2, 3, 4, 5;\ B=(80, 70, 60, 85, 95)$$

$$\begin{cases} d_{2i}=0.0393V_i-1.1286d_{3i}+0.6874d_{4i}+1.4631d_{5i} \\ d_{1i}=9.7298d_{2i}+12.3665d_{3i}-11.2501d_{4i}-19.1252d_{5i} \end{cases}$$

$$i=1, 2, 3, 4, 5;\ V=(20, 30, 40, 15, 5)$$

表 3-1　马克思商品价值转化为生产价格计算

生产部门	不变资本 C	可变资本 V	用掉的不变资本 ac	剩余率 m′	剩余价值 M	商品价值 W	成本价格 K	利润率 s′	利润 S	商品价格 P	价格同价值的偏离 P-W
Ⅰ	80	20	50	100%	20	90	70	22%	22	92	2
Ⅱ	70	30	51	100%	30	111	81	22%	22	103	-8
Ⅲ	60	40	51	100%	40	131	91	22%	22	113	-18
Ⅳ	85	15	40	100%	15	70	55	22%	22	77	7
Ⅴ	95	5	10	100%	5	20	15	22%	22	37	17
Ⅰ~Ⅴ	390	110	202	100%	110	422	312	22%	110	422	0

在满足限制条件式（3-29）、式（3-30）的情况下，任意确定一组解，列于表 3-2～表 3-4。

表 3－2　　马克思“价值转形”五部门实物—价值混合型投入产出

产品去向 / 消耗来源	中间产品						最终产品			总产品		
	Ⅰ q_{j1}	Ⅱ q_{j2}	Ⅲ q_{j3}	Ⅳ q_{j4}	Ⅴ q_{j5}	小计 $q_j = \sum_i q_{ji}$	消费 D_j	积累 Z_j	小计 $Y_j = Z_j + D_j$	物态 Q_j	价态 G_j^W	价态 G_j^P
物质消耗（物态）												
Ⅰ q_{1i}	8.22	5.75	8.15	5.95	1.01	29.07			15.93	45.00	90	92
Ⅱ q_{2i}	2.87	3.25	2.68	2.07	0.69	11.56			6.94	18.50	111	103
Ⅲ q_{3i}	3.29	4.02	3.81	3.21	0.76	15.09			17.66	32.75	131	113
Ⅳ q_{4i}	0.00	0.00	0.00	0.00	0.00	0.00			14.00	14.00	70	77
Ⅴ q_{5i}	3.16	3.95	3.40	2.82	0.79	14.12			5.88	20.00	20	37
小计（价态）X_i	50	51	51	40	10	202	132	88	220	—	422	422
新创造价值（价态）												
V_i	20	30	40	15	5	110						
M_i	20	30	40	15	5	110						
$N_i = V_i + M_i$	40	60	80	30	10	220						
总产品												
Q_i（物态）	45.00	18.50	32.75	14.00	20.00	—						
G_i（价态）	90	111	131	70	20	422						

表 3－3　　五部门不变资本实物—价值混合型占用

资本分布 / 资本来源	不变资本（固定资本 f_{ji}^1 + 流动资本物态 f_{ji}^2）							
	Ⅰ	Ⅱ	Ⅲ	Ⅳ	Ⅴ	$f_j = \sum_i f_{ji}$		
	f_{j1}	f_{j2}	f_{j3}	f_{j4}	f_{j5}	（物态）	（W 价态）	（P 价态）
物质占用（物态）								
Ⅰ　f_{1i}	9.63	7.16	8.11	9.82	10.31	45.03	90.06	92.06
Ⅱ　f_{2i}	3.45	4.70	2.96	5.80	6.64	23.56	141.34	131.15

续表

资本来源 \ 资本分布	不变资本（固定资本 f_{ji}^1 + 流动资本物态 f_{ji}^2）							
	Ⅰ	Ⅱ	Ⅲ	Ⅳ	Ⅴ	$f_j = \sum_i f_{ji}$		
	f_{j1}	f_{j2}	f_{j3}	f_{j4}	f_{j5}	（物态）	（W 价态）	（P 价态）
Ⅲ f_{3i}	8.35	5.48	5.36	6.05	6.82	32.06	128.24	110.62
Ⅳ f_{4i}	0.00	0.00	0.00	0.00	0.00	0.00	0.00	0.00
Ⅴ f_{5i}	6.65	5.56	4.55	6.35	7.25	30.36	30.36	56.17
小计（价态）B_i	80	70	60	85	95	—	390	390
货币占用 f_i^3（货币流动资本略）								

表 3－4　　五部门可变资本实物—价值混合型消费

消费来源 \ 消费去向	可变资本（工资消费品）							
	Ⅰ	Ⅱ	Ⅲ	Ⅳ	Ⅴ	$d_j = \sum_i d_{ji}$		
	d_{j1}	d_{j2}	d_{j3}	d_{j4}	d_{j5}	（物态）	（W 价态）	（P 价态）
物质占用（物态）								
Ⅰ d_{1i}	2.86	3.40	4.35	1.41	0.59	12.62	25.23	25.79
Ⅱ d_{2i}	0.53	0.78	1.00	0.41	0.10	2.83	16.97	15.75
Ⅲ d_{3i}	1.06	1.75	2.41	0.90	0.32	6.44	25.77	22.23
Ⅳ d_{4i}	1.37	2.30	3.13	1.22	0.39	8.41	42.03	46.23
Ⅴ d_{5i}	0.00	0.00	0.00	0.00	0.00	0.00	0.00	0.00
小计（价态）V_i	20	30	40	15	5	—	110	110

利用表 3－2～表 3－4 可计算出物质消耗系数 a_{ji}，不变资本占用系数 b_{ji}，人工消费系数 c_{ji}，其相应矩阵：

$$A = \begin{bmatrix} 0.1826 & 0.3107 & 0.2487 & 0.4248 & 0.0506 \\ 0.0639 & 0.1754 & 0.0818 & 0.1482 & 0.0345 \\ 0.0732 & 0.2173 & 0.1163 & 0.2293 & 0.0380 \\ 0.0000 & 0.0000 & 0.0000 & 0.0000 & 0.0000 \\ 0.0702 & 0.2135 & 0.1038 & 0.2014 & 0.0395 \end{bmatrix}$$

$$B=\begin{bmatrix}0.2140 & 0.3871 & 0.2477 & 0.7015 & 0.5154\\0.0766 & 0.2540 & 0.0905 & 0.4144 & 0.3321\\0.1856 & 0.2962 & 0.1637 & 0.4321 & 0.3410\\0.0000 & 0.0000 & 0.0000 & 0.0000 & 0.0000\\0.1478 & 0.3005 & 0.1389 & 0.4536 & 0.3625\end{bmatrix}$$

$$C=\begin{bmatrix}0.0636 & 0.01836 & 0.1328 & 0.1010 & 0.0297\\0.0118 & 0.0424 & 0.0305 & 0.0294 & 0.0050\\0.0236 & 0.0946 & 0.0736 & 0.0643 & 0.0160\\0.0304 & 0.1243 & 0.0956 & 0.0871 & 0.0193\\0.0000 & 0.0000 & 0.0000 & 0.0000 & 0.0000\end{bmatrix}$$

其中，$b_{ji}=f_{ji}/Q_i$，i、j=1，2，…，n。利用上述系数，根据式（3－11）、式（3－12）、式（3－14）、式（3－15）即可计算两总量命题分别成立和同时成立的三种情况。考虑马克思计算表中全部预付资本难以区分 B_1，B_2，B_3，因此，式（3－7）、式（3－8）在实际计算中已改为：

$$F_i^k=\sum_j(b_{ji}+c_{ji})P_j^k \quad i=1,2,\cdots,n$$

$$F^k=\sum_i\sum_j(b_{ji}+c_{ji})P_j^kQ_i$$

笔者用 VB 6.0 语言编制了多套计算软件。第一、第二套是假定表 3－2～表 3－4 以外的不满足式（3－16）～式（3－21）关系的投入产出结构，计算了总量命题Ⅰ、命题Ⅱ分别成立的均衡体系，结果完全理想。第三套是按照表 3－2 的数据结构，给出满足式（3－18）、式（3－19）、式（3－21）关系的 q_{ji}、f_{ji}、d_{ji}的通式，并确定其中一组解。计算表明，的确有无穷多组解可满足式（3－16）～式（3－21）。第四套是按表 3－2～表 3－4 数据进行的 W→P 体系转换，结果列于表 3－5。第五套是对称转换 P→W，结果列于表 3－6。

从表 3－5 数据可以看出：迭代收敛性非常好；W、P 都在各自体系内实现均衡；除了个别极小计算误差，表 3－1 的数据，即 W 体系与表 1 的价值体系完全一致。当 W 体系转换到 P 体系后，即表 3－2 的数据有：总价格＝总价值＝422；总利润＝总剩余＝110。而且，各部门的成本价格、人工消费、商品价格与表 3－1 的价格体系比，也完全保持一致；P 体系中利润率、利润已经实现了平均化，也与表 3－1 完全一致。森岛通夫说过，如果我们所取的初始点与均衡点非常接近，那么，迭代方法就十分有效。[①] 这里，由于表 3－1 包含两套各自均衡的价值体系，因此，据此计算的初始价值和价格，在 q_{ji}、f_{ji}、d_{ji}序列数据满足式（3－18）、式（3－19）、式（3－21）的条件下，已经是均衡点了。表 3－5 数据确凿表明，马克思的转形表是完全成功的。

表 3－6 是 P 体系到 W 体系的对称转换。其收敛性也非常好，W、P 都在各自体系内均衡。除小数点后第 3、第 4 位误差外，P 体系表 3－1 与表 3－2 一致；转换到 W 体系后，表 3－2 数据也与表 3－1 一致。两体系各总量和部门总量都保持了其对称体系的不变性。必须指出的是，P→W 体系的转换所用的实物型 q_{ji}、f_{ji}、d_{ji}数据以及 A、B、C 系数，与 W→P 转换所用的数据是完全相同的。这样才能说 P、W 体系处于同一个投入产出技术结构内。表 3－5、表 3－6 中单位商品的价值或价格其迭代均衡的结果与初始值的关系不是十分严格，即使在一定范围内改变初始值，都能得到相同的结果。这说明，价值或价格是分别被 W、P 体系的内部结构唯一决定的，或者说被系数矩阵 A、B、C 唯一决定。表 3－6 的数据与表 3－5 比稍有误差，是因为 q_{ji}、f_{ji}、d_{ji}数据由 W 体系的初始值求出，当 W→P 转换时，数据还原性好；当 P→W 转换时，舍入误差相比较就大些。事实上，上述结果在投入产出表 3－2～表 3－4 中，由于 q_{ji}、f_{ji}、d_{ji}表达的生产结构满足充要条件式（3－16）或式（3－13），其 W 价态、P 价态下的系统诸总量已经处于不变状态。这也说明在 k、t＝0 时，两总量命题同时成立，那么在 k、t＝N 时，同样成立。反之则相反。

---

① ［日］森岛通夫，乔治·凯蒂福雷斯．转形问题：马尔科夫过程［J］．王雨林，译．经济研究参考资料，1984（96）．

表 3－5　马克思“价值转形”“两总量命题Ⅰ～Ⅱ”同时成立的对称算法 W→P 体系转换计算机运算结果

价值表 5－1 生产部门	生产量 Q	单品不变资本占用 C	部门不变资本占用 $\sum C$	单品物质消耗 ac	部门物质消耗 $\sum ac$	单品可变资本 V	部门可变资本 $\sum V$	剩余率 m'	单品剩余价值 M	部门剩余价值 $\sum M$	单品价值 W	部门价值 $\sum W$
Ⅰ	45.00	1.7778	80.0000	1.1111	50.0000	0.4444	20.0000	1.0000	0.4444	20.0000	2.0000	90.0000
Ⅱ	18.50	3.7838	70.0001	2.7568	51.0000	1.6216	30.0000	1.0000	1.6216	30.0000	6.0000	111.0000
Ⅲ	32.75	1.8321	60.0000	1.5573	51.0000	1.2214	40.0000	1.0000	1.2214	40.0000	4.0000	131.0000
Ⅳ	14.00	6.0714	85.0000	2.8571	40.0000	1.0714	15.0000	1.0000	1.0714	15.0000	5.0000	70.0000
Ⅴ	20.00	4.7500	95.0000	0.5000	10.0000	0.2500	5.0000	1.0000	0.2500	5.0000	1.0000	20.0000
Ⅰ—Ⅴ	—	—	390.0001	—	202.0000	—	110.0000	1.0000	—	110.0000	—	422.0000
价格表 5－2 生产部门	生产量 Q	单品物质占用 C	部门物质占用 $\sum C$	单品成本价格 K	部门成本价格 $\sum K$	单品人工消费 V	部门人工消费 $\sum V$	利润率 s'	单品利润 S	部门利润 $\sum S$	单品价格 P	部门价格 $\sum P$
Ⅰ	45.00	1.7778	80.0000	1.5556	70.0000	0.4444	20.0000	0.2200	0.4889	22.0000	2.0444	92.0000
Ⅱ	18.50	3.7838	70.0001	4.3784	81.0000	1.6216	30.0000	0.2200	1.1892	22.0000	5.5676	103.0000
Ⅲ	32.75	1.8321	60.0000	2.7786	91.0000	1.2214	40.0000	0.2200	0.6718	22.0000	3.4504	113.0000
Ⅳ	14.00	6.0714	85.0000	3.9286	55.0000	1.0714	15.0000	0.2200	1.5714	22.0000	5.5000	77.0000
Ⅴ	20.00	4.7500	95.0000	0.7500	15.0000	0.2500	5.0000	0.2200	1.1000	22.0000	1.8500	37.0000
Ⅰ—Ⅴ	—	—	390.0001	—	312.0000	—	110.0000	0.2200	—	110.0000	—	422.0000

注：迭代参数：初始条件，$W^0 = (2.0000, 6.0000, 4.0000, 5.0000, 1.0000)$；$P^0 = W^N$。
终止条件：迭代精度，$\varepsilon_1 = \varepsilon_2 = 10^{-8}$。
迭代次数：价值迭代：$k+1=2$ 次；价格迭代：$t+1=4$ 次。

表 3-6　马克思"价值转形""两总量命题 I ~ II"同时成立的对称算法 P→W 体系转换计算机运算结果

价格表 6-1 生产部门	生产量 Q	单品物质占用 C	部门物质占用 $\sum C$	单品成本价格 K	部门成本价格 $\sum K$	单品人工消费 V	部门人工消费 $\sum V$	利润率 s'	单品利润 S	部门利润 $\sum S$	单品价格 P	部门价格 $\sum P$
Ⅰ	45.00	1.7778	80.0001	1.5558	70.0109	0.4444	20.0002	0.2200	0.4888	21.9976	2.0446	92.0085
Ⅱ	18.50	3.7838	69.9998	4.3784	81.0002	1.6216	30.0002	0.2200	1.1891	21.9976	5.5674	102.9978
Ⅲ	32.75	1.8321	60.0003	2.7787	91.0008	1.2214	40.0001	0.2200	0.6717	21.9976	3.4503	112.9985
Ⅳ	14.00	6.0714	85.0000	3.9286	55.0003	1.0714	15.0000	0.2200	1.5713	21.9976	5.4999	76.9979
Ⅴ	20.00	4.7500	94.9999	0.7500	14.9999	0.2500	4.9999	0.2200	1.0999	21.9975	1.8499	36.9974
Ⅰ—Ⅴ	—	—	390.0002	—	312.0121	—	110.0005	0.2200	—	109.9879	—	422.0000
价值表 6-2 生产部门	生产量 Q	单品不变资本占用 C	部门不变资本占用 $\sum C$	单品物质消耗 ac	部门物质消耗 $\sum ac$	单品可变资本 V	部门可变资本 $\sum V$	剩余率 m'	单品剩余价值 M	部门剩余价值 $\sum M$	单品价值 W	部门价值 $\sum W$
Ⅰ	45.00	1.7778	80.0002	1.1114	50.0124	0.4445	20.0003	0.9999	0.4444	19.9976	2.0002	90.0102
Ⅱ	18.50	3.7838	69.9998	2.7568	51.0000	1.6216	30.0002	0.9999	1.6214	29.9963	5.9998	110.9965
Ⅲ	32.75	1.8321	60.0004	1.5573	51.0008	1.2214	40.0001	0.9999	1.2212	39.9948	3.9999	130.9958
Ⅳ	14.00	6.0714	85.0001	2.8572	40.0004	1.0714	15.0000	0.9999	1.0713	14.9980	4.9999	69.9984
Ⅴ	20.00	4.7500	94.9999	0.5000	10.0000	0.2500	4.9999	0.9999	0.2500	4.9993	1.0000	19.9992
Ⅰ—Ⅴ	—	—	390.0003	—	202.0136	—	110.0005	0.9999	—	109.9859	—	422.0000

注：迭代参数：初始条件，$P^0 = (2.0444, 5.5676, 3.4504, 5.5000, 1.8500)$；$W^0 = P^N$。

终止条件：迭代精度，$\varepsilon_1 = \varepsilon_2 = 10^{-8}$。

迭代次数：价格迭代：$t+1=5$ 次；价值迭代：$k+1=6$ 次。

第六节 重要结论

根据前面的证明和验证，有理由得出如下结论。

结论1 马克思价值与生产价格体系是同一经济技术结构下的两套均衡体系，在满足充分必要条件 $\sum_{j}\sum_{i}q_{ji}E_{j}^{0}+\sum_{j}\sum_{i}d_{ji}E_{j}^{0}=0$ 的情况下，可以进行对称转换，而原系统诸总量保持不变。

结论2 由于产品相互消耗，马克思关于“商品生产价格中包含的偏离价值的情况会互相抵消”的推断，无论从定性还是定量上看，都是成立的。

关于这一点，100多年来，各种流派的经济学家对马克思的转形表进行了长期的指摘、非难、争辩，并提出种种改进方案来验证它，但始终未能令人信服地解决这张表的正确性证明。一些人对马克思《资本论》第三卷181页上的那句话，“这一切总是这样解决的，……商品生产价格中包含的偏离价值的情况会互相抵消”，总是那样不能容允，不能释怀。今天，我们看到，条件式（3－16）或式（3－17）就是马克思这段话的数学描述。而且已找出了求解它的一种方法。对马克思转形表的计算机验证表明，马克思的推断和结论是完全正确的。

从表3－5、表3－6数据来看，无论是各部门的 $\sum W/(\sum ac+\sum V)$，还是 $\sum P/\sum K$ 都是不相等的，这是社会生产中的一般状态。这说明森岛通夫与乔治·凯蒂福雷斯的证明中要求各部门扩大生产率都相同①，与塞顿的证明中要求奢侈品部门的价值构成与全社会价值构成相同②一样，都是属于转形的特殊情况。于是有推论1。

推论1 马克思价值转形中，各部门的扩大生产率是可以不相同的。

还可以从表3－2～表3－4数据看出，四部门产品作为中间投入和不变资本为零；但其消耗、占用系数不为零，并通过式（3－9）、式（3－10）两式影响剩余率、利润率的确定。因此有推论2。

---

① ［日］森岛通夫，乔治·凯蒂福雷斯．转形问题：马尔科夫过程［J］．王雨林，译，经济研究参考资料，1984（96）．

② ［英］塞顿．价值转化问题［J］．张自庄，译，经济学译丛，1982（6）：58－66．

推论 2 从社会生产实际和可计算角度上看，非基本品是参与和能够实现利润平均化的。

事实上，鲍尔特基维茨、威斯齐、塞顿之所以得出奢侈品（非基本品）不参与均衡利润率决定的结论，完全取决于他们的模型的假定与构造，而森岛通夫并未深究这一点，他的证明也在总量中排除了非基本品。

本章主要参考文献

[1] 马克思．资本论（第三卷）[M]．中共中央马克思恩格斯列宁斯大林著作编译局，译．北京：人民出版社，1975.

[2] Eugen von Bohm – Bawerk, Rudolf Hilferding, Ladislaus von Bortkiewicz. Karl Marx and the Close of His System – Bohm – Bawerk Criticism of Marx – On the Correction of Marx's Fundamental Theoretical Construction in the Third [M]. Augustus Kelley, 1949.

[3] [英] 斯拉法．用商品生产商品：经济理论批判绪论 [M]．巫宝三，译．北京：商务印书馆，1963.

[4] Paul A. Samuelson. Wages and Interest: A Modern Dissection of Marxian Economic Models [J]. *The American Economic Review*, 1957, 47 (6).

[5] Paul A. Samuelson. Understanding the Marxian Notion of Exploitation: A Summary of the So – Called Transformation Problem Between Marxian Values and Competitive Prices [J]. *Journal of Economic Literature*, 1971, 9 (2).

[6] [英] 斯蒂德曼．按照斯拉法思想研究马克思 [M]．吴剑敏，史晋川，译．北京：商务印书馆，1991.

[7]、[9] Sweezy, Paul M. The Theory of Capitalist Development: Principles of Marxian Political Economy [M]. New York: Oxford University Press, 1942.

[8] Ronald L. Meek. Some Notes on the "Transformation Problem" [J]. *The Economic Journal*, 1956, 66 (261).

[10] F. Seton. The "Transformation Problem" [J]. *The Review of Economic Studies*, 1957, 24 (3).

[11] [日] 森岛通夫，乔治·凯蒂福雷斯．价值、剥削与增长 [M]．纽约：麦格劳—希尔图书出版公司，1978.

［12］ Lipietz Alain. The So-Called “Transformation Problem” Revisited ［J］. *Journal of Economic Theory*, 1982, 26 (1).

［13］ Winternitz J. Value and Prices: A Solution of the So-Called Transformation Problom ［J］. *The Economic Journal*, 1948, 58 (230): 276 – 280.

［14］ 马恩列斯著作研究会．战后西方在“转形问题”上的论争（专辑）［J］．马克思主义研究参考资料，1982 (43 – 44).

［15］ 杨玉生．马克思价值理论研究：对西方经济学界各种观点的评析［M］．沈阳：辽宁大学出版社，1990.

［16］ 胡代光，等．评当代西方学者对马克思《资本论》的研究［M］．北京：中国经济出版社，1990.

［17］ 晏智杰．劳动价值学说新探［M］．北京：北京大学出版社，2001.

［18］ 白暴力．价值与价格理论［M］．北京：中国经济出版社，1999.

第四章

一种国际比较方法：基于国际生产价格的求解与核算*

摘　要　国际比较的关键是要找到一个共同价值尺度对各比较国的总产品进行国际统一核算。传统汇率法和购买力平价法都不具备这种核算功能。为此，提出用国际生产价格作为共同价值尺度进行国际比较的一种新方法。由各比较参与国按统一标准编制投入产出表，运用投入产出系数求解反映利润平均化、具有价格量纲、可通比的国际生产价格。按国际生产价格核算各国在基准货币下的比较总产出并获得货币交换比率，从而为国际比较提供一种可供选择的实用方法。

关键词　国际投入产出　国际生产价格　比较总产出　货币交换比率

Chapter 4　An International Comparison Method: Solving and Accounting based on International Production Prices

Abstract　The key to international comparison is to find a common value scale for internationally unified accounting of the total products of each comparative country. Neither the traditional exchange rate method nor the purchasing power parity method has this accounting function. Therefore, a new method for international comparison using international production price as a common value scale is proposed. The input-output tables is compiled by each participating country, according to the unified standards, and the input-output coefficients is used to solve the

* 注：本章内容为“江西省主要学科（社会科学）学术与技术带头人”项目《国民产品的系统结构与价格模型方法》的子项目，发表于《价格月刊》2019 年第 11 期。

international production price that reflect the equalization of profit, have the price dimension and the comparable ratio. Then according to the international production prices, the comparative total output of each country under the base currency is calculated and the currency exchange ratio will be obtained, thus we can have an alternative practical method for international comparison.

Keywords　International Input and Output　International Production Prices　Comparative Total Output　Currency Exchange Ratio

第一节　现行国际比较的主要方法及其简要评述

1. 国际比较的主要方法

国际比较就是对不同国家之间的经济发展水平，通常是对国内生产总值或国民收入、货币以及价格进行比较。随着世界开放性与全球经济一体化的日益增强，许多国家和国际组织，都把国际比较作为制定发展战略、经济政策，甚至作为制定国际法规的重要依据。

传统国际比较方法中最重要的方法就是汇率法及其衍生方法，即用现行汇率将各国国内生产总值折算成基准货币国货币计量的生产总值，如通常折算成美元总额。由于汇率是在两个不完全开放的经济系统内，受到很多政治、经济政策干预，在不完全信息流通条件下形成的，可能存在严重扭曲现象，故经济学家普遍认为汇率法并不能真实反映两国的产出规模、结构和货币价值[1]。

联合国于 1968 年开始正式组织一项以货币购买力平价为理论基础的国际比较项目（International Comparison Programme, ICP）[2]，发布了多个阶段参与国的国内生产总值（GDP）比较结果和相关指标信息。与汇率法比较，购买力平价法由于具有较合理的理论依据和可信的统计汇总方法，被认为能较真实地反映不同国家之间的产出总量和规模结构。

19 世纪初英国经济学家 H. 桑顿提出购买力平价（Purchasing Power Parities, PPP）理论，其后成为李嘉图古典经济学理论的一个组成部分，到 20 世纪 20 年代作为一种理论方法正式提出[3]。购买力平价学说最初是作为货币与外汇理论，或者是汇率理论提出来的。但在其后几十年里，很多经济学家、统计学家发展了购买力平价的具体统计、计算方法，如爱—考—苏法（EKS 法），国家产品虚拟法（CPD 法）、吉尔里—坎米斯法（G－K 法）、杰拉迪法（D. Geraidi 法），他们成为 ICP 工作或区域比较工作的基本统计汇总方法。经过半个多世纪的实践，ICP 项目的理论方法、组织形式、数据质量在应用中又有了重要创新与发展。

“购买力平价”是指两种或多种货币对于一定数量和质量商品的购买力之比，即两种货币在购买相同数量和质量商品时的价格之比。比如，购买同等数量和质量的“一篮子”商品，在中国市场花了 60 元人民币，在美国市场花了 10 美元，则称在该篮子商品上，人民币对美元的购买力之比为 6∶1。

设 A、B 两国，A 为基准货币国，对于某种商品的统一规格品，q_A、q_B 为数量，P_A、P_B 为价格，E_A、E_B 为购买支出，则有：

$$\frac{q_B \cdot P_B}{q_A \cdot P_A} = \frac{E_B}{E_A} \tag{4-1}$$

令：

$$IQ_{B/A} = q_B / q_A \tag{4-2}$$

$$PPP_{B/A} = P_B / P_A \tag{4-3}$$

$IQ_{B/A}$称为该规格品 B 对于 A 的物量指数，$PPP_{B/A}$称为该规格品 B 对于 A 的购买力平价，于是：

$$PPP_{B/A} = (E_B / E_A) / IQ_{B/A} \tag{4-4}$$

上述方法对一种商品适用，对一国总产出（如 GDP）也适用。联合国 ICP 工作收集了参与对比的国家 150 多类、2000 种代表规格品的货物或劳务价格资料，以各国 GDP 按 150 多类划分的支出构成作为权数，进行加权平均计算各类商品和劳务购买力平价，进而计算 GDP 的购买力平价。比如，使用 G－K 法汇总方法如下。

任一对比国的国内总产出（GDP）的比较总产出可写为：

$$RGDP_j = \sum_{i=1}^{m} \pi_i q_{ij} \tag{4-5}$$

其中，i＝1，2，…，m，代表基本分类；j＝1，2，…，n，代表对比国；π_i 为每一基本分类的国际价格；q_{ij}为 G－K 法的物量。

其国际比较项目中的购买力平价：

$$PPP_j = GDP_j / RGDP_j \tag{4-6}$$

其中，$GDP_j = \sum_{i=1}^{m} E_{ij}$，$E_{ij}$为 j 国在基本分类 i 中的以本国货币计算的

支出。

G－K 物量是一种名义数量的商品量：

$$q_{ij} = E_{ij}/PP_{ij} \tag{4-7}$$

其中，PP_{ij}是 j 国在基本分类 i 中对基准货币国的购买力平价。

G－K 法的国际价格为：

$$\pi_i = \sum_{j=1}^{n}(PP_{ij}/PPP_j) \cdot q_{ij} / \sum_{j=1}^{n} q_{ij} \tag{4-8}$$

G－K 法基本数据是基本分类一级的支出 E_{ij}和平价 PP_{ij}，通过式（4－7）计算 q_{ij}，令 PPP_j 为一个初始值，通过式（4－8）可得 π_i，继而通过式（4－5）可得 RGDP，通过式（4－6）可得 PPP_j。通常令 PPP_j 的初始值为当时的汇率，通过迭代，在达到平衡时获得最终的 PPP_j；令基准国 PPP_j 值为 1，可得一个比例系数，进而计算所有参与国的 PPP_j 值。

购买力平价法应用于实际的国际比较始于 20 世纪 50 年代，欧洲经济合作与发展组织主持在区域范围内进行国际比较，1959 年开始在经济互助委员会范围内进行比较，20 世纪 60 年代欧洲统计学家会议还主持过中央计划经济国家和市场经济国家间的国际比较。1965 年联合国统计委员会第十三届会议建议，将有限的比较发展成为定期的、更广泛的、世界一级的比较，1967 年着手研究这一设想的具体方案，1968 年统计委员会第十五次会议提交了一份题为《生产、收入和支出总量的国际比较》的报告，并开始正式实施 ICP。联合国、世界银行[4]、国际货币基金等组织先后开展了 8 轮国际比较活动，基准年份分别为 1970 年、1973 年、1975 年、1980 年、1985 年、1993 年、2005 年、2011 年，现确定每 6 年为一个阶段，参与国家和地区由最初的 10 个增加到 2011 年的 199 个。ICP 已发展成为全球最大的一项统计活动，受到国际社会的广泛关注。除联合国、世界银行等国际组织外，美国宾夕法尼亚大学欧文·克拉维斯（Irving B. Kravis）、罗伯特·萨默斯（Robert Summers）、阿兰·赫斯顿（Alan W. Heston）等还以“宾州世界表”的名称进行了一些大型国际比较活动。我国在国家统计局下设有国际项目处负责国际比较项目的信息交流与合作，但前 7 轮没有全面参加 ICP 项目，只在 1993 年、1999 年、2005 年、2009 年等年份参加了一些试点性调查或数据更新[5]。许多学者译介了 ICP 的很多研究文献并进行了深入研究[6]，北京航空航天大学的任若恩教授[7]、武汉大学的郭熙保教授分别对 1986 年、1994 年中国 GDP 和人均 GDP 进行过人民币对美元的购买力平价测算[8]。2011

年，经国务院批准，我国全面参加了第八轮 ICP 活动，调查范围覆盖我国大陆 30 个省份、GDP155 个基本支出分类，占 GDP 总支出的 50%[9]。

2. 购买力平价方法国际比较中存在的几个主要问题

（1）购买力平价法并没有共同价值尺度。国际比较本质上应该寻找各国产品的共同价值尺度，按照商品的价值价格理论，这种价值尺度可以是各国同类商品的国际社会必要劳动时间的统一估价，或者是诸如国际生产价格等国际理论价格的东西等。各国产出应该在这个统一估价或国际价格下进行比较。购买力平价的定义是两种货币购买力之比，是从货币数量说明物价水平，并不计算国际社会必要劳动时间及其估价，并不涉及商品的国际理论价格。因而其国际比较并没有共同价值尺度。其国际比较只是一种表象层次的比较，而不在本质上比较。因此，寻找这样的共同价值尺度，计算国际理论价格是国际比较研究的重大课题。

（2）购买力平价法的国际价格并不具备国际产品真正意义上的价格功能。吉—坎法中的“国际价格” π_i 是各国的 PP_{ij}/PPP_j 值对于 $q_{ij}/\sum_{j=1}^{n} q_{ij}$ 的加权平均值。说是价格，其实并不带有“价值量/物量”这样的价格量纲形式。它事实上是根据各国产业结构不同，给定的对于 j 国比较价值量 q_{ij} 的一个不带任何量纲的加权调整系数。按吉—坎法中 q_{ij} 的含义，j 国 i 类商品购买力平价对该国总产出购买力平价的比越大，其分类物量 q_{ij} 在总物量 $\sum q_{ij}$ 中的比重越大，对 π_i 的贡献也就越大。这就是说，国际价格 π_i 接近于 q_{ij} 大的国家的 PP_{ij}/PPP_j 值；反之则相反。这就可能出现高估或低估某些国家一些产品价值的现象。而在爱—克—苏法、沃尔什法、范伊齐伦法等方法里，甚至都不内含“国际价格体系”。在各国消费习惯、产业结构、货币表价不同的条件下，如何确定一个合理的、可通比的、具有价格量纲的国际价格，始终是国际比较中的难题，也是国际比较中一个重要的新领域。

（3）购买力平价法没有反映各国消费行为、消费结构上的差异。在计算基本分类一级的购买力平价时，购买力平价法主要使用几何平均数，没有考虑同类商品不同规格品的不同消费量对基本分类购买力平价的影响。如使用爱—克—苏法时，其传递性平价还是双重几何平均数。这就使在基本分类一级，其购买力平价没有反映各国在消费行为和结构上的差异。

（4）购买力平价法的比较结果常常差异较大、争议较大。ICP 方法对国民核算资料要求较高，而且调查、汇总计算方法不止一种，每一种方法结果差异较大，容易出现高估发展中国家的总产出，低估发达国家的总产出，等等。这些问题在一些情况下是富于争议的。例如，我国首次全面参加ICP2011年轮活动，2014年4月30日，世界银行发布第八轮国际比较项目报告，中国2011年购买力平价（PPP）为3.506，根据这一结果换算，2014年，中国购买力平价GDP总量达到17.62万亿美元，超出用汇率计算的GDP总量的70.24%，并超过美国同年GDP总量17.42万亿美元，成为世界第一大经济体。这引起了世界范围内的激烈争论。由于中国人口众多，人均实际产出和消费水平较低，仍然是一个发展中国家；对此，中国政府并未接受这一结果为官方统计数据[10]。

笔者将根据上述问题提出一种新的国际比较方法，计算一个具有共同价值尺度、具有价格量纲形式、可通比的国际标准产品价格。

第二节 用国际生产价格作为国际核算的共同价值尺度或理论价格

1. 国际理论价格及其存在的条件

国际比较的关键是要找到一个共同价值尺度对各比较国的总产品进行国际统一核算。我们把具有这种核算功能的共同价值尺度称为国际理论价格。我们认为，在一个封闭经济系统内，商品的理论价格是该系统生产该产品的社会必要劳动时间估价或其转化形式——生产价格或均衡价格[11]。在一个半封闭的经济系统内，因为系统与外界有商品和生产要素交流，这种交流作用在具体商品上，使其社会必要劳动时间及其估价发生了改变。如果把系统边界设定在一个国家，这两种情况都可以对商品的理论价格进行计量，把这个系统称为商品定价的基本单元。但在一个全开放的经济系统内，商品和生产要素交流的边界已经不在这个系统，商品的理论价格就不能由该系统社会必要劳动时间决定，而是要由其上层系统、上上层系统、一定有市场和生产要素流动的确定边界才能决定。用求理论价格的方法进行国际比较，就是将全球或国际比较参与国作为基本定价系统，用求一套符合各国商品生产成本和利润规律的国际理论价格或生产价格体系的方法，来反映各国总产出、总收入，进行国际核算与比较。

很显然，这种比较方法与购买力平价方法有很大区别。购买力平价法是从消费者角度对比较总体的各种货币购买力进行比较；国际理论价格比较法是从生产者角度，对比较总体生产各种商品的平均成本、平均利润进行核算，然后对国民总产出、总收入进行比较。国际理论价格具有国际社会必要劳动时间估价的意义，这时，各国生产某种产品都只有个别价值意义。马克思、恩格斯曾经论述，生产价格适用于国际贸易[12]，随着国际贸易的增加和生产要素在国际范围内的流动，各国产品的商品价值有转化为国际生产价格的趋势。严格地说，由于目前世界各国都是一个有限开放的系统，一些发达国家开放程度高，一些发展中国家，特别是一些正在工业化或尚未工业化的国家开放程度低；如果是少数几个国家参与国际比较，则这几个国家组成的比较总体，内部不是全开放系统，外部没有确定的市场和生产要素流动边界，即这个比较总体并不存在形成理论价格的条件。然而，当今全球经济一体化过程就是各国经济成为开放型经济的过程，也就是逐步形成国际利润平均化的过程。这为把全球和有限国家作为商品定价的基本单元提供了可能性的基础条件。同时，商品理论价格的统计平均数性质，完全可以在全球或部分国家作为比较总体得到满足。因此，仍然可以把这个比较总体作为一个正常的决定商品理论价格的经济系统。

2. 国际生产价格可作为国际比较的理论价格

国际理论价格应选取什么样的价格形式，应如何确定？这是一个十分复杂的问题。我们认为，可以计算一套国际生产价格作为国际比较的理论价格。所谓国际生产价格就是以马克思经济学的生产价格为基础，拓广反映国际平均生产成本和资金平均利润率组成的价格，即国际生产价格由国际平均成本加国际平均利润构成。它的本质是国际必要劳动时间的货币转化形式。用它作国际比较理论价格有以下三个原因。

（1）生产价格是国际生产者普遍认可的价格。生产价格的本质是利润平均化，而利润平均化是市场竞争形成的一般规律，已成为所有投资者或商品生产者普遍认可的准则。

（2）生产价格具备各国产品共同价值尺度的特性。生产价格具有特定统计总体的统计平均数意义。数量上它是国际比较参与国社会平均生产成本和国际资本平均利润，形态上它是市场价格的一个波动中心，如果把资本和物化劳动看作过去劳动的积累，它就具备国际社会必要劳动时间或平均劳动时间估价的特性。这是它可以作为度量国际产品共同价值的基础原因。在全球开放性空前高涨、经济一体化加速发展的当代，各国的市场价格正在向世界市场价格靠拢，具有形成世界生产价格的明显趋势。因此，随着全球经济一体化的形成，世界生产价格将最终形成。这两者决定了它具备各国产品的共同价值尺度的性质、功能和现实的基础条件。

（3）国际生产价格可计算。尽管各国资源结构、产业结构、消费结构、生产技术水平不同，产品质量、规格不同，货币表达不同；但是，借助一些技术手段和数学方法，可以克服这些困难。我们的设想是，由各比较参与国按统一标准编制投入产出表，获得投入产出系数，构建一种反映国际社会平均成本、国际利润平均化、具有价格量纲、可进行通比的国际生产价格模型，运用迭代算法求解。

第三节 国际生产价格的计量模型及求解

1. 国际生产价格的数学模型和迭代算法

国际生产价格的原理模型仍然采用一国系统内的生产价格计量模型。不同的是对原模型使用的参数、价格量和货币基准要进行重新定义和技术处理，使之改造为符合比较总体的国际核算要求。有多种模型可以计算一国生产价格，笔者采用本人在 20 世纪 80 年代参与“中国理论价格测算”时提出的一种迭代算法模型[11][13]，其原理模型为：

$$\begin{cases} P_i^{t+1} = \sum_{j=1}^{n}(a_{ji} + c_{ji})P_j^t + (G - K^t)\left[\sum_{i=1}^{n} b_i Q_i\right]^{-1} b_i \quad i = 1, 2, \cdots, n \\ K^t = \sum_{i=1}^{n}\sum_{j=1}^{n}(a_{ji} + c_{ji})P_i^t Q_i \end{cases} \tag{4-9}$$

迭代终止： $\lim_{t \to N} \left| P_i^{t+1} - P_i^t \right| \leqslant \varepsilon \quad i = 1, 2, \cdots, n$

扩展到世界范围或国际比较参与国范围，设有 S 个国家参与比较，其参数的意义分别为：P_i^t 为 i 商品国际生产价格；K^t 为国际生产总成本；Q_i 为 i 产品国际总产量，由 S 个国家同类产品标准化加总得来。

G 为国际总产品价格，由 S 个国家总产品价格加总得来。由于各国货币不同，可先用现行汇率折合成基准货币总价格再加总。因为现行汇率因素，这种折算肯定高估或低估一些国家的总产品价格，但是，由于 P_i 是国际比较系统内生的生产价格，符合扣除生产成本后，利润平均化条件，G 的绝对量大小已无关紧要，只需通过改变货币币值大小即可。

然而，为了与现行货币价值保持一致，可作以下改进：令：$G=\sum_{i=1}^{n}P_i^tQ_i$，即可使国际总产品价值与总产品价格始终匹配。

单位商品国际生产成本：$K_i^t=\sum_{j=1}^{n}(a_{ji}+c_{ji})P_j^t$；$G-K^t$ 为国际总利润；$\sum_{j=1}^{n}b_iQ_i$ 为国际总资本，$(G-K^t)[\sum_{i=1}^{n}b_iQ_i]^{-1}$ 为国际平均利润率；$(G-K^t)[\sum_{i=1}^{n}b_iQ_i]^{-1}b_i$ 为单位商品国际平均利润。

t 为迭代序号，当 $t=0$ 时，为初始价格 P_i^0。

P_i^0 可选基准货币国的价格，基准货币国没有的商品可选相对产量较大的国家的商品价格用现行汇率折合成基准货币国的价格。因为迭代方程组的解由方程组系数决定，与初始值无关，故初始价格如此确定并不影响解。$\varepsilon\geqslant 0$ 为迭代终止条件。当迭代到不动点后，P_i^N，$i=1，2，\cdots，n$；即为满足国际利润平均化的生产价格，它是具有价格量纲的可通比的国际标准商品的国际价格。

2. 国际投入产出表的编制与系数的确定

对模型是否可行，生产价格是否合理起至关重要作用的是系数 a_{ji}，c_{ji}，b_i 如何确立。这三个系数分别称为国际投入产出物质型直接消耗系数、国际物质型人工消费系数、国际资本占用系数。它们构成国际投入产出三大系数矩阵 A、C、B。理论上，这三个系数阵应该通过编制国际投入产出表、人工消费表和资金占用表来确定，但这将遇到技术和组织上的巨大障碍。对于技术障碍，其一，遇到各国产品规格、品种、质量不一致，如何加总？只要作国际比较，任何一种方法都要遇到这个问题。可以通过统一规格品作为标准品，将非规格品折合成规格品来处理，也就是要制定统一产品计量标准。其二，资金占用表、各国货币不一，如何统一编制？这个问题可以先用现行汇率将各国资金折合成基准货币。但是，利润是按资金平均分配的，现行汇率缺陷必然影响利润平均化的真实性，解决的方案是用迭代均衡的方法。用现行汇率折合成基准货币后，可获得一组国际生产价格和国际比较核算资料，即可以获得一组新的货币汇率；将新的汇率再代入资金占用表，又可以得到新的一组国际生产价格；多次迭代后，价格和汇率可以达到不动点。这时，汇率缺陷就消除了。事实上，国际比较一个最重要的内容就是要找到这个没有“缺陷”，即反映了各国国民生产和国民收入真实水平的货币汇率。其三，编制技术上还有许多细节问题，包括对投入产出表作一些改进等，这些都可以解决。对于组织障碍而言，目前，已经有受欧洲委员会资助的世界投入产出数据库（WIOD）项目，编制了涵盖35个产业、59种产品的世界投入产出表（WIOT）。但其参与面和规格品还受到一定限制。可以在这个基础上根据计算国际生产价格的需要，进一步完善其规格品的统一标准和系数矩阵。作为一项取得国际共识的工作，可以在联合国相应机构下设立一个类似ICP项目组织的机构，运用联合国的工作机制，由各参与国提供统一标准的本国投入产出资料，编制出权威的世界投入产出表。事实上，投入产出表具有广泛的用途，用来计算国际生产价格，进行国民生产、国民收入比较，仅是其中的用途之一。目前任何一个国家都不是全开放的，其商品和资本在国际上还不是完全自由流通的。因此，即使编制出WIOT，计算出系数矩阵A、C、B，其含义与一国内该系数的含义也不相同。但这并不要紧，不同国家加总的WIOT反映的是一个国际平均状态，国际生产价格要的就是这种平均状况。因此，总的来说，上述困难和障碍都是可以克服的。相信随着全球经济一体化进程和人类在全球范围内自组织程度的提高，为编制更广泛、有权威的WIOT和计算A、B、C矩阵提供了前提条件、技术条件以及必要性。

那么，在现有条件下，如何确定a_{ji}，c_{ji}，b_i?

假定国际比较各参与国都按统一标准编制了投入产出表，并获得A、B、C三类系数，根据国际社会必要劳动的统计平均数思想，设想对三种系数进行统计平均。

（1）几何平均数：

$$\begin{cases}\overline{a_{ji}} = \sqrt[s]{a_{ji}^1 \cdot a_{ji}^2 \cdots a_{ji}^s} \\ \overline{c_{ji}} = \sqrt[s]{c_{ji}^1 \cdot c_{ji}^2 \cdots c_{ji}^s} \\ \overline{b_i} = \sqrt[s]{b_i^1 \cdot b_i^2 \cdots b_i^s}\end{cases} \quad j、i = 1, 2, \cdots, n \tag{4-10}$$

其中，a_{ji}^k，c_{ji}^k，b_i^k，$k = 1, 2, \cdots, s$，分别为K国的投入产出、人工消费物质系数和资金占用系数；$\overline{a_{ji}}$，$\overline{c_{ji}}$，$\overline{b_i}$为相应的国际平均系数。

几何平均数没有考虑比较国的技术经济结构差别，使某种产品生产大国或先进生产国与生产小国或落后生产国的消耗系数取得了同等地位，必将对生产大国的总产出进行低估，对技术落后国的总产出进行高估。由于生产大国一般也是技术先进国或成本优势国，可考虑以产量为权数进行加权平均。

（2）加权平均数：

$$\begin{cases}\overline{a_{ji}} = \sum_{k=1}^{s} a_{ji}^k \cdot \dfrac{Q_i^k}{\sum_{k=1}^{s} Q_i^k} = \sum_{k=1}^{s} \eta_i^k a_{ji}^k \\ \overline{c_{ji}} = \sum_{k=1}^{s} c_{ji}^k \cdot \dfrac{Q_i^k}{\sum_{k=1}^{s} Q_i^k} = \sum_{k=1}^{s} \eta_i^k c_{ji}^k \\ \overline{b_i} = \sum_{k=1}^{s} b_i^k \cdot \dfrac{Q_i^k}{\sum_{k=1}^{s} Q_i^k} = \sum_{k=1}^{s} \eta_i^k b_i\end{cases} \quad j、i = 1, 2, \cdots, n \tag{4-11}$$

其中，$\eta_i^k = Q_i^k / \sum_{k=1}^{s} Q_i^k$ 为k国i产品总量占国际i产品总量的比重，即权数。加权后的A、B、C三组系数相当于将S国同类产品加总后编制的投入产出表计算的相应系数。

以系数a_{ji}为例，证明如下。

设a_{ji}为S国同类产品加总后形成的投入产出系数，Q_{ji}，Q_i为加总后形成的i产品生产消耗的j产品总量和i产品总量，于是：

$$\begin{aligned} a_{ji} &= \frac{Q_{ji}}{Q_i} = \frac{\sum_{k=1}^{s} Q_{ji}^k}{\sum_{k=1}^{s} Q_i^k} = \frac{Q_{ji}^1}{\sum_k Q_i^k} + \frac{Q_{ji}^2}{\sum_k Q_i^k} + \cdots + \frac{Q_{ji}^s}{\sum_k Q_i^k} \\ &= \frac{Q_{ji}^1 Q_i^1}{Q_i^1 \sum_k Q_i^k} + \frac{Q_{ji}^2 Q_i^2}{Q_i^2 \sum_k Q_i^k} + \cdots + \frac{Q_{ji}^s Q_i^s}{Q_i^s \sum_k Q_i^k} \end{aligned}$$

$$= a_{ji}^1 \frac{Q_i^1}{\sum_k Q_i^k} + a_{ji}^2 \frac{Q_i^2}{\sum_k Q_i^k} + \cdots + a_{ji}^s \frac{Q_i^s}{\sum_k Q_i^k}$$

$$= \sum_{k=1}^{s} \eta_i^k a_{ji}^k = \overline{a_{ji}} \qquad j、i = 1, 2, \cdots, n$$

对 c_{ji}，b_i 均可证同样结果。如果国际比较各参与国都按统一标准编制投入产出表，一个加总的国际投入产出表就很容易编制了。将$\overline{a_{ji}}$，$\overline{c_{ji}}$，$\overline{b_i}$代入方程组（4－9），经过迭代至不动点 N 后，即可获得一组以基准货币国价格表达的国际生产价格 P_1^N，P_2^N，…，P_n^N。如果编制价值型投入产出表，经过适当变换，也可以获得相同结果。

第四节　用国际生产价格进行国际核算和国际比较

通过国际投入产出表，运用迭代算法模型，我们获得国际标准品或代表品生产价格 P_i^N，$i=1, 2, \cdots n$。这个商品的国际生产价格补偿了国际社会平均生产成本，并获得国际资本平均利润的价格。它是诸如钢铁、粮食等实物标准产品运用基准货币表达的国际标准价格；具有价值量/物量形式的价格量纲。因为标准化并其货币比率与基准货币选择无关而可以进行国际通比。这就在很大程度上克服了购买力平价法的一些问题和困难。国际生产价格一般应包括第一、第二、第三产业的各类商品和服务价格。运用国际生产价格可以进行国际账户项目核算，如可以进行国民总产出、总收入以及第一、第二、第三产业产出、居民收入和消费、货币汇率、价格水平等方面的国际核算和国际比较。这里，我们只列出国民总产出比较和货币比较方法。

1. 用国际生产价格核算各国比较总产出

设 G_b^k 为 k 国用国际生产价格核算的，以基准货币 b 表达的总产出，则：

$$G_b^k = \sum_{i=1}^{n} P_i^N Q_i^k \qquad k、l = 1, 2, \cdots, s \qquad (4-12)$$

这样可定义，G^k 为 k 国以本币计算的总产出：

$$G^k = \sum_{i=1}^{n} P_i Q_i^k \qquad k=1, 2, \cdots, s \qquad (4-13)$$

G_o^k 为 k 国用原汇率计算的总产出：

$$G_o^k = \sum_{i=1}^{n} P_i^0 Q_i^k \quad k = 1, 2, \cdots, s \tag{4-14}$$

其中，P_i，P_i^0 为 k 国以本币计算的 i 商品价格和对基准国货币原汇率计算的 i 商品价格。

2. 用国际生产价格进行各国货币比较

设 R_o^k 为 k 国对基准国货币的原汇率，R_b^k 为 k 国对货币基准国以国际生产价格核算的货币比率，则：

$$R_o^k = G_o^k / G^k \quad k = 1, 2, \cdots, s \tag{4-15}$$

$$R_b^k = G_b^k / G^k \quad k、l = 1, 2, \cdots, s \tag{4-16}$$

显然，$R_b^k \neq R_o^k$

因为：$R_b^k = G_b^k / G^k = \sum_{i=1}^{n} P_i^N Q_i^k / \sum_{i=1}^{n} P_i Q_i^k$

$$R_o^k = G_o^k / G^k = \sum_{i=1}^{n} P_i^0 Q_i^k / \sum_{i=1}^{n} P_i Q_i^k$$

而，$P_i^N \neq P_i^0 \quad i = 1, 2, \cdots, n$，于是：

$$\begin{aligned} R_b^k - R_o^k &= \sum_{i=1}^{n} P_i^N Q_i^k / \sum_{i=1}^{n} P_i Q_k^k - \sum_{i=1}^{n} P_i^0 Q_i^k / \sum_{i=1}^{n} P_i Q_i^k \\ &= \sum_{i=1}^{n} (P_i^N - P_i^0) Q_i^k \left[\sum_{i=1}^{n} P_i Q_i^k \right]^{-1} \neq 0 \end{aligned}$$

必须指出，凡计算国际生产价格中用到以原汇率及 R_o^k 折算项目时，必须全部用新汇率 R_b^k 重新折算，再代入模型中运算，直到 R_b^k 不变即达到均衡为止。

上述 R_b^k 中，对货币基准国自身也有意义。当 $P_i^N \neq P_i^0$ 时，$R_b^k \neq R_o^k$，说明以国际生产价格计算，该国总产出与原价格比较，升值了或者缩减了。

根据模型特性，在 A、B、C 三个系数矩阵为一定的情况下，国际生产价格若以国际社会必要劳动时间量纲计算，是唯一确定的；而货币表达因基准货币不同而不同。但是，不管哪种表达方式，国际比较参与国之间的货币相对比率不变，也就是说，与基准货币选取无关。这正是我们进行国际比较所需要的。

这样，我们进行国际比较的全部基点就建立在国际生产价格之上。如果国际生产价格的合理性获得共识，那么，建立在此基础上的国际核算和国际比较就应该被认为是合理的，从而可以获得各比较参与国的肯定。

本章主要参考文献

[1] 郑京平．中国的人均 GDP 到底为多少美元——兼析尚未解决的世界难题：国际比较 [N]. 经济学消息报，1996-09-13 (1).

[2] 邹宗明．联合国国际比较项目手册 [M]. 北京：档案出版社，1993.

[3] [瑞典] G. 卡塞尔．1914 年以后的货币与外汇 [M]. 北京：商务印书馆，2016.

[4] World Bank. ICP Handbook [G]. 2003-2006.

[5] Asian Development Bank (ADB). A Snapshot of Asia in 2009: Purchasing Power Parity Updates [R]. March, 2011.

[6] 王成岐．联合国国际比较项目 (ICP) 若干问题研究 [M]. 大连：东北财经大学出版社，1994.

[7] 任若恩，陈凯，韩月娥．中美国民生产总值的双边比较 [M]. 北京：航空工业出版社，1992.

[8] 郭熙保．购买力平价与我国收入水平估计——兼评克拉维斯对中国收入的估计结果 [J]. 管理世界，1998 (4): 64-75.

[9] 余芳东．我国参加国际比较项目 (ICP) 的演变历程 [J]. 统计研究，2012 (8): 108-112.

[10] 陈梦根，尹德才．从 ICP 视角解析“购买力平价与中国世界第一” [J]. 国家行政学院学报，2015 (4): 108-111.

[11] 王志国．国民产品的价格模型与方法 [M]. 北京：中国经济出版社，2006.

[12] 马克思．资本论 (第三卷·增补) [M]. 中共中央马克思恩格斯列宁斯大林著作编译局，译．北京：人民出版社，1975.

[13] 王志国．一种用迭代方法计算的人为价格 [J]. 系统工程理论与实践，1992 (2): 64-67.

第五章

一种用比价体系构建的国际比较方法*

摘　要　本章揭示，开放条件下不同国家或不同货币区内相同商品的比价具有趋同性、无技术差别性和无货币量纲性，并运用这些性质构造了不同于汇率法和购买力平价法（PPP）的一种新的国际比较方法：比价法（CPS）。这种方法在任意选定的基准产品下，可以将各比较参与国的总产品折合成具有国际通比性质的总产品物量；可以获得一组具有国际平均数意义的比较价格体系；在任选的基准货币下，进而获得各国比较总产出和货币交换比率。本章给出了比价法示例运算，并与平价法进行了简要比较。

关键词　比价体系　比较价格　通比物量　比较总产出　货币交换比率

Chapter 5　An International Comparison Method based on Comparing Price System

Abstract　This chapter discloses that under the condition of opening economy, comparing prices of the same commodities in different countries or monetary zones share such characteristics as the tendency of being similar, no technical difference, and the measure not using monetary. Thus it establishes a brand-new

* 注：本章内容为"江西省主要学科（社会科学）学术与技术带头人"项目《国民产品的系统结构与价格模型方法》的子项目，发表于《统计研究》2005 年第 11 期，中国人民大学复印报刊资料 F104《统计与精算》2006 年第 2 期全文收录。

international comparison method called comparative price system (CPS), which is different from the models of exchange rate and purchasing power parity (PPP), based on those characteristics shown before. In CPS model, with randomly selected bench goods, total products of all comparing countries can be converted into physical quantity of total products of the general comparing characteristics in international. A set of comparative price systems with international mean value can be obtained at the same time. Under the condition of randomly selected bench currency, it obtains comparison aggregate output and currency exchange ratios of each country. This chapter gives an example operation with comparing price system, and makes a simple comparison with purchasing power parity also.

Keywords Comparing Price System Comparing Prices General Comparing Physical Quantity Comparative Total Output Currency Exchange Rate

第一节 国际比较及其主要方法

不同国家之间的经济发展水平或国民生产总额以及货币、价格比较始终是经济学研究的一个重要的非常有意义的工作，也是许多国家和国际组织制定发展战略，乃至制定国际法规的重要依据。传统国际比较最重要的方法是汇率法，以及在汇率法基础上衍生的世界银行图表集法（ATLAS）、联合国价格调整汇率法（PARE）。由于汇率存在众多的政治、经济政策干预，因此，普遍认为汇率法并不能真实表现两国的产出规模和货币价值[1][2]。1968年，联合国开始组织一项以货币购买力平价（purchasing power parities, PPP）为理论基础的国际比较项目（international comparison program, ICP），并发布了多个阶段参与国的 GDP 比较结果。购买力平价法（简称“平价法”或“PPP 法”）由于具有更合理的理论依据和统计方法，因而能更真实地反映不同国家之间的产出规模和交换价值。

购买力平价概念最初在 19 世纪初由英国经济学家桑顿提出，其后成为李嘉图的古典经济学理论的一个组成部分，最后由瑞典学派经济学家卡塞尔（Gustav Cassel）加以充实发展，在其 1922 年出版的《1914 年以后的货币与外汇理论》中作为一种理论方法系统提出。此后，很多经济学家、统计学家发展了购买力平价法的应用方法。20 世纪 50 年代，购买力平价法实际应用于际国际比较。1993 年以前，联合国每五年开展一次世界范围内参与国购买力平价法国际比较。其后，由世界银行利用减缩信息法对全球 6 个地区 120 个国家进行比较。除此以外，宾法尼亚大学教授欧文·克拉维斯（Irving B. Kravis）、罗伯特·萨默斯（Robert Summers）、阿兰·赫斯顿（Alan W. Heston）等，以“宾州世界表”的名称进行了多次购买力平价大型国际比较，其中包括的国家和地区最多达 138 个。欧盟统计处、经合组织统计处和奥地利国家统计局共同组织欧洲比较项目（european comparison program，ECP），每年对欧盟国家都进行一次购买力平价统计，并用于行政目的。我国没有参加国际比较项目任何一个阶段的比较，但国家统计局设有国际统计信息中心负责国际比较项目信息交流与合作；许多学者译介了 ICP 的很多研究文献，并进行了较深入的研究[3][4][5]；北京航空航天大学任若恩教授领导的课题组、武汉大学郭熙保教授分别对 1986 年、1994 年中国的 GDP 和人均 GDP 进行过人民币对美元的购买力平价测算[6][7]。

购买力平价法有许多具体统计、汇总方法，如爱—考—苏法（EKS），国家产品虚拟法（CPD）、吉尔里—坎米斯法（G－K）、杰拉迪（D. Geraidi）法等。

运用购买力平价方法进行国际比较，有以下方面问题值得探讨。

（1）国际比较本质上应该在各比较国中寻求共同的价值尺度。这种价值尺度应该是各国同类商品的国际社会必要劳动时间的统一估价，或者是诸如国际生产价格、均衡价格等国际理论价格。各国产出应该在这个统一估价或国际价格下进行比较。购买力平价的定义是两种货币购买力之比，是从货币数量说明物价水平，并不计算国际社会必要劳动时间，不涉及商品的国际理论价格。因而其国际比较只是一种表象层次的比较，而不在本质上比较。

（2）吉—坎法中的 q_{ij} 说是物量，其实并不带有物质性量纲，事实上是 j 国 i 类商品折算量用基准国货币计算的价值量。寻求带有物质性量纲的具有国际通比性的物量是国际比较中一个重要的新领域。

（3）吉—坎法中的“国际价格” π_i 是各国的 PP_{ij}/PPP_j 值对于 $q_{ij}/\sum_{j=1}^{n} q_{ij}$ 的加权平均值。说是价格，其实也并不带有“价值量／物量”这样的价格量纲形式。它事实上是根据各国产业结构不同给定的对于比较价值量 q_{ij} 的一个不带任何量纲的加权调整系数，并不具备国际产品真正意义上的价格功能。在各国生产水平、产业结构、消费习惯、货币表价不同的条件下，如何确定一个合理的具有价格量纲的国际价格，是国际比较中又一个重要的新领域。

（4）购买力平价法在计算基本分类一级的购买力平价时，主要使用几何平均数，没有考虑同类商品不同规格品的不同消费量对基本分类购买力平价的影响。如使用爱—克—苏法时，其传递性平价还是双重几何平均数。这就使在基本分类一级，其购买力平价没有反映各国在消费行为、消费结构上的差异。

（5）ICP 方法对国民核算资料要求较高，而且调查、汇总计算方法不止一种，每一种方法结果差异较大，容易出现高估发展中国家的总产出，低估发达国家的总产出，等等。这些问题在一些情况下是可以被接受的，而在另一些情况下是富有争议的。

本章揭示了各国商品比价体系具有一些重要特性，并利用这些特性提出一种新的国际比较的模型方法。

第二节　用比价体系进行国际比较的方法

1. 开放条件下不同国家或不同货币区商品比价存在趋同性、无技术差别性，以及无货币量纲性

同一国内或同一货币区内的商品比价是不同种类的单位商品的价格之比。任何一个国家或同一货币区系统内，都存在一个商品比价体系。商品比价事实上是两种商品交换的比率。在一个经济系统内，商品的比价关系决定了商品交换者的比较利益。如果排除货币因素，比如存在一种世界统一的绝对的价值单位，类似于黄金，就价格绝对量来说，各国商品价格是不同的。因为，一个国家的资源结构、消费结构不同，产业传统、生产技术水平不同，人工成本和管理制度不同，也就是说，其经济技术结构与生产水平、产业结构与产业政策都是不同的。因此，不同国家的同类商品的价格绝对量肯定不同。如果考虑货币因素，即在不同的货币区内，其价格绝对量更是不能直接讨论的。但是其价格的相对量，也就是不同种类的商品在同一货币区，甚至在不同货币区内的比价却是可以直接讨论、对比，并有着特殊的规律、特殊的意义。

例如，250毫升同等质量的饮料，在中国市场是2元人民币，在美国市场是25美分；1000毫升同等质量的鲜牛奶，在中国市场是8元人民币，在美国市场是1美元。又如，500克质量相近的大米，中国市场价是1元人民币，日本市场价是14日元；500克瘦猪肉，中国市场价是6元人民币，日本市场价是85日元。那么，每250毫升饮料对1000毫升鲜奶的比价，中国市场是0.25，美国市场也是0.25；每500克猪肉对同等重量的大米的比价，中国市场是6，日本市场是6.07。这就是说，三个国家的商品价格虽然由于生产技术不同、货币表价不同而各不相同，但商品的比价却可能相同或比较接近。这是就市场上四种大众商品来说的，对于成千上万种商品来说，是否也存在这种现象？这种现象是否表达了商品生产中某种一般性规律。在我们收集的有限种商品的价格资料里，确实存在这种现象。我们认为，至少有以下原因作支撑。

（1）各国价格形成基础和构成要素基本一致。目前大多数国家的大部分商品价格由市场供求决定，但市场价格波动中心是生产价格，由K+S构成。虽然生产成本K的构成和反映的生产水平很不相同，利润水平S也很不相同，但在各国都具有统计平均数意义。这意味着各国的价格基础构成具有可比性。我们把这一特性称为价格的经济基础同构性。

（2）比价一定程度上消除了生产技术水平和劳动生产率差别对商品价格的影响。资源差别、生产技术水平和劳动生产率的不同是不同国家商品价格不同的基础因素，对不同国家商品生产和价格影响极大。但各国生产同类产品的原材料、工艺条件、流通环节具有类似性；同时，在同一个国家，由于市场竞争和国家调节手段，使本国的不同商品大体维持平均成本和平均利润水平。当计算两种商品的价格比时，不同国家的生产技术和劳动生产率的差别就可能被消去。

例如，各国生产鲜牛奶，都需要奶牛、饲料、防疫、挤奶、消杀、包装、分销等生产环节、原材料和工艺装备。这就是说，生产同类产品，不同国家其技术和工艺构成具有类似性。这一特性称为技术同构性。

又如，发展中国家一个工人每个工作日生产布匹500米，市场价格为1000本国货币单位；生产服装20件，市场价格为3000本国货币单位。1件服装对1米布匹的比价为：

$$\frac{3000\text{ 本国货币单位}/20\text{ 件}}{1000\text{ 本国货币单位}/500\text{ 米}}=75\text{（件/米）}$$

而发达国家，假定生产同等质量的产品，由于采用了更先进的生产设备和管理技术，劳动生产率提高了，一个工人每个工作日生产布匹900米，生产服装40件，按本国货币单位市场计价分别为1350个、4500个单位。但其1件服装对1米布匹的比价与发展中国家可能是相同的。即：

$$\frac{4500\text{ 本国货币单位}/40\text{ 件}}{1350\text{ 本国货币单位}/900\text{ 米}}=75\text{（件/米）}$$

这就是说，各国生产技术和劳动生产率可以不同，但经济同构性和技术同构性可能消除了比价系数的差别。我们把这一特性称为无技术差别性。

（3）开放条件下，商品在世界范围内流通、竞争，其价格具有趋同性。在同一个经济系统，市场竞争的结果是不同生产者的商品价格趋向于均衡价格。如果两个系统之间具有良好的开放性，满足商品和生产要素自由流动的要求，则这两个系统的价格也会趋向同一均衡价格。当前，全球经济一体化进程加快，各国开放性程度提高，其价格水平具有逐步接近的趋势。这已为跨国公司的产品价格在全球比较接近的事实所证明。价格的趋同性意味着比价也具有趋同性。

以上三个原因，使我们有理由认为，开放条件下，各国商品比价具有趋同性是商品生产的一个客观规律。

但是，这个规律的存在并不排除各国商品比价存在大量的甚至是显著性差异的现象。因为各国商品生产的环境、条件、流通式样多样化，而开放性又相当有限；因此，比价差异性与比价趋同性是各国商品生产中同时存在的客观规律。但是，随着开放性程度增强，其趋同性趋势要占据主导地位。

从第二个支撑原因的分析和所举例子中我们还看到，比价是一个消去了货币量纲只保留物量比的单位数，也就是说，它具有消除各国货币不同带来国际比较的巨大麻烦的特性。这样，我们揭示了比价具有价格基础同构和三个极为重要的特性：趋同性、无技术差别性、无货币量纲性。这三个因素使比价体系可能成为解决国际比较中许多麻烦的一把“钥匙”，成为一种新的比较方法的核心元素。我们把在这个基础上获得的一种新的国际比较方法称为比价法（comparing price method，CPM法或比价法）。

2. 比价法国际比较数学模型

设国际比较参与国家共有S个，每个国家有n个生产部门，每个部门只有或者经过折合只有同种同质的一种标准产品[8]，Q_j^k，$k=1, 2, \cdots, s$；$j=1, 2, \cdots, n$，为k国j产品量，P_j^k，$k=1, 2, \cdots, s$；$j=1, 2, \cdots, n$为对应的单位商品价格，k国的总产出为：

$$G^k = P_1^k Q_1^k + P_2^k Q_2^k + \cdots + P_n^k Q_n^k \tag{5-1}$$

任选i产品为基准产品，$i=1, 2, \cdots, n$

$$r_{ij}^k = P_j^k / P_i^k \quad k=1, 2, \cdots, s;\ j=1, 2, \cdots, n \tag{5-2}$$

为k国j商品对i商品的比价，其中，$r_{ii}^k=1$。

假定各国同类商品的比价都相同。则有 $r_{ij}^k = r_{ij}$ $k=1, 2, \cdots, s$；$j=1, 2, \cdots, n$。

G_i^k 为k国以i产品为基准产品的总产出可写为：

$$\begin{aligned} G_i^k &= P_1^k Q_1^k + P_2^k Q_2^k + \cdots + P_i^k Q_i^k + \cdots + P_n^k Q_n^k \\ &= r_{i1}^k P_i^k Q_1^k + r_{i2}^k P_i^k Q_2^k + \cdots + r_{ii} P_i Q_i^k + \cdots + r_{in}^k P_i^k Q_n^k \\ &= [r_{i1} Q_1^k + r_{12} Q_2^k + \cdots + r_{ii} Q_i^k + \cdots + r_{in} Q_n^k] P_i^k \end{aligned} \tag{5-3}$$

令

$$q_i^k = \sum_{j=1}^{n} r_{ij} Q_j^k \quad k = 1, 2, \cdots, s \tag{5-4}$$

称 q_i^k 为k国以i产品为基准产品的总产品物量。则有：

$$G_i^k = q_i^k P_i^k \quad k=1, 2, \cdots, s \tag{5-5}$$

显然，$G_i^k = G^k$，这是参与比较的k国以本国货币计算的总产出。

给总产品物量 q_i^k 以任何一个比较国b的i商品价格，即：

$$G_{ib}^k = q_i^k P_i^b \quad k=1, 2, \cdots, s \tag{5-6}$$

G_{ib}^k称为k国以i产品为基准产品，以b国货币为基准货币计算的比较总产出。即：

$$R_{ib}^k = G_i^k / G_{ib}^k = G^k / G_{ib}^k \quad k=1, 2, \cdots, s \tag{5-7}$$

R_{ib}^k称为以i产品为基准产品、以b国为基准货币的k国货币交换比率。

这里k国比较总产出和对b国的货币比率，是否与基准产品i产品的选择有关？如果i产品是任意选择的，G_{ib}^k，R_{ib}^k保持不变，则运用比价体系法进行的国际比较具有唯一性。这正是我们需要的。

唯一性证明如下：

设 Q_j^k，P_j^k，r_{ij}^k，i、j = 1，2，…，n；k = 1，2，…，s 都是唯一确定的，k 国以 h 产品为基准产品的总产品物量为 $q_h^k = \sum_{j=1}^{n} r_{hj} Q_j^k \quad k = 1, 2, \cdots, s$，则应有：

$$G_h^k = q_h^k P_h^k, \quad G_{hb}^k = q_h^k P_h^b \quad k = 1, 2, \cdots, s$$

很显然，

$$G_h^k = G_i^k = G^k \quad k = 1, 2, \cdots, s$$

由前面假定，$r_{ij}^k = r_{ij}$，i 是任选的，j 与 i 一样都是 n 种商品中的某一种，应有：

$$r_{hi}^k = r_{hi}, \quad r_{hi}^b = r_{hi}, \quad i = 1, 2, \cdots, n; \ k、b = 1, 2, \cdots, s$$

于是：

$$\frac{G_i^k}{G_h^k} = \frac{q_i^k P_i^k}{q_h^k P_h^k} = \frac{q_i^k}{q_h^k} \cdot r_{hi}^k = \frac{q_i^k}{q_h^k} r_{hi} = 1$$

所以：

$$\frac{G_{ib}^k}{G_{hb}^k} = \frac{q_i^k P_i^b}{q_h^k P_h^b} = \frac{q_i^k}{q_h^k} \cdot r_{hi}^b = \frac{q_i^k}{q_h^k} r_{hi} = 1$$

即：

$$G_{ib}^k = G_{hb}^k \quad k = 1, 2, \cdots, s \tag{5-8}$$

继而：

$$R_{hb}^k = \frac{G_i^k}{G_{hb}^k} = \frac{G_i^k}{G_{ib}^k} = \frac{G^k}{G_{ib}^k} = R_{ib}^k \quad k = 1, 2, \cdots, s \tag{5-9}$$

这就是说，任意参加国际比较的国家，只要其同类商品的比价相等，无论选择何种商品为基准产品，其对任何一种选定的基准货币的比较总产出和货币交换比率总是不变的。但作为基准产品，我们还是希望它具有品种、数量上的代表性。

3. 比价体系的确定与调整

现在的关键问题是，如何使国际比较参与国商品比价体系相等？前面已述，各国比价虽然趋近一致，但其比价总是有差异的，即 r_{ij}^k 与 r_{ij}^b，k、b = 1，2，…，s，k ≠ b，i、j = 1，2，…，n，不全相等。在这种情况下，很容易想到的是用各国比价的平均数作为各比较国的共同比价系数。

（1）几何平均数：

$$\overline{r_{ij}} = \sqrt[s]{r_{ij}^1, \ r_{ij}^2 \cdots r_{ij}^s} \quad j = 1, 2, \cdots, n \tag{5-10}$$

但是这种平均数不能反映各国产业结构、消费结构，也即各产品生产量的差异。修正办法是用各国产品量比重作为权数，进行加权平均。

（2）加权平均数：

$$\overline{r_{ij}} = r_{ij}^{1}\frac{Q_j^{i}}{\sum_{k=1}^{s}Q_j^{k}} + r_{ij}^{2}\frac{Q_j^{2}}{\sum_{k=1}^{s}Q_j^{k}} + \cdots + r_{ij}^{s}\frac{Q_j^{s}}{\sum_{k=1}^{s}Q_j^{k}} \quad j = 1, 2, \cdots, n \tag{5-11}$$

即哪个国家 j 产品部门所占比重大，比价平均数与该国比价较为接近。式（5－10）、式（5－11）都是唯一确定的。

这时，用平均比价计算的各国总产品物量，即式（5－4）改记为：

$$\overline{q_i^k} = \sum_{j=1}^{n}\overline{r_{ij}}Q_j^k \quad k = 1, 2, \cdots, s \tag{5-12}$$

$\overline{q_i^k}$是 k 国总产品表达为以国际平均比价计算的带有 i 产品物质量纲的总物量。它是具有国际通用比较形式的物质性总产出，是我们获得的最有意义的一个新的比较特征指标。

由式（5－5）可计算出经平均比价调整后基准产品 i 的比较价格：

$$\overline{P_i^k} = G_i^k/\overline{q_i^k} \quad k = 1, 2, \cdots, s \tag{5-13}$$

则 k 国以 i 产品为基准产品，以 b 国货币为基准货币计算的比较总产出，即式（5－6）变为：

$$G_{ib}^k = \overline{q_i^k}\,\overline{P_i^b} \quad k = 1, 2, \cdots, s; \; b = 1, 2, \cdots, s; \; i = 1, 2, \cdots, n \tag{5-14}$$

由式（5－8）、式（5－9）、式（5－12）、式（5－13）可知，一旦选定基准货币国 b，对于任何参与比较国 k 来说，无论选择何种产品 i 为基准产品，其比较总产出 G_{ib}^k是不变的，比较国对基准货币国的货币比率也是不变的。

理解这一点是很容易的。由式（5－13）获得$\overline{P_i^k}$后，可根据$\overline{r_{ij}}$求得各国其他商品比较价格：

$$\overline{P_i^k} = \overline{r_{ij}}\,\overline{P_i^k} \quad j = 1, 2, \cdots, n, \; j \neq i, \; k = 1, 2, \cdots, s \tag{5-15}$$

在$\overline{P_j^k}$$\overline{r_{ij}}$确定且是唯一的情况下，又回到本节第一个唯一性证明的基本条件上了。

有意思的是，用比价体系方法进行国际比较时，获得了一组比较价格，$\overline{P_i^k}$，i＝1，2，…，n；k＝1，2，…，s。这组价格的意义是各国产品在总产出既定的情况下，按国际平均比价确定的单位 i 产品标准物量的本币价格。显然，$\overline{P_i^k} \neq P_j^k$，i、j＝1，2，…，n；k＝1，2，…，s。虽然这组价格不是严格意义上的国际理论价格，但是，依据式（5－15）的意义，它具有国际统

计平均数意义，具有价值量/物量形式的量纲。这是我们获得的又一个非常有意义的新的比较特征指标。

把式（5－11）改写为以下形式：

$$\overline{r_{ij}} = \frac{P_j^1}{P_i^1}\frac{Q_j^1}{\sum_k Q_j^k} + \frac{P_j^2}{P_i^2}\frac{Q_j^2}{\sum_k Q_j^k} + \cdots + \frac{P_j^s}{P_i^s}\frac{Q_j^s}{\sum_k Q_j^k}$$

令　　$D_j^k = P_j^k Q_j^k \quad j = 1, 2, \cdots, n; \ k = 1, 2, \cdots, s$　　（5－16）

称为 k 国 j 部门总产出，则有：

$$\overline{r_{ij}} = \frac{1}{\sum_k Q_j^k}\left[\frac{D_j^1}{P_i^1} + \frac{D_j^2}{P_i^2} + \cdots + \frac{D_j^s}{P_i^s}\right]$$

再令 $q_{ij}^k = D_j^k / P_i^k \quad j = 1, 2, \cdots, n; \ k = 1, 2, \cdots, s$，则有：　　（5－17）

$$\overline{r_{ij}} = \frac{1}{\sum_k Q_j^k}[q_{ij}^1 + q_{ij}^2 + \cdots + q_{ij}^s]$$

其中，q_{ij}^k称为 k 国 j 部门产出以 i 部门产品为基准产品的物量。可见，j 产品对 i 产品的平均比价，是所有国际比较参与国以 i 产品为基准产品的 j 部门加总物量对 j 部门的加总产品量的比率。即：

$$\overline{r_{ij}} = \sum_{k=1}^{s} q_{ij}^k / \sum_{k=1}^{s} Q_j^k \quad k = 1, 2, \cdots, s; \ j = 1, 2, \cdots, n \qquad (5-18)$$

代入式（5－12），即：

$$\overline{q_i^k} = \sum_{j=1}^{n}\left[\sum_{k=1}^{s} q_{ij}^k / \sum_{k=1}^{s} Q_j^k\right] Q_j^k \quad k = 1, 2, \cdots, s \qquad (5-19)$$

令：　$\eta_j^k = Q_j^k / \sum_{k=1}^{s} Q_j^k \quad k = 1, 2, \cdots, s; \ j = 1, 2, \cdots, n$　　（5－20）

称为 k 国 j 部门产品占所有参与比较国的 j 部门产品总量的比重。于是式（5－19）写为：

$$\overline{q_i^k} = \sum_{j=1}^{n} \eta_j^k \sum_{k=1}^{S} q_{ij}^k \qquad (5-21)$$

代入式（5－14），即：

$$G_{ib}^k = \overline{P_i^b} \sum_{j=1}^{n} \eta_j^k \sum_{k=1}^{S} q_{ij}^k \qquad (5-22)$$

这就是参与国际比较的 k 国，以 i 产品为基准产品，b 国货币为基准货币，按平均比价计算的比较总产出最终表达式。其货币交换比率由式（5－7）

确定，G_{ib}^{k}由式（5－22）确定，$\overline{q_i^k}$由式（5－21）确定。G_{ib}^{k}与R_{ib}^{k}，k、b＝1，2，…，s；i＝1，2，…，n，与基准货币相关，与基准产品无关，在任意给定货币基准的情况下是唯一确定的。$\overline{q_i^k}$，k＝1，2，…，s；i＝1，2，…，n，是带有 i 产品物质性量纲的国际比较各参与国唯一确定并可以通比的物质产出。$\overline{P_j^k}$，k＝1，2，…，s；j＝1，2，…，n，是国际比较各参与国具有共同标准物量的 j 商品本币价格。

第三节　比价法国际比较应用示例

（1）数据准备。

选 8 个国家总产出进行比较，记为 G^k，k＝1，2，…，8。每个国家选三个产品部门，每个部门分别选一个具有代表性意义的产品为标准产品，统一规格品，经过调查统计，确定其国内平均价格为 P_j^k，j＝1，2，3；k＝1，2，…，8。假定在基本分类 j 内再细分类，然后用比价方法[9]计算出各部门产品折合产量 Q_j^k，j＝1，2，3；k＝1，2，…，8。D_j^k，j＝1，2，3；k＝1，2，…，8，为各国一、二、三产品部门的总产出。上述基本数据如表 5－1 所示。

（2）按定义式（5－2）计算各国三种产品之间的比价体系；按式（5－11）或式（5－18）计算平均比价体系，列于表 5－2。

（3）按式（5－17）计算各国部门产品物量；按式（5－12）或式（5－21）计算各国总产品物量，列于表 5－3。

表 5－3 中第 1 列数据表示各国选第 1 部门产品为基准产品计算的第 1 部门产品物量，很显然，它就是本部门的标准产品的数量；第 2 列数据是用同一基准产品计算的第 2 部门产品物量；第 3 列是第 3 部门的产品物量；第 4 列是用第 1 部门产品为基准产品，经平均比价调整的各国总产品物量。如第 1 部门的产品为标准粮食产品，则部门物量和总物量表示各国部门产品和总产品相当于多少标准粮食单位，带有物质性量纲。各国总产品物量量纲均相同，可以进行直接比较；而且任何国家之间的比值与表 5－5 中相同基准品下对应国家比较总产出的比值是相等的，唯一确定的。表 5－3 中第 5～第 8 列数据的意义类似。如第 2 部门的产品为标准钢产品，则各国部门产品和总产品相当于多少标准钢单位。各国总产品用钢铁单位计算的比值与用粮食单位计算的比值也是相等的。这些充分表达了总产品物量的通比性质。表 5－3 第 9～第 12 列数据性质类似。

表 5－1　　用比价体系方法进行国际比较基本数据

国家 K	货币 M	总产出 G^k	价格 1 P_1^k	标准品 1 Q_1^k	1 部门产出 D_1^k	价格 2 P_2^k	标准品 2 Q_2^k	2 部门产出 D_2^k	价格 3 P_3^k	标准品 3 Q_3^k	3 部门产出 D_3^k
1	2	3	4	5	6	7	8	9	10	11	12
1	M_1	79. 4000	13. 1785	1. 1208	14. 7700	21. 7125	1. 8026	39. 1400	10. 5880	2. 4074	25. 4900
2	M_2	180. 6100	6. 7474	7. 8697	53. 1000	11. 1602	3. 9972	44. 6100	5. 4316	15. 2625	82. 9000
3	M_3	49. 5200	1. 8410	4. 5735	8. 4200	3. 0267	6. 0858	18. 4200	2. 2171	10. 2294	22. 6800
4	M_4	28. 0000	5. 5350	0. 8853	4. 900	9. 3360	1. 1911	11. 1200	4. 2400	2. 8255	11. 9800
5	M_5	82. 3000	1. 7132	8. 1718	14. 000	2. 3884	9. 0270	21. 5600	2. 5410	18. 3943	46. 7400
6	M_6	90. 0000	1. 9768	3. 8446	7. 6000	3. 2569	7. 9523	25. 9000	1. 6940	33. 3530	56. 5000
7	M_7	84. 1900	9. 0932	2. 1335	19. 4000	14. 5474	1. 5164	22. 0600	9. 3560	4. 5671	42. 7300
8	M_8	37. 5500	2. 7675	1. 4815	4. 1000	4. 1254	4. 9886	20. 5800	2. 9650	4. 3406	12. 8700
$\sum$	—	—	—	30. 0806	—	—	36. 5611	—	—	91. 3800	—

注：计算单位：价值单位，均按各国本币表出；产品单位，各国基本规格品统一计量。

表 5－2　各国以不同基准产品计算的比价体系

比较国 K	选 1 品为基准品			选 2 品为基准品			选 3 品为基准品		
	r_{11}^k	r_{12}^k	r_{13}^k	r_{21}^k	r_{22}^k	r_{23}^k	r_{31}^k	r_{32}^k	r_{33}^k
	1	2	3	4	5	6	7	8	9
1	1	1. 6476	0. 8034	0. 6070	1	0. 4876	1. 2447	2. 0507	1
2	1	1. 6540	0. 8050	0. 6046	1	0. 4867	1. 2422	2. 0547	1
3	1	1. 6440	1. 2043	0. 6083	1	0. 7325	0. 8304	1. 3652	1
4	1	1. 6867	0. 7660	0. 5929	1	0. 4542	1. 3054	2. 2019	1
5	1	1. 3941	1. 4832	0. 7173	1	1. 0639	0. 6742	0. 9399	1
6	1	1. 6476	0. 8569	0. 6070	1	0. 5201	1. 1669	1. 9226	1
7	1	1. 5998	1. 0289	0. 6251	1	0. 6431	0. 9719	1. 5549	1
8	1	1. 4907	1. 0714	0. 6708	1	0. 7187	0. 9334	1. 3914	1
平均比价 $\bar{r}_{ij}$	1	1. 5630	1. 0278	0. 6405	1	0. 6605	0. 9833	1. 5293	1

表 5 - 3　　各国对不同基准产品的部门产品物量和总产品物量

比较国 K	选 1 品为基准品				选 2 品为基准品				选 3 品为基准品			
	q_{11}^{k}	q_{12}^{k}	q_{13}^{k}	$\overline{q_{1}^{k}}$	q_{21}^{k}	q_{22}^{k}	q_{23}^{k}	$\overline{q_{2}^{k}}$	q_{31}^{k}	q_{32}^{k}	q_{33}^{k}	$\overline{q_{3}^{k}}$
	1	2	3	4	5	6	7	8	9	10	11	12
1	1. 1208	2. 9700	1. 9342	6. 4167	0. 6803	1. 8026	1. 1740	4. 1131	1. 3950	3. 6966	2. 4074	6. 2703
2	7. 8697	6. 6114	12. 2862	29. 7574	4. 7580	3. 9972	7. 4282	19. 0885	9. 7761	8. 2130	15. 2625	29. 0686
3	4. 5735	10. 0052	12. 3192	24. 6012	2. 7819	6. 0858	7. 4933	15. 7726	3. 7977	8. 3080	10. 2294	24. 0358
4	0. 8853	2. 0090	2. 1644	5. 6467	0. 5249	1. 1911	1. 2832	3. 6215	1. 1557	2. 6226	2. 8255	5. 5135
5	8. 1718	12. 5846	27. 2823	41. 1712	5. 8617	9. 0270	19. 5696	26. 4003	5. 5096	8. 4848	18. 3943	40. 2204
6	3. 8446	13. 1020	28. 5815	50. 4441	2. 3335	7. 9523	17. 3478	32. 3730	4. 4864	15. 2893	33. 3530	49. 1892
7	2. 1335	2. 4260	4. 6991	9. 1868	1. 3336	1. 5164	2. 9373	5. 8924	2. 0735	2. 3578	4. 5671	8. 9736
8	1. 4815	7. 4363	4. 6504	13. 7641	0. 9938	4. 9886	3. 1197	8. 8199	1. 3828	6. 9410	4. 3406	13. 4504
$\sum$	30. 0806	57. 1446	93. 9173	180. 99	19. 2675	36. 5611	60. 3530	116. 08	29. 5769	55. 9133	91. 3800	176. 72

(4) 按式 (5－13) 计算各国经平均比价调整后的基准产品国际比较价格，列于表5－4。

表5－4　各国不同基准产品的国际平均比较价格（以各国本币计算）

比较国 K	选1品为基准品 $\overline{P}_1^k$	选2品为基准品 $\overline{P}_2^k$	选3品为基准品 $\overline{P}_3^k$
	1	2	3
1	12.3740	19.3039	12.6628
2	6.0694	9.4617	6.2132
3	2.0129	3.1396	2.0603
4	4.9587	7.7315	5.0785
5	1.9990	3.1174	2.0462
6	1.7842	2.7801	1.8297
7	9.1642	14.2878	9.3820
8	2.7281	4.2574	2.7917

表5－4只列基准产品的平均比较价格。其第1列数据表示选第1部门产品为基准产品，以各国本币表示的国际比较价格。第2、第3列类推。运用国际平均比价体系，可计算各国其他产品的比较价格。这里，之所以称为国际比较价格，是因为其基准产品已按国际平均比价体系折合为国际统一标准物量。这个标准物量相当于购买力平价法中的标准“商品篮子”。只是它们的构造方法不一样，量纲不一样。而且，单位基准产品的价格，由于各国货币单位不同，表价就不同；但它们的物量已经标准化，因此已充分具备可比性了。表5－4每列数据中不同国家的价格比值已经是它们的货币交换比率。如以第1部门产品为基准品，1国货币为基准币，用12.3740去除以各国价格，即可得到表5－6第1列数据。其他列以此类推。很显然，这组价格与原始数据表1的价格比较，发生了改变。变化的一般规律是：当原始价格被高估时，比较价格会下降；当原始价格被低估时，比较价格会上升。例如，发展中国家一般会高估一、二产业价格，低估三产价格，因此，一、二产业比较价格会下降，三产价格会上升；发达国家一般会低估一、二产业价格，高估三产价格，故一、二产业价格会上升，三产价格会下降。表5－1

数据中，第1、第2、第4、第6行带有发展中国家的特点，第3、第5、第7、第8行带有发达国家的特点。三个产品部门带有三大产业的特点。这些可以通过对比表5－2的比价体系和平均比价体系，以及对比表5－4的比较价格得出结果。

（5）按式（5－22）计算各国以不同国家货币为基准货币的比较总产出，列于表5－5。

表5－5　　各国以不同基准产品和不同基准货币的比较总产出

比较国K	选1品为基准品			选2品为基准品			选3品为基准品		
	1国为基准币 G_{11}^k	4国为基准币 G_{14}^k	8国为基准币 G_{18}^k	1国为基准币 G_{21}^k	4国为基准币 G_{24}^k	8国为基准币 G_{28}^k	1国为基准币 G_{31}^k	4国为基准币 G_{34}^k	8国为基准币 G_{38}^k
	1	2	3	4	5	6	7	8	9
1	79.3996	31.8181	17.5053	79.3996	31.8009	17.5113	79.3997	31.8438	17.5050
2	368.2154	147.5565	81.1805	368.4810	147.5829	81.2672	368.0879	147.6241	81.1514
3	304.4130	121.9887	67.1140	304.4724	121.9464	67.1503	304.3591	122.0653	67.1013
4	69.8715	27.9999	15.4046	69.9094	27.9999	15.4183	69.8154	27.9999	15.3920
5	509.4489	204.1536	112.3183	509.6266	204.1142	112.3964	509.3001	204.2582	112.2841
6	624.1916	250.1349	137.6157	624.9239	250.2927	137.8248	622.8687	249.8057	137.3224
7	113.6769	45.5542	25.0624	113.7467	45.5575	25.0864	113.6298	45.5720	25.0517
8	170.3164	68.2516	37.5497	170.2575	68.1911	37.5497	170.3186	68.3074	37.5497

表5－5数据 $G_{11}^1=79.3996$，是比较1国以1部门产品为基准产品、1国货币为基准货币计算的比较总产出。很显然，它就是该国原来的总产出。$G_{38}^2=81.1514$，是比较2国以3部门产品为基准产品、8国货币为基准货币的比较总产出。其余类推。可以看出，除去小数后3位运算误差外，第1、第4、第7列，第2、第5、第8列，第3、第6、第9列，每3列数基本上是相等的。这说明，在表5－1基本数据下，运用比价体系方法，只要基准货币一旦选定，其比较总产出与基准产品选择无关，是唯一确定的。

（6）按（5－7）式，可计算各国对不同基准货币的货币交换比率，列于表5－6。

表 5-6　　各国货币对不同基准货币的交换比率

比较国K	选 1 为基准产品			选 2 为基准产品			选 3 为基准产品		
	R_{11}^k	R_{14}^k	R_{18}^k	R_{21}^k	R_{24}^k	R_{28}^k	R_{31}^k	R_{34}^k	R_{38}^k
	1	2	3	4	5	6	7	8	9
1	1.0000	0.4007	0.2205	1.0000	0.4005	0.2205	1.0000	0.4011	0.2205
2	2.0387	0.8170	0.4495	2.0402	0.8171	0.4500	2.0380	0.8174	0.4493
3	6.1473	2.4634	1.3553	6.1485	2.4626	1.3560	6.1462	2.4650	1.3550
4	2.4954	1.0000	0.5502	2.4968	1.0000	0.5507	2.4934	1.0000	0.5497
5	6.1901	2.4806	1.3647	6.1923	2.4801	1.3657	6.1883	2.4819	1.3643
6	6.9355	2.7793	1.5291	6.9436	2.7810	1.5314	6.9208	2.7756	1.5258
7	1.3502	0.5411	0.2977	1.3511	0.5411	0.2980	1.3497	0.5413	0.2976
8	4.5357	1.8176	1.0000	4.5342	1.8160	1.0000	4.5358	1.8191	1.0000

表 5-6 数据 $R_{11}^1=1$，是比较 1 国以 1 部门产品为基准产品，以本国货币为基准货币的交换比率；$R_{38}^2=0.4493$，是比较 2 国以 3 部门产品为基准品，以 8 国货币为基准币的货币交换比率。其余类推。很显然，当基准币变动时，其货币交换比率即发生变化。但是，第 1、第 4、第 7 列，第 2、第 5、第 8 列，第 3、第 6、第 9 列，每 3 列除去小数点后 3 位有误差外，基本上也是相等的。这说明，只要比价体系一定，基准货币一定，其货币比率就是一定的。

第四节　比价法与平价法简要对比及结论

本章提出了一种基于比价体系特殊性质的国际比较方法，称为比价体系法。与购买力平价法比较，它们有许多相通的地方，例如都使用比价、物量、国际价格，都可以求出比较总产出和货币交换率。但是，它们有以下主要区别与不同，如表 5-7 所示。

表 5-7　　比价体系法与购买力平价法的数学模型构造异同点比较

指标或项目	比价法		平价法（以 G-K 法为例）	
	数学表达式	含义	数学表达式	含义
理论依据		开放条件下不同国家的商品比价具有：趋同性、无技术差异性、无货币量纲性		不同国家同一篮子商品的货币购买支出应等价
比价	$r_{ij}^{k}=\frac{p_j^k}{p_i^k}$	同一国家 K 国，两种不同商品 j 与 i 的比价，称为 j 对 i 商品的比价	$PP_j=\frac{p_{ij}}{p_{ib}}$	两个不同的国家 j 和 b（基准货币国），在同一种商品 i 上的比价。称为 i 商品购买力平价
物量	$\overline{q}_i^k=\sum_{i=1}^{n}\overline{r_{ij}}Q_j^k$	k 国总产品以国际平均比价计算的带 i 产品物质量纲的总物量，可以加总，可以通比，有实物量	$q_{ij}=\frac{E_{ij}}{PP_{ij}}$	j 国 i 商品折算量用基准国货币计量的价值量，带价值量纲而不带物质量纲，没有实物量
国际价格	$\overline{p}_i^k=G_i^k/\overline{q}_i^k$	不同国家经标准化了的同一种产品的本币价格，带价格量纲，可以通比	$\pi_i=\sum_{j=1}^{n}(pp_{ij}/ppp_j)q_{ij}/\sum_{j}^{n}q_{ij}$	物量 q_{ij} 的加权系数，不带任何量纲
国际比较总产出	$G_{ib}^k=\overline{q}_i^k\overline{p}_i^b$	k 国以 i 商品为标准的国际标准物量按基准货币国 b 价格计算的比较总产出	$RGDP_j=\sum_{i=1}\pi_i q_{ij}$	j 国 i 商品按基准货币国 b 计算的价值量经加权系数调整加总的比较总产出
货币交换率	$R_{ib}^k=G_i^k/G_{ib}^k$	k 国以本币计算的总产出对以基准货币计算的总产出的比	$PPP_j=GDP_j/RGDP_j$	与比价法相同
模型构造		两种方法指标表达式和含义 1~5 点不同，第 6 点相同		两种方法指标表达式和含义 1~5 点不同，第 6 点相同
解模方法		线性直解		迭代求解

（1）理论依据不同。平价法的依据是同一种“商品篮子”不同国家的货币支出反映的各国货币交换比率；比价法的依据是不同国家内同两种商品之间的比价具有趋同性、无技术差别性和无货币量纲性。

（2）比较指标的含义不同。主要为比价、物量、国际价格的定义不同。由表5－7第2、第3、第4行表达式及其释义可知，平价法的比价是同一种商品在不同国家之间的价格比；其物量是比较j国i类商品折算量用基准国货币计算的价值量；其国际价格是不带任何量纲的纯比例系数。而由式（5－2）、式（5－17）、式（5－4）、式（5－13）、式（5－15）可知，比价法的比价是同一国家内两种不同商品的价格比；其物量是用平均比价折算的标准化的带物质性量纲而不带价值性量纲的物质量，可以直接加总，可以进行国际通比；其国际价格是带价格量纲的、不同国家经标准化的同一种物量的本币价格，是可以进行国际通比的真正意义上的“国际价格”。这三个指标是国际比较中的具有重要意义的比较指标，是比价法的突出优势。

（3）模型构造不同。由于比较指标定义不同，两种模型的构造也就是表达式不同。

（4）解模方法不同。平价法要用迭代法求解，虽然完全可以实现，但在比较规模较大的情况下，解模仍然较繁复；而比价法不用迭代法求解，解模更为简便。

必须指出的是，这两种方法得到的比较总产出和货币交换比率应该接近或相差不太大；否则，两种方法中必有一种是不可靠的。我们用这两种方法分别进行了计算，发现结果已经很接近。说明两者都有效，或有相通，或者等价。当然，比价法在另外一些方面还未能摆脱平价法存在的一些问题，诸如产品规模、品种、质量一致性问题，消费行为、产业结构差异问题等。这些问题事实上不是模型方法问题，而是任何比较方法都要碰到的信息源和基础数据处理问题。

本章主要参考文献

[1] 余芳东．人均国民生产总值国际比较的方法和问题［J］．统计研究，1993（3）：67－70. DOI：10. 19343/j. cnki. 11－1302/c. 1993. 03. 013.

[2] 郑京平．中国的人均GDP到底为多少美元——兼析尚未解决的世界难题：国际比较［N］．经济学消息报，1996－09－13（01）.

［3］邵宗明．联合国国际比较项目手册［M］．北京：档案出版社，1993.

［4］王成岐．联合国国际比较项目 ICP 若干问题研究［M］．沈阳：东北财经大学出版社，1994.

［5］邱东，杨仲山，等．当代国民经济统计学主流［M］．沈阳：东北财经大学出版社，2004.

［6］任若恩，陈凯，韩月娥．中美国民生产总值的双边比较［M］．北京：航空工业出版社，1992：11.

［7］郭熙保．购买力平价与我国收入水平估计——兼评克拉维斯对中国收入的估计结果［J］．管理世界，1998（4）：64－75＋219. DOI：10.19744/j. cnki. 11－1235/f. 1998. 04. 008.

［8］、［9］王志国．一种计算国民产品系统理论价格的线性模型［J］．江西经济管理学院学报，1998（1）.

第六章

物流场论及其在经济分析中的应用*

摘　要　本章提出存在于人类生产活动中的一种“场”现象——物流场及其运动规律的概念体系和分析方法。按照某种有序方法将规模不等的人类生产或居住地连接起来的物流运动，构成一个物流场（GMFF）。物流场是人类活动物质联系的一种基本形式。物流场的概念体系主要包括：物流场强度（IGMFF）、物流位势（PGMF）和物流密度（DGMF）。物流场理论可以分析一定区域上的经济和社会发展问题，特别是地理、国土开发和交通经济问题。本章运用物流场理论和方法进行了实际样本分析，包括：(1) 对我国1949～1985年的物流场变化与经济发展情况的相互关系进行了分析，模拟提出了我国物流场与经济发展相互关系的数学规律。(2) 分析提出了我国物流场和经济发展水平的分布规律及其与生产力布局的对应关系。(3) 分析了美国、苏联、日本等7个国家20世纪70年代以来物流场的演变及其与经济发展水平的关系。(4) 运用物流场、物流位势方法分析界定一个城市的经济势力范围——经济腹地。

关键词　物流源点　物流场　物流场强度　物流位势　物流密度　经济势力范围划分

---

* 注：本章内容发表于《地理学报》1990年（第45卷）第1期；中国人民大学复印报刊资料K91《中国地理》1990年第4期全文收录；获1991年江西省青年社科优秀成果奖一等奖。

Chapter 6　Theory of Goods and Materials Flow Field and Its Application in Economic Analysis

Abstract　This chapter proposes the concept system and analysis method of a "field" phenomenon existing in human production activities—logistics field and its motion law. A logistics movement that connects place of human production or habitation of different scales in an orderly way, constitutes a goods and material flow field (GMFF). GMFF is a basic form of material connection of human activities. The important concepts of GMFF theory includes: intensity of GMFF (IGMFF), potential energy of GMF (PGMF), density of GMF (DGMF). GMFF can be used to analyze the economic and social development problems in a certain area, especially the problems of geography, land development and transportation economy. GMFF are used to conduct real sample analysis here.

(1) The relationship between the change of GMFF and economic development in China from 1949 to 1985 is analyzed, and the mathematical law of the relationship between Chinese GMFF and economic development is simulated.

(2) The distribution law of Chinese GMFF and economic development level and its corresponding relationship with the distribution of productivity are put forward.

(3) Analyzed the evolution of GMFF and its relationship with the level of economic development in seven countries including the United States, the Soviet Union and Japan since the 1970s.

(4) Use GMFF and PGMF to analyze and define the economic sphere of influence of a city—the economic hinterland.

Keywords　Points of Goods and Materials Flow Source (GMFS)　Goods and Materials Flow Field (GMFF)　Intensity of GMFF (IGMFF)　Potential of GMF (PGMF)　Density of GMF (DGMF)　Economic Sphere of Influence Dividing

第一节　物流场概念及其基本性质

1. 物流场概念

人类为了生存和发展所进行的一切活动中所发生的物质位移，都叫作物流。把产生物流的人类生产点或居住点称为物流源点，记为 D_0。在一定区域 Ω 内，按照某种有序方法（如按物流规模的大小排列）连接若干个规模不等的源点的物流运动，就构成一个物流场。

物流场的本质是人类活动的物质联系基本形式，如同物理场是传递物质相互作用的基本形式一样，物流场是传递人类社会所有关系的一种基本形式，是人类社会每一个单元作为一个开放系统与外界进行物质、信息交换的一种最一般的描述，由它实现着社会和生产力发展的最一般过程。广义的物流场应包括人类所有活动的物质位移在内，狭义的物流场是人类生产和经济活动的货物质位移。这里讨论的是狭义上的物流场。由于人类不能独立生存于一个没有物质交换的孤点，由此决定一个源点不能构成物流场。按照运输方式的不同，可以作出不同种类的物流轨线。依据物流手段、物流范围、物流内容的不同，可以划分出不同类型的物流场或分量场。

2. 物流场强度

物流场不像物理学中的“场”那样各向均衡。有必要在物流源点周围划定一个范围，称为邻域，把其中的物流场仍看作均匀的，用这个邻域的物流来表征该点的情况。称区域 Ω 内，一定时期流经 D 点的物流输运重量为该点的物流量，物流量与运载路程的乘积为物流功。通常物流量用货运量表征，记为 Q，物流功用货物周转量表征，记为 P。D_0 点的物流功可写为：

$$P = QL = \sum_{j} Q_{0-j}L_j \qquad (6-1)$$

其中，Q_{0-j}为源点 D_0 与 D_j 之间的双向物流量的和；L_j 为其间的物流输运路程；Q，L 是 Q_{0-j}和 L_j 组成的行向量和列向量。

考虑货物质位移客观上存在方向，所以物流量规定为矢量。其方向由两源点之间所发生的物流量大小决定，沿物流线指向净流出方向。物流源点

D_0 的物流方向如图 6－1 所示，其中，D_0 在 D_2，D_5 方向上有净流出，在 D_1，D_4 方向上有净流入，在 D_3 方向上流出流入平衡。

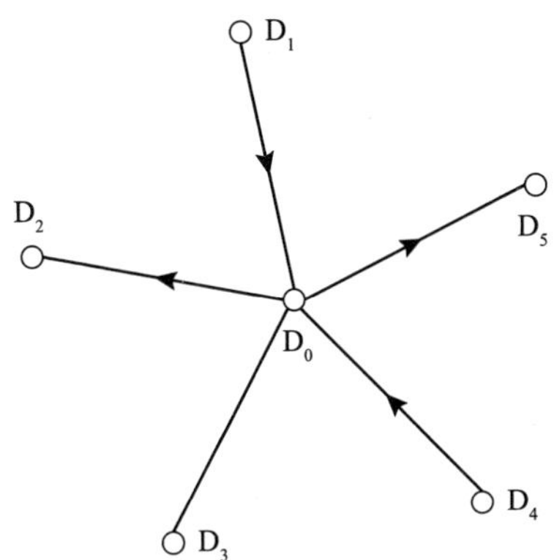

图 6－1　物流源 D_0 与周围源点的物流方向

物流场强度定义如下。

设 G 为反映区域 Ω 的经济发展水平的某种总量指标，对于 Ω 上任意一点 D，考虑其上的微元 dG 与 dP，称：

$$\mathbf{E} = \frac{dG}{dP}\mathbf{n} \tag{6-2}$$

为该点的物流场强度，称：

$$\overline{\mathbf{E}} = \frac{\int_{\Omega} dG}{\int_{\Omega} dP}\mathbf{n} = \frac{G}{P}\mathbf{n} \tag{6-3}$$

为 Ω 上的物流场平均强度。

物流场规定为矢量场，方向由 **n** 决定。**n** 为单位方向矢，其大小为 1，指向与 D 点或 Ω 上的物流量方向一致。式（6－3）表明，物流场强度是一定时间内单位物流功所创造的生产总量。其量纲为货币单位/货物周转量单位。

考虑多个区域或多个分量场连接起来后的物流场，其平均场强度为各区域或各分量场平均场强与物流功的加权平均和，即：

$$\overline{\mathbf{E}} = \frac{\sum_i G_i}{\sum_i P_i}\mathbf{n} = \sum_i \frac{P_i}{\sum_i P_i}\overline{\mathbf{E_i}} \tag{6-4}$$

物流场强度是物流场概念的基本描述，也是物流场对相应区域经济和社会发展的作用力或物流场效应的基本度量。E 值越大，说明作用力越强，物流利用水平越高；但不能断定生产力发展水平越高。一般来说，E 值大小要受该区域生产力布局，社会生产的投入产出效果，产业结构和生产力发展阶段的影响。自然经济、工业化经济、后工业化经济对物流量的需求水平是不一致的。实际中可以区别不同水平层次，分析一些区域诸如上述方面的情况和问题。

3. 物流位势

物流在源点间的双向运动，客观上呈现一定量，其大小反映了源点间经济地位或势力的大小。由此可以规定物流位势的概念。

设区域 Ω 物流源 D_i、D_j，称：

$$U_{ij}=\frac{Q_{i-j}}{Q_j} \tag{6-5}$$

为 D_j 对 D_i 的物流相对位势；称：

$$U_{ij}^{\parallel}=\frac{Q_{i-j}}{Q_i} \tag{6-6}$$

为 D_j 对 D_i 的物流绝对位势。

显然，对任意两个源点来说，U_{ij}在［0，1］上取值。U_{ij}越大，说明 D_j 与 D_i 发生的物流越多，D_j 对 D_i 的位势越高；反之越低。当 $U_{ij}=0$ 时，表明两点之间没有物流发生，不存在位势；当 $U_{ij}=1$ 时，表明源点 D_j 的全部物流与 D_i 发生，称 D_j 为 D_i 的附点。$U_{ij}^{\parallel}$ 的情形与 U_{ij}类似。这时把 D_i 扩展为 Ω 是有意义的。

一般来说，称为附点的都是全部物流线的终端。当两个源点互为附点时，说明它们组成了一个封闭系统。

物流位势反映了物流源点之间的相互经济引力关系。由此可以用来划分各个源点的经济引力范围或经济腹地范围。

4. 物流密度与国土开发水平

设区域 Ω 上任意一点 D，面积元 dS 上通过的物流功为 dP，称：

$$\lambda=\frac{dP}{dS} \tag{6-7}$$

为该点的物流密度；称：

$$H = \frac{dG}{dS} \tag{6-8}$$

为该点的国土开发水平。

物流密度反映一定区域或某点上的物流规模；国土开发水平反映其上的经济发展水平。仿照式（6－3），可以规定它们的平均指标。事实上，在分析实际问题时，通常只需要分析其上的平均状态即可。在本章第二节里使用物流场强度、物流密度、国土开发水平等都是它们的平均指标。

由式（6－7），式（6－8），D 点上的场强大小可表为：

$$E = \frac{dG}{dP} = \frac{dG/dS}{dP/dS} = \frac{H}{\lambda}$$

即：

$$H = \lambda E \tag{6-9}$$

这就是国土开发水平与物流密度，物流场强度的普遍关系。

物流场是引用物理学和数学上的场方法论[1][2]来研究地理、交通经济问题。物流场能否作为物理场那种物质实体存在还有待深讨；但物流场数量特征却与数学场论有很大一致性。这方面，建立上述概念与特征指标体系是有重要意义的。

第二节　物流场理论在经济分析中的几点应用

物流场理论可以分析下述经济和技术问题。

（1）分析一个国家或地区的物流技术装备情况；

（2）分析一定区域的生产力布局和社会发展情况；

（3）分析中心城市的经济腹地或经济引力范围；

（4）利用物流与经济发展的因果关系，对经济社会发展前景进行预测，为制定交通发展战略提供依据，等等。

以下试举例子予以说明。

1. 新中国成立以来物流场变化和经济发展情况简析

表 6－1 是新中国成立以来重要时期的物流场变化和经济发展主要指标情况。据此作出我国 1949～1985 年物流场强度变化曲线（见图 6－2），物流密

度和国土开发水平发展曲线（见图6－3）。可以看出有两个显著特点。

（1）物流密度和经济发展水平高度相关。1949 年以来，我国生产力发展水平逐步提高，物流密度相应增大。λ 值年递增 12.6%，H 值年递增 9.6%，两者高度相关，R^2 =0.9654，表明 H 值有 97% 要受 λ 值变化影响。

表 6－1　　1949～1985 年物流场变化和经济发展情况

年份	货物周转量 P（亿吨·千米）	物流密度 λ（万吨·千米/平方千米）	社会总产值 G（亿元）	国土开发水平 H（万元/平方千米）	物流场强度 E（元/吨·千米）
1949	255	0.27	548	0.57	2.15
1952	762	0.79	1015	1.06	1.33
1957	1810	1.89	1735	1.81	0.96
1962	2236	2.33	1701	1.77	0.76
1965	3463	3.61	2621	2.37	0.76
1970	4565	4.76	4091	4.26	0.90
1975	7297	7.60	5824	6.07	0.80
1976	6904	7.19	5905	6.15	0.86
1977	7969	8.30	6513	6.78	0.82
1978	9829	10.24	7367	7.67	0.75
1979	11384	11.86	7993	8.33	0.70
1980	12026	12.53	8665	9.03	0.72
1981	12143	12.65	9064	9.44	0.74
1982	13049	13.59	9925	10.34	0.76
1983	14044	14.63	10947	11.40	0.78
1984	15694	16.35	12556	13.08	0.80
1985	18087	18.84	14627	15.24	0.81

注：G 值以 1952 年价格计算。
资料来源：《中国统计年鉴》（1986 年）。

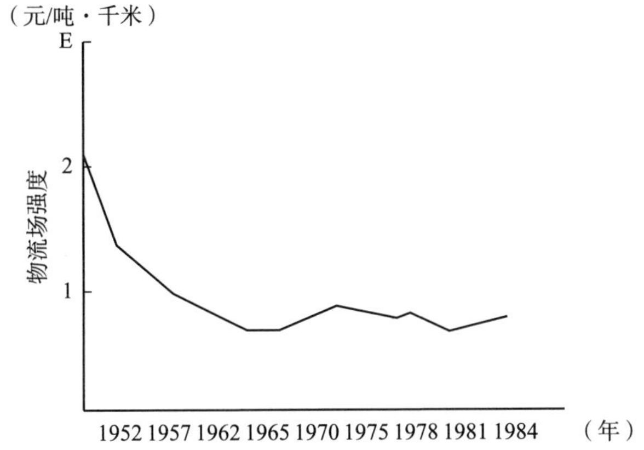

图 6-2　1949 年以来我国物流场强度变化曲线

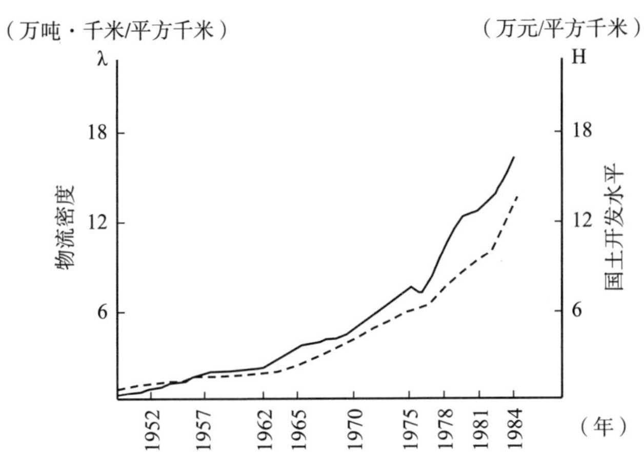

图 6-3　1949 年以来我国物流密度和国土开发水平发展曲线

（2）物流场强度变化与我国经济及生产发展实际呈现良好的一致性。新中国成立初期，我国生产力发展水平较低，经济发展对物流场需求处于低层次水平上；故这个时期物流场强度极高，1949 年为 2.15。以后大规模社会主义建设开始，大型工业、重工业和原材料工业大量兴建，物流量需求增加很快，E 值以年递减 7.7% 的速度下降到 1962 年的 0.76 水平上。1962 ~ 1965 年，我国经济发展经调整后，处于一个相对稳定的阶段，E 值也表现为稳定在 1962 年的水平上。1966 ~ 1976 年，一方面我国经济发展速度减缓，大规模基础工业建设速度放低；另一方面经济结构仍然偏重于重工业；

同时，1960年代后期1970年代前期，生产力布局上明显考虑战争因素，反映在物流场强度上就出现了，前期E值有所回升，但总的看10年内E值在0.8～0.9之间波动。1976～1979年，我国大规模基础工业建设开始上马，物流量需求进一步增大，场强度继续下降，到1979年达到最低点0.7。1979年以后，我国完成战略重心转移，一方面在改革中调整经济结构，生产力布局得到优化；另一方面，经过30多年的建设积累，工业化水平显著提高，生产力开始向高一层次发展，经济发展速度加快，发展势头也较为稳定。这时，物流场强度开始走出低谷，以相当均衡的速度，年递增2.5%，标准差$\sigma=0.00135$，上升到1985年的0.81。

2. 我国物流场与经济发展相互关系的数学规律

（1）物流密度与国土开发水平的因果关系。根据表6－1数据和图6－2的式样，选用1965～1985年数据，回归出λ与H的线性关系[①]：

$$\lambda=0.2536+1.2605H \tag{6-10}$$

回归检验参数：$R^2=0.97998$，$T=23.20$，$D.W=0.82$

各检验参数值表明式（6－10）的回归效果是显著的。利用式（6－10），可以根据我国经济发展规划对交通运输总量提出要求，从而为制定交通运输的发展战略提供指导依据。

根据式（6－7）和式（6－8）确立的关系，式（6－10）可写为：

$$P=243.456+1.2605G \tag{6-11}$$

这就是我国社会总产值与货物总周转量的线性关系。

（2）物流场强度的发展模型。根据我国经济发展现实和21世纪初远景规划设想，参照世界其他国家物流场强发展所达到的程度，今后我国物流场强度的发展趋势是：近5～10年内缓慢增长，以后5～10年内可能是一个较快增长阶段。取1979～1985年数据，分别用直线、二次曲线和指数曲线模拟，最终确定，在一定时期（如20年）内，下述指数曲线说明性好：

$$E=0.7576e^{0.2505t} \tag{6-12}$$

$$R^2=0.9925,\ T=25.99,\ D.W=1.38$$

其中，t为时序变量。1990年：$E_{t=8}=0.9257$；2000年：$E_{t=18}=1.18292$。

---

① 式（6－9）只是表示国土开发水平和物流密度在单位时间里的一般关系。考虑时间序列中物流场强度的变化因素，这里用带常数项的直线来模拟$\lambda=f(H)$。

这些数据可以用来分析确定我国在未来时期物流规模，生产力布局、结构，以及作为一定时期考核交通运输经济宏观效果的参考标准等。

使用式（6-11）和式（6-12），在物流场强度缓慢增长阶段，两者结果较为接近；但在加速增长阶段，两者差距就拉大了。这主要是直线回归不能反映E值加速增长的趋势。这时，使用指数增长模型可能较为适宜。本章用两种模型分别测定1986年全国货物总周转量和物流场强：$P_{测}=20359$亿吨·千米，$E_{测}=0.8374$。实际值$P_{实}=19715$亿吨·千米，$E_{实}=0.8094$，相对误差分别为3.27%、3.45%。

3. 我国物流场和经济发展水平的分布规律及其与生产力布局的对应关系

我国境内29个省（区、市）1985年的物流场和经济发展情况经计算如表6-2所示。按经济发展水平分组，可作表6-3。

表6-2　　1985年我国各省份物流场强度和经济发展情况

省份	S	P	G	λ	H	E	省份	S	P	G	λ	H	E
北京	1.68	209.5	372.1	124.7	221.5	1.78	河南	16	788.3	642.6	49.3	40.2	0.82
天津	1.1	203	338.3	184.5	307.5	1.67	湖北	18	416.9	659.5	23.2	36.6	1.58
河北	19	1043	603.2	54.9	31.7	0.58	湖南	21	444.5	513.1	21.2	24.4	1.15
山西	15	329	301	21.9	20.1	0.92	广东	22	184.3	823.1	8.4	37.4	4.47
内蒙古	110	425.2	183.9	3.9	1.7	0.43	广西	23	234.6	247.3	10.2	10.8	1.05
辽宁	15	857.2	889	57.1	59.3	1.04	四川	56	351.8	844.5	6.3	15.1	2.4
吉林	18	337.6	324.6	18.8	19.0	1.01	贵州	17	140.7	167.5	8.3	10.0	1.19
黑龙江	46	583.6	506.3	12.7	11.0	0.87	云南	38	85.8	225	2.3	5.9	2.62
上海	0.58	70.6	894.1	121.6	1541.6	12.68	西藏	120	3.5	12.4	0.029	0.1	3.54
江苏	10	411.7	1323.4	41.2	132.3	3.21	陕西	19	253.3	271.3	13.3	14.3	1.07
浙江	10	236.6	724.5	23.7	72.5	3.06	甘肃	39	266.8	175.2	6.8	4.5	0.66
安徽	13	381.6	474.9	29.3	36.5	1.25	青海	72	24.4	34.9	0.34	0.48	1.43
福建	12	119.7	272.2	10.0	22.7	2.27	宁夏	6.6	56.5	36.3	8.6	5.5	0.64
江西	16	185.1	295.6	11.6	18.5	1.6	新疆	160	86.9	144	0.54	0.9	1.66
山东	15	428	1018.2	28.5	67.9	2.38							

注：表中：S——面积（万元/平方千米）；P——货物周转量（亿吨·千米）；G——工农业总产值（亿元）。

资料来源：表中S、P、G数据来源于《中国统计年鉴》（1986年）。

表6－3基本上展现了我国物流场和经济发展的分布规律，大体上反映了我国“七五”规划中关于西、中、东部三个经济带的划分[①]，即对应着物流密度东、中、西三部梯度分布，国土开发水平也为三部梯度分布。λ，H值的对应关系为，东部地带：$\lambda \geqslant 24$，$H \geqslant 30$；中部地带：$8 \leqslant \lambda < 24$，$10 \leqslant H < 30$；西部地带：$\lambda < 8$，$H < 10$，但λ，H对应关系中有几处例外：宁夏、贵州λ值属于中部地带，但H值却属于西部地带，四川则刚好相反；广东、湖北λ值属于中部地带，H值则属于东部地带。根据式（6－9），可知这种例外表现为E值发展的极不均衡性。即宁夏E值较低，而四川则较高；同理，广东E值较高。如表6－3所示。

表6－3　　按经济发展水平分组我国物流场强度情况

Ⅰ		Ⅱ		Ⅲ	
H＜10	E	10≤H＜30	E	H≥30	E
内蒙古	0.43	黑龙江	0.87	河北	0.58
宁夏	0.64	山西	0.91	河南	0.82
甘肃	0.66	吉林	1.01	辽宁	1.04
贵州	1.19	广西	1.05	安徽	1.25
青海	1.43	陕西	1.07	湖北	1.58
新疆	1.66	湖南	1.15	天津	1.67
云南	2.62	江西	1.60	北京	1.78
西藏	3.54	福建	2.27	山东	2.38
		四川	2.40	浙江	3.06
				江苏	3.21
				广东	4.47
				上海	12.68

① “七五”规划关于我国三个经济带是根据地理、资源和现有经济发展水平来划分的；而λ，H值主要反映经济发展水平。因此，这两种方法的结果有一定出入。为方便起见，这里仍用三个经济带来表示λ、H的分布。

除上述外，西部地带的西藏、新疆、青海因为经济发展水平较低，E 值高表现为生产力发展低一层次。东部地带的上海以及江苏是我国经济较为发达，物流效率较高的地区。

4. 世界若干国家 20 世纪 70 年代以来物流场和经济发展情况

利用《世界经济年鉴》（1981～1984 年）提供的资料，选取美、苏、日等七国 1970～1982 年物流（货物）周转量和国内生产总值数据。据此计算出各国的 λ、H、E 三组值（见表 6－4），作出它们的波动曲线。

表 6－4　　1970～1982 年世界若干国家物流场变化和经济发展情况

国家	项目	1970 年	1975 年	1976 年	1977 年	1978 年	1979 年	1980 年	1981 年	1982 年
美国 S＝937.26	P	29378	37028	40612	45571	46481	46456	43206	39920	37268
	λ	31.35	39.51	43.33	48.62	49.59	49.57	46.1	42.59	39.76
	G		15388	16142	17004	17804	18204	18158	18820	18296
	H		16.42	17.22	18.14	18.996	19.42	19.37	20.08	19.52
	E		0.42	0.4	0.37	0.38	0.39	0.42	0.47	0.49
苏联 S＝2240.22	P	31741	44642	46795	48601	51211	51335	53360	54850	55007
	λ	14.17	19.93	20.89	21.69	22.86	22.92	23.82	24.48	24.55
	G	9750	13070	13696	14388	15032	15577	16341	17012	18727
	H	4.35	5.83	6.11	6.42	6.71	6.95	7.29	7.59	8.36
	E	0.31	0.29	0.29	0.3	0.29	0.3	0.31	0.31	0.34
联邦德国 S＝24.82	P	2183	2118	2255	2293	2380	2602	2573	2480	2388
	λ	87.95	85.33	90.85	92.39	95.89	104.83	103.67	99.92	96.21
	G		4203	4430	4564	4707	4905	4997	4993	4943
	H		169.34	178.49	184.09	189.65	197.62	201.33	201.17	199.15
	E		1.98	1.96	1.99	1.98	1.89	1.94	2.01	2.06

续表

国家	项目	1970 年	1975 年	1976 年	1977 年	1978 年	1979 年	1980 年	1981 年	1982 年
日本 S = 37.77	P	3502	3613	3754	3879	4095	4426	4424	4301	4194
	λ	92.72	95.66	99.39	102.7	108.42	117.18	117.13	113.87	111.04
	G		4988	5252	5227	5806	6105	6405	6664	6878
	H		132.06	139.05	138.39	153.72	161.64	169.58	176.44	182.1
	E		1.38	1.4	1.35	1.42	1.38	1.45	1.55	1.64
英国 S = 24.41	P	1132	1164	1264	1299	1295	1355	1304	1271	1227
	λ	46.37	47.69	51.78	53.22	53.05	55.51	53.42	52.07	50.27
	G		2325	2411	2439	2527	2576	2509	2476	2534
	H		95.25	98.77	99.92	103.52	105.53	102.79	101.43	103.81
	E		1.997	1.91	1.88	1.95	1.9	1.92	1.95	2.07
法国 S = 55.16	P	1819	1940	2098	2105	2113	2173	2132	2000	1910
	λ	32.98	35.17	38.03	38.16	38.31	39.39	38.65	36.26	34.63
	G		3389	3565	3674	3813	3938	3982	3992	4057
	H		61.44	64.63	66.61	69.13	71.39	72.2	72.37	73.55
	E		1.75	1.7	1.75	1.8	1.81	1.87	1.996	2.12
印度 S = 297.47	P	1736	2125	2259	2393	2362	2420	2523	2735	2843
	λ	5.84	7.14	7.59	8.04	7.94	8.13	8.48	9.19	9.56
	G			1396	1510	1604	1525	1630	1723	1797
	H			4.69	5.08	5.39	5.13	5.48	5.79	6.04
	E			0.62	0.63	0.68	0.63	0.65	0.63	0.63

注：计算单位：P、S 同表 6－3；G——国内生产总值（亿美元）；λ——物流密度（万吨·千米/平方千米）；H——国土开发水平（万美元/平方千米）；E——物流场强度（美元/吨·千米）。

说明：①各国货物周转量均未计入海运量；②各国货物周转量部分年度里含有推算因素；③苏联 G 值为社会总产值按 1980 年汇率折算，印度 G 值为 1980 年价格和平均汇率计算，其余按 1975 年价格和汇率计算；④日本、印度 P 值缺油气管道周转量。

资料来源：《世界经济年鉴》（1981 年、1982 年、1983－1984 年）。

这些曲线有以下显著特点。

（1）所选国家除印度外，都是经济发展水平较高的国家。各国物流密度变化比较稳定；并且从 1979 年以后，呈缓慢下降趋势；与此同时，各国生产水平都较为持续稳定增长。这一情况表明，世界发达国家生产力的发展已摆脱了需要大物流量的支持条件，进入依靠深度加工和高技术产品增值的阶段。进入 20 世纪 80 年代前后，以信息产业大发展为标志的世界新技术革命进入高潮，便是这一情况的背景。

（2）物流场强度以联邦德国、英、法、日为较高，并在继续提高。美国从 1978 年起 λ 值下降较快，E 值对称上升，是较为理想的状态。苏联的 λ、H 值都较低，对应曲线均呈缓慢上升趋势，这种情况主要与苏联地广人稀相关；但苏联的 E 值未有显著提高。各国 E 值变化趋势表明，自 20 世纪 70 年代中期世界能源危机以来，各国普遍采取紧缩政策，特别注重对能源主要消耗行业交通运输业效率的提高，E 值在 1979 年前后上升较快，说明发达国家经过五六年的努力，已经取得了较大的成功。

（3）印度为发展中国家，物流密度和经济发展水平较低，增长速度较高；但 E 值基本没有提高。这一情况表明，发展中国家的经济发展，一方面发展较快；另一方面还需要相对增加大量的交通运输投入。

5. 某城市物流位势和经济势力范围的分析

某城市 D_0 与周围 15 个物流源有物流联系。各源点 D_i =（i = 1，2，…，15）与 D_0 之间的物流量如表 6 - 5 所示。根据式（6 - 5）计算出 D_0 对各源点的相对位势 U_{io}（i = 1，2，…，15）（本例只分析相对位势），并根据物流量确定 D_0 的场强方向。

以下利用物流位势确定源点 D_0 的经济势力范围——经济腹地。

按物流位势 U_{io} 的大小分为若干组，组距视具体情况而定，本例分为三组（见表 6 - 6）。

划定每一个源点的相应邻域。邻域的概念已如前述。现实中，它是由源点周围与之有最密切的社会、经济和文化关系的区域组成。邻域的大小由分析问题的需要确定，具有显著的相对性。理论上讲，邻域应由附点来构造。根据源点物流量大小所决定的物流源之间的一种有序层次，经有限次分解后，在最基本层次中，源点周围大部分是一些附点，由这些附点构成该源点

表 6－5　某城市货物流向、物流位势和场强方向

单位：万吨

i = 1		2	3	4	5	6	7	8	9	10	11	12	13	14	15	$\sum$
Q_{io}	59.1	61.6	48.3	44.3	70.9	53.5	28.2	12.4	14.7	11.2	36.5	8.9	35.3	43.6	33.2	561.7
Q_{oi}	86.6	92.8	93	96.7	85.7	89.9	15.2	38.3	41.1	3.9	42.1	5.6	55.2	35.7	25.7	807.5
Q_{i-o}	145.7	154.4	141.3	141	156.6	143.4	43.4	50.7	55.8	15.1	78.6	14.5	90.5	79.3	58.9	1369.2
U_{io}	0.1064	0.1128	0.1032	0.103	0.1144	0.1047	0.0317	0.037	0.0408	0.011	0.0574	0.0106	0.0661	0.0579	0.043	—
场强方向	1→0	2→0	3→0	4→0	5→0	6→0	7→0	8→0	9→0	0→10	11→0	0→12	13→0	0→14	0→15	—

注：Q_{io}表示物流源 D_0 流向 D_i 的物流量；Q_{oi}表示 D_i 流向 D_0 的物流量；Q_{i-o}表示 Q_{io}、Q_{oi}的和。

表 6-6 物流位势分组情况

Ⅰ		Ⅱ	Ⅲ
$U_{io} \geq 0.1$		$0.5 \leq U_{io} \leq 0.1$	$U_{io} < 0.05$
源点	$D_1 D_2 D_3$ $D_4 D_5 D_6$	$D_{11} D_{13} D_{14}$	$D_7 D_8 D_9$ $D_{10} D_{12} D_{15}$

的邻域。而在高层次里，邻域的划分应和经济腹地的划分统一起来，即经济腹地就是相应的邻域。一般情况下，可把行政中心和经济中心已充分统一作为前提来考虑。这样，就可以按相应层次的行政区域来划定邻域。本例按行政区划定，由每一个源点的最近的细虚线围成。

邻域确定之后，以每一组内的全部源点及其邻域作和，则这个和就是对应级别的经济腹地。本例 D_0 的腹地按对应的三组分为三级经济腹地。Ⅰ级：$D_{Ⅰ} = \bigcup_{i=1}^{6} D_i$；Ⅱ级：$D_{Ⅱ} = D_{11} \cup D_{13} \cup D_{14}$；Ⅲ级：$D_{Ⅲ} = \bigcup_{i=7}^{10} D_i \cup D_{12} \cup D_{15}$，如图 6-4 所示。

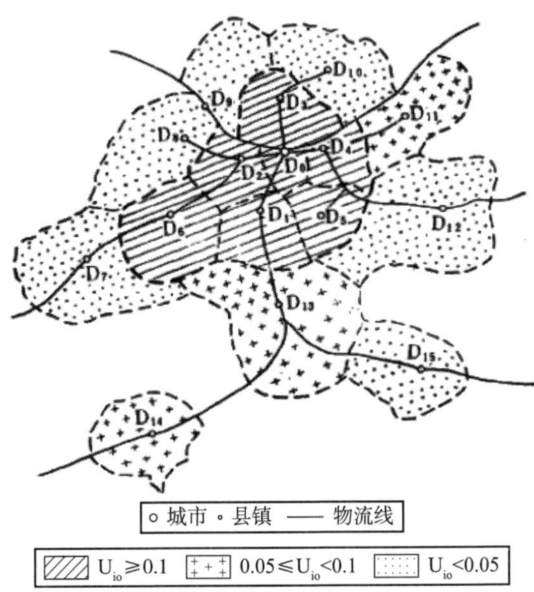

图 6-4 用物流位势确定的某城市经济腹地示意

用这种方法确定的经济腹地与用成本核算方法确定的交通线的吸引范围[3]颇为类似。所不同的是，前者是用已经发生的物流关系作为依据，它除了主要反映客观经济规律的作用外，也反映一定程度上的人为结果；而后者则仅是经济技术方法确定的理论结果。这种分析方法虽然没有突出考虑资金、技术和信息等生产要素的渗透作用；但是，它可以通过物流场的内涵，把这些要素的作用综合表达出来。

理论上讲，一个物流源点周围还存在一些等位线，即连接该点周围的等位势源点所成的线。但实际中，由于源点的选取不是很细密，这时，等位线就不易找到。可以把位势属于某一个范围的源点作为等位势点。这种情况与某个级别的经济腹地的划分很类似。如本例中Ⅰ级腹地的外围线（粗虚线）可以看作一个等位线。

本章主要参考文献

[1] 程守洙，江之永．普通物理学［M］. 第3版，北京：人民教育出版社，1961.

[2] 吉林大学数学系．数学分析［M］. 北京：人民教育出版社，1978.

[3] 杨吾扬，梁进社．关于吸引范围及其模式与划分方法［J］. 地理学报，1985（2）：97－108.

第七章

森林资源循环的一般均衡模型*

摘　要　本章从均衡思想出发，提出了森林资源循环、永续利用的一种稳定状态——一般均衡态模型；提出了森林保有蓄积量的概念，以及基于生态必要、最大生物效能和最佳经济效益三种保有蓄积量概念；提出一般均衡态以及三种特殊均衡态的控制与实现方法；提出了森林资源循环一般均衡表及其编制与应用方法；对已有的一些采伐模式和理想森林模型进行了归纳分析，提出了异龄林按多层细分面积插花状分布实现同龄化的设想与方法。

关键词　保有积蓄量　生态基均衡态　生物效均衡态　经济效均衡态　一般均衡表

Chapter 7　General Equilibrium Model for Forest Resource Cycle

Abstract　Based on the equilibrium theory, an ideal state model called general equilibrium model is proposed in this chapter, which can be used for studying circular system of the forest resources and its sustained working. It puts forward the concept of forest reserve stock, and three special equilibrium states based on ecological necessity, or optimal biological efficiency, or economic benefit. Then it gives a method of compiling and of applying the equilibrium table. After

* 本章内容为1995年第二届全国林业系统工程学会年会入选发言论文，发表于《江西农业大学学报》1995年（17卷）第2期；获1996年江西省科协首届一等科技论文。

inductive analysis of some existing forest harvesting models and ideal forest models, it put forward an idea and method of different-aged forests to achieve the same age by multi-layer subdivision area and flower arrangement, too.

Keywords Retained Savings Ecological Basic Equilibrium Biological Efficiency Equilibrium Economic Efficiency Equilibrium General Equilibrium Sheet

森林是地球和人类最重要的生态系统。千百年来人类对森林资源的永续利用寄予美好愿望。本章试图用经济学一般均衡思想，提出森林资源循环的一般均衡模型和基于人类生态需要和生物学、经济学高效利用的若干种特殊均衡态模型及其控制与实现方法。

第一节 均衡采伐与非均衡采伐

定义 1.1：某一定面积的林区 S，如果一个连续的时间过程中，S 的采伐量 C_t = 恒常数，t = 1，2，3，…，u，则称 S 上的采伐为均衡采伐；如果这个连续时间过程中，$C_t \neq$ 恒常数，t = 1，2，3，…，u，则称 S 上的采伐为非均衡采伐。

这里，未规定 S 上任何其他特征量和控制方法。对于人们所向往的均衡采伐，如何实现，并且使效用最大?

由于按区域、地貌、土壤、林种、树种等因子进分类控制，是森林大系统人工控制的常用和有效方法，因此，可以适当划定区域，使森林在该区域上培育目的相同，生长均匀。假定 S 就是这样的区域，那么，整个森林就是由这种无数个小区域组成的。对于不同的分类因子，其上的控制模式和结构关系便具有一般性。

这里“生长均匀”是一个重要前提条件。它的确切含义是：S 内进一步细分区域，其上的林木生长系数、蓄积、自然增长量在同一龄级内均相同。但是，当 S 足够大时，由于立地条件的客观差别，S 很难生长均匀。这时另一种重要方法是对 S 实施改位面积，使之按改位面积计算，S 仍然“生长均匀”。以后，我们总是假定 S 是生长均匀的。

公设 1：某一林区其面积为 S，细分区域及其面积为 S_1，S_2，S_3，…，S_u，并且 $S = S_1 + S_2 + \cdots + S_u$

公设2：S上单位面积第t期立木净生长量为r_t，$t=1, 2, 3\cdots, u$，u为成材生长周期，或采伐轮种周期，对应的单位面积第t期间伐量为r'_t，$t=1, 2, 3, \cdots, u$，$r'_t(t=1, 2, 3, \cdots, u)$中部分为零；$R_t=r_t-r'_t$，$t=1, 2, 3, \cdots, u$，为单位面积第t期蓄积增长量。

公设3：经过适当划分或调整，S上细分面积S_1，S_2，S_3，…，S_u上的森林，已经按序号对应着生长系数为r_1，r_2，r_3，…，r_u的生长期。

假定以一定的时间段如年龄或龄级作为分期的单位时间，对于特定的轮伐周期u，森林采伐采用u龄级的森林一次皆伐方法进行；并且不考虑投入限制，森林植培按现有的工艺合理实施，采伐和迹地更新可以在周期末之前和下一周期初完成。

在上述公设和假定前提下，S上任一周期内各分期的森林生长量Z_t，采伐量C_t，蓄积量$M_t(t=ku+1, ku+2, \cdots, ku+u; k=0, 1, 2, \cdots)$如下。

第ku+1分期：

$$Z_{ku+1}=r_1S_1+r_2S_2+r_3S_3+\cdots+r_uS_u$$

$$C_{ku+1}=R_1S_u+R_2S_u+\cdots+R_uS_u+r'_1S_1+r'_2S_2+\cdots+r'_uS_u$$

$$M_{ku+1}=R_1S_1+R_1S_2+R_2S_2+R_1S_3+R_2S_3+R_3S_3+\cdots+R_1S_{u-1}+R_2S_{u-1}+\cdots+R_{u-1}S_{u-1}$$

第ku+2分期：

$$Z_{ku+2}=r_1S_u+r_2S_1+r_3S_2+\cdots+r_{u-1}S_{u-2}+r_uS_{u-1}$$

$$C_{ku+2}=R_1S_{u-1}+R_2S_{u-1}+\cdots+R_uS_{u-1}+r'_1S_u+r'_2S_1+\cdots+r'_uS_{u-1}$$

$$M_{ku+2}=R_1S_u+R_1S_1+R_2S_1+R_1S_2+R_2S_2+R_3S_2+\cdots+R_1S_{u-2}+R_2S_{u-2}+\cdots+R_{u-1}S_{u-2}$$

……

第ku+u分期：

$$Z_{ku+u}=r_1S_2+r_2S_3+r_3S_4+\cdots+r_{u-1}S_u+r_uS_1$$

$$C_{ku+u}=R_1S_1+R_2S_1+\cdots+R_{u-1}S_1+r'_1S_2+r'_2S_3+\cdots+r'_{u-1}S_u+r'_uS_1$$

$$M_{ku+u}=R_1S_2+R_1S_3+R_2S_3+R_1S_4+R_2S_4+R_3S_4+\cdots+R_1S_u+R_2S_u+\cdots+R_{u-1}S_u$$

其中，M_{ku+t}（$t=1, 2, 3, \cdots, u$）是在第k周期u龄级上的森林被采伐后S上的第t期蓄积量。

定义1.2：林区S，经过一定的目标采伐后，S上所保持的森林蓄积量叫作保有蓄积量。

如上述 M_{ku+t} （t=1，2，3，…，u）就是S上的保有蓄积量。保有蓄积量是一个具有重要意义的森林经理学概念。它不同于现有常用的森林蓄积量概念，在于它不包含森林经理过程中经过有目的的采伐所消耗的森林蓄积（这里目标采伐量可以是零）。从森林经理上看，只有它才是森林增殖的基础，或者说它是森林增殖的起点；以后我们还更清晰地看到，它是森林目标生态功能的直接物质基础。这个概念类似于地质矿产学上的保有储藏量，即某矿区矿产累计探明储量经过开采后所保有的储量。所不同的是，矿产增殖（生长）是一个比森林增殖缓慢得多的过程。

前述表达式中，为了方便计算，把苗木体积计入 r_1 中，也可以忽略掉，并且由 r_t 的意义，森林生长量已除去枯损等因素。

上述森林资源的生长、采伐、更新构成森林生态的一种循环，在不排除其他资源参与的情况下，我们把这种循环称为森林资源循环。上述常用指标叫作森林资源循环的特征量。

简写为：

$$Z_{ku+t} = \sum_{i=1}^{t-1} r_i S_{u+i-t+1} + \sum_{i=t}^{u} r_i S_{i-t+1}$$

$$C_{ku+t} = \sum_{i=1}^{u} R_i S_{u-t+1} + \sum_{i=1}^{t-1} r'_i S_{u+i-t+1} + \sum_{i=t}^{u} r'_i S_{i-t+1}$$

$$M_{ku-t} = \sum_{j=1}^{t-1} \sum_{i=1}^{j} R_i S_{u+j-t+1} + \sum_{j=t}^{u-1} \sum_{i=1}^{j} R_i S_{j-t+1},$$

$$k = 0, 1, 2, \cdots; \ t = 1, 2, \cdots, u$$

整个周期的总生长量：

$$Z_u = \sum_{t=1}^{u} z_{ku+t} = \sum_{t=1}^{u} \sum_{i=1}^{t-1} r_i S_{u+i-t+1} + \sum_{t=1}^{u} \sum_{i=t}^{u} r_i S_{i-t+1}$$

$$= \sum_{i=1}^{u} r_i \left(\sum_{t=i}^{1} S_t + \sum_{t=u}^{i+1} S_t \right) = \sum_{i=1}^{u} r_i S$$

整个周期的总采伐量：

$$C_u = \sum_{t=1}^{u} C_{ku+t} = \sum_{t=1}^{u} \sum_{i=1}^{u} R_i S_{u-t+1} + \sum_{i=1}^{u} r'_i \sum_{t=1}^{u} S_t$$

$$= \sum_{i=1}^{u} R_i \sum_{t=1}^{u} S_t + \sum_{i=1}^{u} r'_i \sum_{t=1}^{u} S_t = \sum_{i=1}^{u} (R_i + r'_i) \sum_{t=1}^{u} S_t = \sum_{i=1}^{u} r_i S$$

在均衡采伐并且不改变森林结构的条件下，S上森林的生长量、采伐量和保有蓄积量的关系有如下性质。

性质 1.1　当均衡采伐量大于生长量时，S 上森林保有蓄积量下降。

性质 1.2　当均衡采伐量小于生长量时，S 上森林保有蓄积量上升。

性质 1.3　当均衡采伐量等于生长量时，S 上森林保有蓄积量恒定。

这三种情况及其保有蓄积量的变化情况分别如图 7－1 所示，图 7－1（d）中的 K 在这里为环境容量。这里 M_h，M_1，M_2 是三个均衡点。其中，M_h，M_1 是不稳定均衡点，M_2 是稳定均衡点。它们表明均衡采伐可以持续下去。

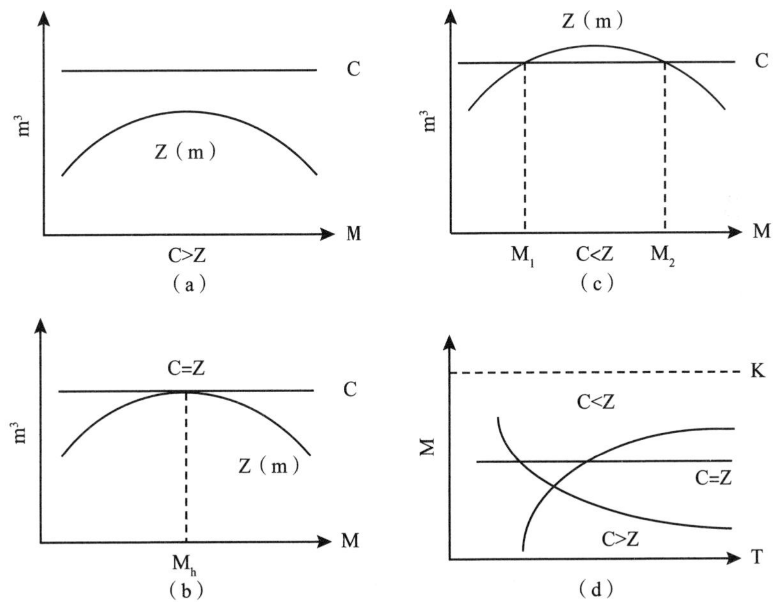

图 7－1　森林均衡采伐量、生长量和保有蓄积量的关系

必须注意的是，当均衡采伐改变上的林分结构时，上述性质不成立。这时保有蓄积量呈不规则波动，而且还不可能做到均衡采伐量等于生长量。其他凡导致森林保有蓄积量下降至零的均衡采伐，均只能做到阶段均衡，而不能实现持续均衡。

第二节　实现均衡采伐的四种模式

以下给出均衡采伐的进一步情况。

完全可以假定森林采伐是以细分区域 S_t 为单位进行的，而 S_t 的大小，排列方式可以多种多样。例如，其可以是连片的，也可以是插花状的，还可以对 S_t 多层次细分；可以相等或是不相等，等等。因而 S_t 组成 S 可以包括足够多的采伐控制模式，其中有许多满足均衡采伐的要求。

模式 2.1：在采伐周期为 u 的连续时间内，每 1 个单位时间按顺序只采伐 1 个细分面积 $S_t(t=u,\ u-1,\ \cdots 1)$；并且 $S_u=S_{u-1}=\cdots=S_1$，S_t 按一定次序连片排列。则本采伐模式构成同龄林法正森林状态。

这时，S 上森林循环特征量可简化为：

$$Z_{ku+t} = \sum_{i=1}^{u} r_i S_t = S/u \sum_{i=1}^{u} r_i$$

$$C_{ku+t} = \sum_{i=1}^{u} (R_i + r_i') S_t = S/u \sum_{i=1}^{u} r_i$$

$$M_{ku+t} = \sum_{t=1}^{u-1} \sum_{i=1}^{t} R_i S_t = S/u \sum_{t=1}^{u-1} \sum_{i=1}^{t} R_i,$$

$$k = 0, 1, 2, \cdots;\ t = 1, 2, \cdots, u$$

这种采伐模式除了蓄积量与法正蓄积量定义稍有不同（未计算 S_u 上的蓄积）外，其余都是一致的。称为同龄林的法正式均衡采伐（见图 7-2），具有以下性质。

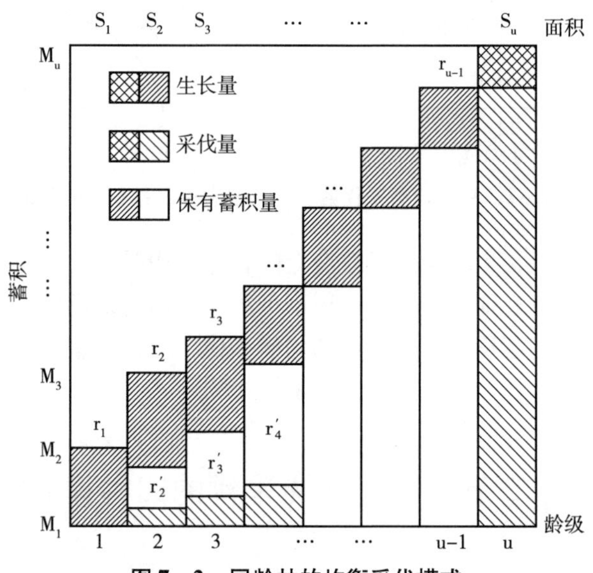

图 7-2 同龄林的均衡采伐模式

性质 2.1：法正均衡采伐模式下，任一周期内各分期的生长量与采伐量恒等，并且各分期的生长量恒等，保有蓄积量恒等。

模式 2.2：在同龄林法正结构目标下，采用完全调整林的作法，注意 S_t 上的径级与株数分布，面积与蓄积量的分配，则可以形成完全调整林。图 7－2 与完全调整林的生产过程更相似[1]。这种采伐模式称为同龄林的完全调整式均衡采伐模式。其结果为同龄林的法正状态。

模式 2.3：对于异龄林，在采伐周期为 u 的连续时间里，每个单位时间按顺序只采伐 1 个细分面积 $S_t(t=u，u-1，\cdots，1)$；并且在两层细分的情况下，$S_u(S_{u1}，S_{u2}，\cdots，S_{uu})=S_{u-1}(S_{u-11}，S_{u-12}，\cdots，S_{u-1u})=\cdots=S_1(S_{11}，S_{12}，\cdots，S_{1u})$（可以多层细分），元素 $S_{tj}(t=1，2，\cdots，u；j=1，2，\cdots，u)$，为 t 龄级编号为 j 的林地块及其面积，呈不规则插花状分布，则在本采伐模式下，构成异龄林的法正状态。

这时，S 上森林循环特征量和关系取得了与同龄林的法正状态，即模式 2.1 相同的结果。

理解这一点的关键在于同龄林和异龄林是相对于一定的面积和其上一定年龄的林木组合来说的。一个特例是，假定某个面积相当的林地 S，其上生长着从 1 年龄、2 年龄到 u 年龄的 u 株树，对于林区 S 来说，它构成了从 1 年生到主伐年龄 u 年生的全龄林，是典型的异龄林；但是，将 S_u 等分后，假若每个细分面积 $S_t(t=u；u-1，\cdots，1)$ 上刚好有一株树，则对每个细分面积 S_t 来说，其上又可以看作同龄林。本采伐模式就是通过对 S 的多层细分并呈插花状不规则排列，使许多并不一定相连的细分面积按其上的树龄组合在一起，从而实现异龄林的同龄化。实践中关键是依据地形、地貌、土壤、林种、树种、林权以及现实生长特征来划分合适的细分面积，并且要特别注意按照植培工艺技术要求，在每 1 个细分区域面积里，依据该林分所处的生长期搞好株数与径级的分配。这种采伐模式，称为异龄林的法正均衡采伐模式（见图 7－3）。

在这里，同龄林和异龄林在不同的均衡采伐模式下统一起来，皆伐和择伐也由此统一起来。这种采伐模式在一定程度上，既可以保持异龄林的优势，又具有同龄林的好处。

模式 2.4：如果对异龄林采用古典的择伐作业，即在择伐周期为 u 的连续时间里，每 1 个单位的时间顺序只对每 1 个细分面积 $S_t(t=u，u-1，\cdots，1)$ 进行择伐；并且 $S_u=S_{u-1}=\cdots=S_1$，S_t 上的林木不再与 r_t 所处的生长期

S_{11}	S_{t2}	…	…	S_{21}
S_{t1}	…	…	S_{12}	S_{22}
…	S_{u1}	S_{tj}	…	…
…	…	S_{tu}	S_{uu}	…
S_{1u}	S_{u2}	…	…	S_{2u}

图 7－3　异龄林的多层细分面积元素 S_{tj} 呈插花状不规则分布，S 上森林按 S_1（$S_{11}S_{12}$，…，S_{1u}），S_2（$S_{21}S_{22}$，…，S_{2u}），…，S_t（$S_{t1}S_{t2}$，…，S_{tj}，…，S_{tu}），…，S_u（$S_{u1}S_{u2}$，…，S_{uu}）实现同龄化

对应，而是具有相同的，株数按径分配所形成的倒“J”型分布。在择伐量相等的情况下，本采伐模式可转化为异龄林法正均衡采伐模式。

由于择伐是按照一定的径级标准进行的，最终可以归结在每 1 个 S_t 内部，每次采伐一个相等的面积 S_{tj}。当 1 个择伐周期完成后，S_t 内部的林木全部采伐过一次，S 又回到原来时的情形。因此，本采伐模式事实上可以转变为，在每 1 个 S_t 的内部，又按照模式 2.3，以二层细分面积 S_{tj}，对应生长系数 r_j（j＝1，2，…，u），构成 1 个采伐周期为 u 的异龄林法正均衡的采伐模式。

这时，S 上有 u 个重新构造的细分面积 S_t 处于同样生长状态，对每一个 S_t，其上的生长量为：

$$Z'_{ku+t} = \sum_{j=1}^{u} r_j S_{tj} = S_t/u \sum_{j=1}^{u} r_j \qquad k = 0, 1, \cdots;\ t = 1, 2, \cdots, u$$

但是对于 S 来说，一共有 u 个细分面积处于同样生长状态。因此，S 上的任一分期总生长量为：

$$Z'_{ku+t} = \sum_{t=1}^{u} Z_{ku+t} = [S_1 + S_2 + \cdots + S_u]/u \sum_{j=1}^{u} r_j = S/u \sum_{j=1}^{u} r_j$$

$$k = 0, 1, 2, \cdots; t = 1, 2, \cdots, u$$

由于 S 上法正生长量等于达到轮伐期的林分蓄积量，因此，S 上任一分期的采伐量为：

$$C_{ku+t} = Z_{ku+t} = S/u \sum_{j=1}^{u} r_j \qquad k = 0, 1, 2, \cdots; t = 1, 2, \cdots, u$$

S 上任一分期的保有蓄积量为：

$$M_{ku+t} = \sum_{t=1}^{u} \sum_{t=1}^{u-1} \sum_{j=1}^{t} R_j S_{tj} = u \cdot S_t/u \sum_{t=1}^{u-1} \sum_{j=1}^{t} R_j = S/u \sum_{t=1}^{u-1} \sum_{j=1}^{t} R_j$$

$$k=0, 1, 2, \cdots; t=1, 2, \cdots, u$$

因此，本模式下 S 上的森林循环特征量和关系与模式 2.3，即与模式 2.1 完全相同。这说明，在构成异龄林理想森林的均衡采伐模式中，模式 2.3 是基本的，模式 2.4 可看作模式 2.3 的复合形式。

模式 2.1 ~ 模式 2.4 通称为均衡采伐模式。它们是实现均衡采伐的一些基本方法，性质 2.1 是它们的通性。模式 2.1 ~ 模式 2.4 的关系还似乎说明，所有森林均衡采伐模式，最终都可以归纳到古老的法正范畴上[2]。

非均衡采伐不具备性质 2.1。但是，如果仍按法正采伐顺序进行，则 S 上整个周期的总生长量、总采伐量与均衡模式的总生长量、总采伐量仍然相等。假若把 u 作为连续时间过程的单位时间，则非均衡采伐在这个意义上与均衡采伐也一致了。

第三节　一般均衡态和特殊均衡态

定义 3.1：S 为均衡采伐的林区，如果在同一连续时间过程中，S 上的保有蓄积量 M_t = 恒常数，t = 1，2，3，…，则称 S 处于森林资源循环的一般均衡态。

一般均衡态描述一个森林区域内，在不考虑某些特定的效率目标下，森林资源的长、消、存生态循环所处的一种基本稳定状态，具有以下基本性质。

性质 3.1：S 为一般均衡态森林循环系统，其任两个分期内，S 上的采伐量相等：

$$C_t = C_j \qquad t、j = 1, 2, 3, \cdots, t \neq j$$

性质 3.2：S 为一般均衡态森林循环系统，其任两个分期内，S 上的保有蓄积量相等：

$$M_t = M_j \qquad t、j = 1，2，3，\cdots，t \neq j$$

这两个性质是分别由定义 1.1、定义 3.1 直接规定的，其中，连续时间过程已转变为 S 上森林的任一经理分期。

性质 3.3：S 为一般均衡态森林循环系统，其任一分期内，S 上的采伐量与生长量相等：

$$C_t = Z_t \quad t = 1，2，3，\cdots$$

这是性质 1.3 的逆命题。S 上森林资源循环的特征量一般关系为：

$$M_t = M_{t-1} + Z_t - C_t \qquad t = 1，2，3，\cdots$$

由性质 3.2，应有：$M_t - M_{t-1} = Z_t - C_t = 0 \qquad t = 1，2，3，\cdots$

即：$C_t = Z_t \qquad t = 1，2，3，\cdots$

但是，应当注意到，仅满足性质 3.2 的 S 上森林结构不是唯一的；对应于不同结构，S 上的生长量是不同的。也就是说，这种情况不能确定 S 上的采伐就是均衡采伐。反过来说，仅有 S 上的均衡采伐，也不能保证其保有蓄积量恒等。只有在同时满足性质 3.1 ~ 性质 3.2 的条件下，S 上的森林结构必定保持不变，而且是由采伐量 C_t 及其采伐方法决定的结构。此时，生长量恒定，并被采走。

性质 1.3 和性质 3.3 的这些结果可归纳为以下定理。

定理 1：S 上均衡采伐构造一般均衡态的充分必要条件是，S 上的均衡采伐量等于生长量。

定理 2：S 上均衡采伐构造一般均衡态的另一必要条件是，S 上保有蓄积量的林分结构不变。

S 上保有蓄积量和结构恒定极为重要。因为保有蓄积是森林生态和生产功能的直接物质力量，它的恒定意味着森林功能在某种意义下恒定。这正是森林永续利用的本质要求，因而也是一般均衡态的精髓。在这一思想下，性质 1.3、性质 3.1、性质 3.3 只是实现某种恒定的基本条件。

根据 S 的范围和意义，可规定局部均衡态和全局均衡态。

定义 3.2：S 为一般均衡态森林循环系统，若 S 为另一更大的森林区域的局部，则称 S 为局部均衡态；若 S 为某一特定意义上的全部林区，或者其内部划分为若干个小区，且所有小区都实现了局部均衡，则称 S 为该意义上的全局均衡态。

这里某一特定意义系指按行政区划范围，或者按地理区划范围，以及按森林经理学上其他意义划定的范围。可见局部均衡和全局均衡具有相对性。

应当认识到，一般均衡态的实质从另一角度来看，是S上任一周期内各分期的生长量、采伐量和蓄积量之间的恒等关系，因而可以推广到广泛意义上的生态系统中去。从系统科学上看，一般均衡态是一类耗散结构。

一般均衡态与均衡采伐模式具有极为直接的关系，它需要由采伐模式来构造。由于均衡采伐模式2.1～模式2.4具有性质2.1，满足采伐量恒等，保有蓄积量恒等的关系，所以，S在这些模式下处于一般均衡态，且均衡采伐模式的林分结构具有不变性。

由于广义法正林采伐模式下也满足一般均衡态条件，因而也构成一般均衡态①。至于还有没有其他采伐模式可以构造一般均衡态，这个问题有待探讨。

森林及其生产力总是具有一定功用和效率。有必要考虑这些效率目标，在一般均衡态基础上进一步规定森林资源循环的特殊均衡态或优化均衡态。

森林的主要功用可以归纳为三个方面。一是提供人类生存环境：保土、蓄水、防风、供氧、滤毒、观赏、保健等；二是提供人类直接使用价值：木材、燃料、林特产等；三是提供市场交换价值，以获取经济收益。在特定条件下，森林保有蓄积的下述三个量是存在的。

生态基量M_e：规定为S内，森林为提供给人和与人共生的其他生物群生存环境所必需的基本蓄积量。可以在一定的生态标准下测定或规定。

生物效量M_b：规定为S内，森林为人类生产最大使用价值的蓄积量。即不考虑森林生态和经济价值，是使森林单位面积生物转化效率最高的蓄积量。

经济效量M_r：规定为S内，森林为人们提供最大经济价值的蓄积量。因为森林资源的复利增值效应，对应于经济收益的不同标准，以及市场价格的变化，M_r有各种不同的取值，需根据特定条件而定。

一般地，设M_*是森林循环系统S在某种特定目标下的蓄积量，当一般均衡态其循环周期内的保有蓄积量取为M_*时，称S为该目标意义下的特殊

---

① 广义法正状态也是一种均衡采伐模式。它有所不同。因为它不是严格只采伐达到成材周期即u龄级林分，而是按照同一采伐概率或者林龄转移概率矩阵，对所有林分都可能进行采伐。因而它的不同龄级的林分面积不一定是相等的[3]。

均衡态。

定义3.3：S为一般均衡态森林循环系统，当S的保有蓄积量 $M_t = M_e$ 时，t=1，2，3，…，称该森林循环系统为生态基均衡态。

生态基均衡态表明，将某个森林区域的蓄积量永远保持在人和与人共生的生物群的基本需要上，这时森林系统S内，可以持续在每分期收获由 M_e 决定的，与净生长量相同的资源量。

定义3.4：S为一般均衡态森林循环系统，当S的保有蓄积量 $M_t = M_b$ 时，t=1，2，3，…，称该森林循环系统为生物效均衡态。

生物效均衡就是使森林生物效率最高的一般均衡态。它要求森林者积量永远保持在能使森林生产力为最大的水平。由于此时森林资源生长量最大，因而持续能够获得与净生长量相同的最大收获量。

定义3.5：S为一般均衡态森林循环系统，当S的保有蓄积量 $M_t = M_r$ 时，t=1，2，3，…，称该森林循环系统为经济效均衡态。

经济效均衡态是使森林经济收益最大化的一般均衡态。它要求根据不同的收益标准确定 M_r，然后将保有蓄积量控制在相应水平上。这时在一定的假设前提下，如各个轮伐期森林经理的收益价格、费用价格相等，S内可以持续收获由 M_r 决定且与净生长量相同的资源量并且收益最大。

由于特殊均衡态多是以某种优化条件为目标，因此，也可以称为优化均衡态。森林经理还有许多特定的目标，对于每一种目标，都可以相应规定特殊均衡态。

特殊均衡态与一般均衡态的关系是，特殊均衡态一定是一般均衡态；反之不成立。一般均衡态和特殊均衡态也可统称为均衡态。

第四节　均衡态的控制与实现

如何实现或控制一般均衡态和特殊均衡态？关键在于确定保有蓄积量 M_{ku+t} 和对应的轮伐周期u。对于特定区域S，其面积和各龄级生长系数 r_t 和 r_t'（t=1，2，3，…，u）都是确定的；当u确定后，S_t 的面积也是确定的；其上的生长量 Z_{ku+t}、采伐量 C_{ku+t}、保有蓄积量 M_{ku+t} 也就都是确定的。因此，关于一般均衡态保有蓄积量控制在某个特定目标下的问题，与控制采伐周期是等价的。

均衡态的一般控制方法是：按不同的采伐周期，编制S上的保有蓄积量累进表，当累进值 $M_{ku+t}=M_*$①时，对应的u值即为采伐周期；也可以根据 M_* 的意义直接求解u值；S上其他循环特征量也可以通过制表查表的方法确定。

对于生态基均衡态，由于全球是一个开放性生态整体，因此局部地区测定 M_e，严格来说并不可能。但是，当前生态环境日益恶劣，人们的认识日益清醒，科学和管理进步使生态环境的整体规划和局部改造成为可能，因此，人们总是可以在某种要求和标准下测定和规定出 M_e。

在实际情况中，M_e 与 M_b，M_r 还存在一些包容选择关系。即当 $M_e=M_b$ 或 $M_e\leqslant M_r$ 时，S上保持 M_e 的问题可直接转变为保持 M_b 或 M_r 的问题；当 $M_e>K$（K为环境容量）时，严格地说，S上的非抚育性采伐应停止。

M_e 确定之后，根据S上对应于不同u值的保有蓄积量累进值，当 M_{ku+t} 与 M_e 相等或最接近时，对应的u值即为采伐周期。

对于生物效均衡态，由于人们对木材的使用价值有不同要求，如大径材、小径材或工艺材等，因此，应依据S上不同的培育目标，根据种群的生长特性，直接求解S上的数量成熟期或持续最大收获量的轮伐周期。例如，可以按材积平均收获量最大的方法，确定轮伐周期u。则对应该周期u，S上的保有蓄积量即为 M_b。

对于经济效均衡态，不同的收益标准主要有以下三种[4]。

（1）纯收益最大化标准。即森林总收入—总支出最大化。

（2）土地纯收益最大化标准。即把土地作为营林主要资本，使土地收益最高。

（3）净现值（NPV）最大化标准。即森林采伐后，能获得最大净现值。

对于上述标准，当把一般均衡态的采伐周期规定在上述u值时，其保有蓄积量即可达到相应的经济效量 M_r 的水平。

至此，我们已比较清晰地看到，一般均衡态与古典理想森林状态和广义法正状态最大的不同，就在于一般均衡态提出保有蓄积量，强调它在森林生产力和森林功能的作用，强调保有蓄积量及其结构的稳定，并通过控制特定结构的保有蓄积量，实现森林资源循环在不同的目标下，处于持续最优状

① M_* 中的“*”为任意符，代表任何可能的具有特定意义的保有蓄积量下标，如前面给出的 M_e，M_b，M_r。

态。古典理想森林状态和广义法正状态在这里可以看作实现一般均衡态的一些采伐模式；可能还存在其他采伐模式满足一般均衡态条件。

有兴趣的是，异龄林通过多层细分面积的不规则分布可以实现同龄化，从而使适应不同类型林的各种理想采伐模式在一定程度上统一起来。通过改变单位时间的长度，非均衡采伐也与均衡采伐依据稳定不变的采伐顺序而统一起来。后一事实似乎与广义法正模式有某种类似之处。从铃木太七（1983）和周国模（1990）等提出的事实，我们还看到，广义法正林态是无数个存在的。如何通过控制林龄转移矩阵，使森林循环达到系统稳定状态时，正好就是某个经理目标下的最优状态？这是从优化均衡态出发必然得到的一个问题，也是广义法正林理论应该解决的一个重要问题。

根据一般均衡态各特征量的含义和数量关系，利用特定区域森林生长系数，计算出各特征量值并按一定规律排列，可以编制该区域的一种称之为森林资源循环的一般均衡表。该表可以反映该区域全部均衡态的各特征量。这样，一般均衡态和特殊均衡态的一般控制方法，可以根据其意义，通过查表确定各特征参数，然后按参数加以控制即可。

当然，现实森林多种多样，往往需要一个调整阶段然后进入的均衡态。已有的线性规划方法、尝试法、FUZZY 贴近度方法等，都可以作为调整的有效方法[5][6]。

第五节　一般均衡态的林分结构

仅考虑 S 上各林分的面积结构和蓄积量结构。

S 为一般均衡态森林循环系统，在采伐模式 2.1 ~ 模式 2.4 的条件下，各龄级的林分面积为 $S_t = S/u$，$t = 1, 2, \cdots, u$，于是 S 上各龄级的林分面积结构可以写为以下形式：

$$[1\text{ 龄级}: 2\text{ 龄级}: \cdots: u\text{ 龄级}] = [S/u: S/u: \cdots: S/u] = [1: 1: \cdots: 1]$$

即为法正森林结构。

考虑一般均衡态林分蓄积结构，我们得到以下定理。

定理 3：S 为一般均衡态森林循环系统，在采伐模式 2.1 ~ 模式 2.4 的条件下，其林分蓄积结构为：

$$[1\text{龄级}:2\text{龄级}:\cdots:u\text{龄级}] = [\sum_{i=1}^{1}R_i : \sum_{i=1}^{2}R_i : \cdots : \sum_{i=1}^{u}R_i]$$

或：$[1\text{龄级}:2\text{龄级}:\cdots:u\text{龄级}] = [1:(1 + 1/R_1\sum_{i=2}^{2}R_i):(1 + 1/R_1\sum_{i=2}^{3}R_i):\cdots:(1 + 1/R_1\sum_{i=2}^{u}R_i)]$

在模式 2.1 ~ 模式 2.4 的情形下，其任一生产周期内各相同龄级的林分蓄积都是一致的。

取其龄级与细分面积编号相同的周期，各龄级的林分蓄积分别为：

1 龄级 $m_1 = R_1S_1$

2 龄级 $m_2 = R_1S_2 + R_2S_2$

……

u 龄级 $m_u = R_1S_u + R_2S_u + \cdots + R_uS_u$

注意：这里的 u 龄级上的林分蓄积，与 S 上的保有蓄积量的定义是不同的。

因此，S 上各龄级的林分蓄积结构可写为以下形式：

$$\begin{aligned}&[1\text{龄级}:2\text{龄级}:\cdots:u\text{龄级}]\\&= [(R_1S_u):(R_1S_2 + R_2S_2):\cdots:(R_1S_u + R_2S_u + \cdots + R_uS_u)]\\&= [S_1\sum_{i=1}^{1}R_i : S_2\sum_{i=1}^{2}R_i : \cdots : S_u\sum_{i=1}^{u}R_i]\\&= [S/u\sum_{i=1}^{1}R_i : S/u\sum_{i=1}^{2}R_i \cdots : S/u\sum_{i=1}^{u}R_i]\end{aligned}$$

等式右边同时消去 S/u 或者 $(S/u)R_1$ 即得。

显然，上述林分结构并不是一般均衡态的唯一结构。一个显著的例子是广义法正态的林分结构一般来说不同。这说明，一般均衡态的林分结构取决于其上的采伐模式。但采伐模式一旦确定，则一般均衡态的林分结构就是不变的。

第六节 一般均衡表与应用示例

某人工杉林区，面积 S = 100 公顷，各龄级林木生长系数、间伐系数，经样地测量整理如表 7 - 1 第（1）、第（2）、第（3）列数据。现根据这些数据编制 S 上的一般均衡表。

表 7-1　森林资源循环一般均衡

龄级分期 采伐周期	净生长 系数	间伐 系数	蓄积增长 系数	单位面积 总生长量	单位面积 蓄量	u 个单位面 积总积蓄量	细分 面积	任一分期 生长量	任一分期 采伐量	保有 蓄积量	全周期总 增长量	全周期总 采伐量
t(i)；u	r_t	r_t'	R_t	z_t	m_t	m_u	S_t	Z_t	C_t	M_t	Z_u	C_u
(1)	(2)	(3)	(4)	(5)	(6)	(7)	(8)	(9)	(10)	(11)	(12)	(13)
1	23.2	0.0	23.2	23.2	23.2	23.2	100.0	2320.0	2320.0	0.0	2320.0	2320.0
2	59.9	6.6	53.3	83.1	76.5	99.7	50.0	4155.0	4155.0	1160.0	8310.0	8310.0
3	81.2	10.7	70.5	164.3	147.0	246.7	33.5	5504.1	5504.1	3340.0	16512.3	16512.3
4	97.7	16.1	81.6	262.4	228.6	475.3	25.0	6560.0	6560.0	6167.5（2）	26240.0	26240.0
5	92.7	0.0	82.7	344.7	311.3	786.7	20.0	6894.0	6894.0	9506.0 （1，4）	34470.0	34470.0
6	70.5	0.0	70.5	415.2	381.8	1168.4	16.7	6933.8	6933.8（3）	13136.2	41602.8	41602.8
7	59.1	0.0	59.1	474.3	440.9	1609.3	14.3	6782.5	6782.5	16708.1	47477.5	47477.5
8	50.3	0.0	50.3	524.6	591.2	2100.5	12.5	6577.5	6577.5	20116.3	52460.0	52460.0
9	42.9	0.0	42.9	567.6	534.1	2634.6	11.1	6299.3	6299.3	23315.6	56693.7	56693.7

注：计算单位：面积：公顷；材积立方米；系数：立方米/龄级·公顷。

试求：(1) 保有蓄积量 $M_{ku+1}=10000$ 立方米时的生态基均衡态；

(2) $M_e=6000$ 立方米时的生态基均衡态；

(3) 按材积收获量目标考虑的生物效均衡态；

(4) 当利率 $P=7.2\%$ 时的按净现值标准计算的经济效均衡态。

S 上森林资源循环一般均衡表编制方法比较简单，根据 t(i)；u、r_t、r'_t 即第 (1)、(2)、(3) 列数据计算下列数据，列于表 7-1 第 (4) 列～第 (13) 列。

第 (4) 列：单位面积立木蓄积增长系数：$R_t=r_t-r'_t$　t=1，2，…，9。

第 (5) 列：单位面积第 1-t 龄级的总生长量：$z_t=\sum_{i=1}^{t} r_i$　t=1，2，…，9。

第 (6) 列：单位面积第 1-t 龄级的蓄积量：$m_t=\sum_{i=1}^{t} R_i$　t=1，2，…，9。

第 (7) 列：u 个单位面积的总蓄积量：$m_u=\sum_{t=1}^{u} m_t$　u=1，2，3，…

第 (8) 列：采伐周期为 u 的每个细分域面积：$S_t=100/u$　u=1，2，3，…

第 (9) 列：采伐周期为 u 的 S 上任一分期生长量：$Z_t=z_tS_t$　u=1，2，3，…

第 (10) 列：采伐周期为 u 的 S 上任一分期采伐量：$C_t=m_tS_t+\sum_{t=1}^{t} r'_tS_t$　u=1，2，3，…

第 (11) 列：采伐周期为 u 的 S 上保有蓄积量：$M_t=\sum_{t=1}^{u-1} m_tS_t$　u=1，2，3，…

第 (12) 列：采伐周期为 u 的 S 上总生长量：$Z_u=Z_tu$　u=1，2，3，…

第 (13) 列：采伐周期为 u 的 S 上总采伐量：$C_u=C_tu$　u=1，2，3，…

表 7-1 简称为森林一般均衡表。观察第 (8)～第 (13) 栏各行数字，均符合一般均衡态特征量恒对等关系。根据此表，可直接查出该森林区域的全部均衡态循环特征量或控制参数。具有直观、明了和多种功用性特点。表中数字行第 4～第 6 行，第 10～第 11 列括号中的数字，为所求的 4 种均衡态标号。

表的栏目内容可根据具体情况增减。以下求各种均衡态。

（1）由第（11）列数字可知，当u为第5分期，即$M_{5k+t}=9506.0$立方米时，与所要求的保有蓄积量10000立方米最为接近。可得S处于该一般均衡态的各循环特量：

采伐周期：$u=5$（分期）

细分面积：$S_t=20$公顷；$t=1, 2, 3, 4, 5$。

任一分期S上的生长量：$Z_{5k+t}=6894.0$立方米，$k=0, 1, 2, \cdots$；$t=1, 2, \cdots, 5$。

任一分期S上的采伐量：$C_{5k+t}=6894.0$立方米，$k=0, 1, 2, \cdots$；$t=1, 2, \cdots, 5$。

整个周期S上的总生长量：$Z_{5k}=34470.0$立方米，$k=1, 2, \cdots$；$t=1, 2, \cdots, 5$。

整个周期S上的总采伐量：$C_{5k}=34470.0$立方米，$k=1, 2, \cdots$；$t=1, 2, \cdots, 5$。

S上保有蓄积量：$M_{5k+t}=9506.0$立方米，$k=1, 2, \cdots$；$t=1, 2, \cdots, 5$。

（2）当$M_e=6000$立方米时，由第（11）列可知，当u为4个分期时，$M_{4k+1}=6167.5$立方米与之最接近，S处于生态基均衡态。各特征量为：

$u=4$（分期）　　$S_t=25$公顷

$Z_{4k+t}=6560.0$立方米　　$C_{4k+t}=6560.0$立方米

$Z_{4k}=26240.0$立方米　　$C_{4k}=26240.0$立方米

$k=0, 1, 2, \cdots$；$t=1, 2, 3, 4$。

（3）由于S是固定的，因此，对应任一分期内，S上生长量最大，采伐收获得量最大的采伐周期和保有蓄积量即为所求。由表7－1第（8）、第（10）列可知，当$u=6$时，满足要求。此时，S处于生物效均衡态。各特征量为：

$u=6$（分期）　　$S_t=16.7$公顷

$Z_{6k+t}=6933.8$立方米　　$C_{6k+t}=6933.8$立方米

$Z_{6k}=C_{6k}=41602.8$立方米　　$M_b=13136.2$立方米

$k=0, 1, 2, \cdots$；$t=1, 2, \cdots, 6$。

（4）当$P=7.2\%$时，根据S上历期的间伐收入，主伐收入，以及植培费用、间、主伐费用资料，采用净现值标准公式计算，当$u=5$，$M_r=9506.0$立方米时，NPV达到最大。此时，S处于经济效均衡态。各特征量与（1）相同。

本章主要参考文献

[1]、[2] 北京林业学院．森林经理学［M]. 北京：中国林业出版社，1983.

[3]、[4] [日] 铃木太七．森林经理学［M]. 于政中，译．北京：北京林学院出版社，1983.

[5] 周国模，范济洲，李海文．同龄林收获调整的最优控制问题探讨［J]. 北京林业大学学报，1990 (4)：17－27.

[6] 张建国．关于确定森林调整期的一种统一算法［J]. 北京林业大学学报，1990 (3)：107－111.

第八章

归一化优选排序方法*

摘　要　本章提出了若干对比事物归一化优选排序方法。若干参与优选对比的事物构成一个类比环境，选取对比事物的一些质量指标，经过转换，其指向具有一致性，给定每个质量一定权数，进行无量纲的归一化处理，可得到各对比事物的唯一优选成绩及其排序。

关键词　类比环境　质量指标　归一化　优选成绩

Chapter 8　Normalized Priority Sorting Method

Abstract　It proposes the method for normalizing and prioritizing comparisons in this chapter. Several things participating in the preferred comparison constitute an analogy environment. Select some quality indicators for comparison. After conversion, the indicators which are directed consistent, and each mass is given a certain weight, then process the indicators for dimensionless normalization. The unique and preferred results of each comparative thing and its ranking can be obtained.

Keywords　Analogy Environment　Quality Index　Normalization　Preferred Grades

* 本章内容发表于《江西经济管理干部学院学报》1987 年第 2 期。

第一节 问题提出

问题1：甲、乙、丙三个企业，如何按经济效益的好坏确定它们的顺序？

问题2：假定我国继沿海14个城市开放成功后，开放政策的第二梯度选在长江沿岸城市之中，如何对沿江岸城市按开放优选条件作一个排列？

在经济管理和一般决策过程中，类似的问题非常普遍。我们称作优选排序问题。

第二节 定义与概念

定义1：设有n个事物X_1，X_2，…，X_n参与某一目的的优选排序；则这n个事物组成一个环境，称为类比环境，记为H{X_1，X_2，…，X_n}或H。

定义2：R^1，R^2，R^3，…，R^m称为类比环境H{X_1，X_2，…，X_n}的一组质量指标，如果R^j，j=1，2，…，m，反映了H中的某种特征，并且：

（1）对每一个X_i，i=1，2，…，n，标量R_i^j，i=1，2，…，n；j=1，2，…，m，都唯一存在。

（2）R_i^j，i=1，2，…，n；j=1，2，…，m，不全相等。其中，R_i^j叫作i事物的j质量。

任何一个类比环境都至少存在一组质量指标R^j，j=1，2，…，m；m≥1；若不存在，则该环境内事物不可类比。

定义3：若R_i^j，i=1，2，…，m，越大，表示事物X_i的优选权越大，则称R^j为正向质量指标。

若R_i^j，i=1，2，…，n，越大，表示事物X_i的优选权越小，则称R^j为负向质量指标。

优选排序问题可描述为：

在类比环境H{X_1，X_2，…，X_n}中，给出R_i^j，i=1，2，…，n；j=1，2，…，m，确定X_1，X_2，…，X_n一个优选顺序。

例1：甲、乙、丙三个企业就经济效益组成一个类比环境H{甲、乙、丙}。

例 2：长江沿岸城市就开放问题组成一个类比环境 H {长江沿岸城市}。

对于某一个环境来说，质量指标可能是很多的。不是每一个质量指标在优选排序里都起作用，需要选取与排序目的直接相关联的那些。对某些较为特殊的指标 R^j 来说，可能需要经过一些转换，才能得到 R_i^j，$i=1, 2, \cdots, n$.

例 3：企业经济效益是企业的劳动投入（包括物化劳动和活劳动投入）与产出的对比。其质量指标可以选取以下五个。

（1）资产产值率；（2）资金利税率；（3）资金周转率；

（4）费用率；（5）全员劳动效率。

例 4：城市的开放是为了促进经济发展，但必须有一定的条件。一般来说，有以下主要因素。

（1）城市经济发展水平与经济实力。可用工业总产值或固定资产量等指标来表示。

（2）投资环境。这里主要包括技术装备、交通条件、科技教育水平、城市基础设施、管理效率等方面。

（3）港口吞吐量。港口是城市开放的必要条件，港口吞吐量是城市经济和贸易水平的综合反映。

（4）港口是否为所在省份最可能的开放口岸。

（5）港口城市的经济发展对周围区域的影响能力，称为边缘效应强度。

（6）港口通航条件，是指江海联运的条件。

这六个因素可以作为该环境的质量指标。

显然，例 3、例 4 的质量指标满足唯一存在性（例 4 的某些指标需要作一定转换得到标量），也满足不全等性。事实上，若各质量指标量均全等，则表示其类比事物处于并列状态，无先后顺序。

对于例 3，质量指标 1、指标 2、指标 3、指标 5 都是正向的。其数量越大，表示经济效益越好，优选权越大。指标 4 是负向的。在其他指标不变情况下，费用率越大，效益越差，优选权越小。

对于例 4，质量指标全都是正向的，其数值越大，表示开放的条件越好。

现在的问题是，质量指标是分散的，又不全相等，如何给出一个确定标准，使其综合反映了各质量指标的内容，并可唯一定出类比事物的优选顺序来？

第三节 排序定理

根据经验和对问题的分析，我们总可以依据每一个质量指标 R^j，j = 1，2，…，m，在类比环境中的重要程度，给出一个对应的权数 P^j，j = 1，2，…，m，并且满足：

$$\sum_{j=1}^{m} P^j = 1 \tag{8-1}$$

例 5：企业经济效益质量指标中，费用率是劳动投入与产出直接对比，我们认为最为重要，给定权数为 0.3；指标 2、指标 3 为次重要，分别给定权数 0.2；其余为 0.15。

例 6：城市开放条件中，指标 2、指标 4、指标 5 最为重要，分别给定权数为 0.2；指标 1、指标 3 为次重要，分别给 0.15；通航能力是在满足最低条件之上，再确定优劣，给权数为 0.1。

为了讨论方便，也就最一般的情况，假定质量指标量 $R_i^j \geq 0$，i = 1，2，…，n；j = 1，2，…，m.

排序定理：类比环境 H $\{X_1, X_2, \cdots, X_n\}$ 中，称：

$$W_i^j = \frac{P^j}{\sum_{i=1}^{n} R_i^j} R_i^j \qquad j = 1, 2, \cdots, m \tag{8-2}$$

为 i 事物 j 质量优选成绩，则 i 事物优选成绩：

$$W_i = \sum_{j=1}^{m} W_i^j = \sum_{j=1}^{m} \frac{P^j}{\sum_{i=1}^{n} R_i^j} R_i^j \qquad i = 1, 2, \cdots, n \tag{8-3}$$

是唯一确定的。并且：

①当 R^j，j = 1，2，…，m，全部为正向质量指标时，优选顺序按优选成绩 W_i，i = 1，2，…，n，降序排列。

②当 R^j，j = 1，2，…，m，全部为负向质量指标时，优选顺序按优选成绩 W_i，i = 1，2，…，n，升序排列。

③当 R^j，j = 1，2，…，m，为正负向混合质量招标时，限定 $R_i^j > 0$，i = 1，2，…，n；j = 1，2，…，m，对少数负向质量指标 R^t，$t = j_1, j_2, \cdots$，

j_s；$S \leqslant \left[\frac{m}{2}\right]$作如下变换：

$$R_i^{-t} = \frac{1}{R_i^t} \qquad i = 1,\ 2,\ \cdots,\ n;\ t = j_1,\ j_2,\ \cdots,\ j_s;\ S \leqslant \left[\frac{m}{2}\right] \tag{8-4}$$

然后，按单方向质量指标的情况排序。

证明：

（1）优选成绩是唯一确定的。

假定还有一个成绩：

$$W'_i = \sum_j \frac{P^{j'}}{\sum_i R^{j'}} R_i^{j'}$$

则：

$$W_i - W'_i = \sum_j \frac{P^j}{\sum_i R_i^j} R_i^j - \sum_j \frac{P^{j'}}{\sum_i R_i^{j'}} R_i^{j'}$$

$$= \sum_j \left[\frac{P^j}{\sum_i R_i^j} R_i^j - \frac{P^{j'}}{\sum_i R_i^{j'}} R_i^{j'}\right]$$

由于质量指标是唯一确定的，同时由式（8-4）转换后的质量指标 R_i^{-t} 也是唯一确定的，

因此，$R_i^j = R_i^{j'}$，$i = 1,\ 2,\ \cdots,\ n$；$j = 1,\ 2,\ \cdots,\ m$.

上式 $= \sum_j \frac{R_i^j}{\sum_i R_i^j}[P^j - P^{j'}]$

这就是说，优选成绩的唯一性取决于质量指标权数的唯一性，如果对于具体环境，权数只给定一个，即：

$$P^j = P^{j'} \quad j = 1,\ 2,\ \cdots,\ m$$

则有：

$$W_i - W'_i = 0 \qquad i = 1,\ 2,\ \cdots,\ n$$

（2）对于①，R^j，$j = 1,\ 2,\ \cdots,\ m$，为正向质量指标，对于每一个固定的 i，R_i^j，$j = 1,\ 2,\ \cdots,\ m$，数值越大，由式（8-3）知，优选成绩 W_i 就越大，优选权越大，因此，优选顺序按降序排列。

对于②，同上理，情况刚好相反。

对于③，由式（8-4），变换后的质量 R_i^{-t} 与原质量 R_i^t 互为相反数，

即质量指标倒换了方向。于是，R^j，i=1，2，…，m，只有一种方向，这就归结到①和②的情况了。

优选成绩能够作为排序标准，是因为有以下重要性质。

性质1：环境H中，j质量优选成绩之和等于j质量权数，即：

$$\sum_i W_i^j = P^j \quad j = 1, 2, \cdots, m \tag{8-5}$$

证明：

$$\sum_{i=1}^n W_i^j = \sum_{i=1}^n \frac{P^j}{\sum_{i=1}^n R_i^j} R_i^j = \frac{\sum_{i=1}^n R_i^j}{\sum_{i=1}^n R_i^j} P^j = P^j \quad j = 1, 2, \cdots, m$$

这一性质表明，H中所有参与排序的事物，其j质量优选成绩只是依据自身j质量指标量在该指标总成绩（权数）中取得一个比例份额。

性质2：环境H中，所有事物的优选成绩之和恒等1，即：

$$\sum_i^n W_i \equiv 1 \tag{8-6}$$

证明：

$$\sum_i^n W_i = \sum_i^n \sum_j^m \frac{P^j}{\sum_i^n R_i^j} R_i^j = \sum_j^m \sum_i^n \frac{P^j}{\sum_i^n R_i^j} R_i^j = \sum_j^m P^j = 1$$

我们把性质2叫作优选成绩归一化。性质1、性质2表明，每一个事物的优选成绩按权数综合了所有质量指标内容。

当R_i^j，i=1，2，…，n；j=1，2，…，m，不全大于等于零，且无混合方向时，优选成绩定义为：

$$W_i = \sum_{j=1}^m \frac{P^j}{\sum_{i=1}^n |R_i^j|} R_i^j \quad i = 1, 2, \cdots, n \tag{8-7}$$

优选排序方法不变，但性质1、性质2不再成立。

若此时有混合方向，则要具体分析，一般应选择R_i^j，i=1，2，…，n；j=1，2，…，m，全大于零或小于零的质量指标按式（8-4）换向，再使用式（8-7）。

鉴于$R_i^t=0$时，式（8-4）不能成立；因此，含有0的质量指标都不能转换方向。

第四节　应用与讨论

我们来解决最初的两个问题。

例 7：将问题 1 中的三个企业、5 大质量指标量、权数列于表 8－1。

指标 4 的反向转换：

$$R_1^{-4}=\frac{1}{R_1^4}=\frac{1}{0.057}=17.54$$

$$R_2^{-4}=\frac{1}{R_2^4}=\frac{1}{0.053}=18.87$$

$$R_3^{-4}=\frac{1}{R_3^4}=\frac{1}{0.05}=20$$

每个企业的各质量优选成绩的计算。

指标 1 的各企业优选成绩：

$$W_1^1=\frac{P^1}{\sum_{i=1}^{3}R_i^1}R_1^1=\frac{0.15}{2.6+1.8+2.2}\times 2.6=0.0591$$

$$W_2^1=\frac{P^1}{\sum_{i=1}^{3}R_i^1}R_2^1=\frac{0.15}{2.6+1.8+2.2}\times 1.8=0.0409$$

$$W_3^1=\frac{P^1}{\sum_{i=1}^{3}R_i^1}R_3^1=\frac{0.15}{2.6+1.8+2.2}\times 2.2=0.05$$

同理可计算出其他指标的各企业优选成绩，如表 8－1 所示。

各企业的总优选成绩的计算：

$$W_1=\sum_{j=1}^{5}W_1^j=0.0591+0.0661+0.0545+0.0933+0.0484=0.3214$$

$$W_2=\sum_{j=1}^{5}W_2^j=0.0409+0.0609+0.0682+0.1014+0.0435=0.3149$$

$$W_3=\sum_{j=1}^{5}W_3^j=0.05+0.073+0.0773+0.1064+0.0581=0.3648$$

因此，三个企业经济效益优选顺序为：丙 > 甲 > 乙。

表 8-1 企业经济效益归一化优选

企业	资产产值率 $P^1=0.15$		资金利税率 $P^2=0.2$		资金周转率 $P^3=0.2$		费用率 $P^4=0.3$			全员劳动效率 $P^5=0.15$		优选成绩 W_i	优选顺序
	R_i^1	W_i^1	R_i^2	W_i^2	R_i^3	W_i^3	R_i^4	R_i^{-4}	W_i^4	R_i^5	W_i^5		
甲	2.6	0.0591	0.38	0.0661	1.2	0.0545	0.057	17.54	0.0993	2	0.0484	0.3214	2
乙	1.8	0.0409	0.35	0.0609	1.5	0.0682	0.053	18.87	0.1014	1.8	0.0435	0.3149	3
丙	2.2	0.05	0.42	0.073	1.7	0.0773	0.05	20	0.1064	2.4	0.0581	0.3648	1
合计	6.6	0.15	1.15	0.2	4.4	0.2	0.16	56.41	0.3	6.2	0.15	1	—

例 8：对于问题 2，我们选择镇江至宜昌 8 个城市，将各质量指标权数列于表 8-2。

其中，投资环境理应根据其具体内容，采用本方法在低一层次里计算出优选成绩来，这里仅分为三等，如表 8-2 所示。

（1）是否为该省最可能的口岸。江苏选择南京；安徽选择芜湖；江西选择九江；湖北选择武汉；湖南选择岳阳。

（2）通航能力分三等。南京以下可通万吨以上海轮，为一等；武汉以下可通 3000～5000 吨江海轮，为二等；武汉以上只通 3000 吨以下江海轮，为三等。

（3）边缘效应强度分三等，如表 8-2 所示。

质量指标为等级的，还要作一个转换。这里按一等为 1，二等为 0.9，三等为 0.7 计算。分"是"或"否"的，按"是"为 1，"否"为 0.4 计算。

依据优选成绩公式，详细计算各港口城市的优选成绩，列于表 8-2，最终优选顺序为：

（1）南京 （2）武汉 （3）芜湖 （4）岳阳

（5）九江 （6）镇江 （7）宜昌 （8）安庆

这个顺序的意义是，如果所选质量指标具有说服力的话，当在长江沿岸选择进一步开放的城市时，应遵从这个优先顺序。

讨论：我们讨论的问题事实上是在质量指标无法化简的情况下，多因素优选顺序问题。其合理性影响最大的有两个方面。

表 8-2 长江沿岸港口城市进一步开放优选

港名	工业总产值（亿元）$P^1=0.15$		投资环境 $P^2=0.2$			港口货物吞吐量（万吨）$P^3=0.15$		是否为本省最可能的口岸 $P^4=0.2$			边缘效应强度 $P^5=0.2$			通航条件 $P^6=0.2$			优选成绩 W_i	优选顺序
	R_i^1	W_i^1	等级	R_i^2	W_i^2	R_i^3	W_i^3	是否	R_i^4	W_i^4	等级	R_i^5	W_i^5	等级	R_i^6	W_i^6		
镇江	22.5	0.0093	2	0.9	0.0265	837	0.0104	否	0.4	0.0129	3	0.7	0.0206	1	1	0.0143	0.094	6
南京	105.2	0.0437	1	1	0.0294	4600	0.0573	是	1	0.0323	1	1	0.0294	1	1	0.0143	0.2064	1
芜湖	22.7	0.0094	2	0.9	0.0265	1032	0.0129	是	1	0.0323	2	0.9	0.0265	2	0.9	0.0129	0.1205	3
安庆	15.3	0.0064	3	0.7	0.0206	603	0.0075	否	0.4	0.0129	3	0.7	0.0206	2	0.9	0.0129	0.0809	8
九江	11.3	0.0047	3	0.7	0.0206	765	0.0095	是	1	0.0323	2	0.9	0.0265	2	0.9	0.0129	0.1065	5
武汉	145.2	0.0603	1	1	0.0294	2700	0.0336	是	1	0.0323	1	1	0.0294	2	0.9	0.0129	0.1979	2
岳阳（城陵矶）	20.9	0.0087	3	0.7	0.0206	1000	0.0125	是	1	0.0323	2	0.9	0.0265	3	0.7	0.01	0.1106	4
宜昌	18.00	0.0075	2	0.9	0.0265	507	0.0063	否	0.4	0.0129	3	0.7	0.0206	3	0.7	0.01	0.0838	7
合计	361.1	0.15	—	6.8	0.2	12044	0.15	—	6.2	0.2	—	6.8	0.2	—	7	0.1	1	—

注：R_i^1、R_i^3，i=1，2，3，…，8，数据来源：《中国城市统计年鉴》（1986 年）。

（1）质量指标的选取。质量指标是优选排序的依据，当选取不合理时，优选可信程度下降。必须依据排序目的，选取最能反映事物特征的那些指标。

（2）质量指标的权数。它说明该指标在类比环境中的重要程度，当给定的权数不恰当时，增强或减弱了某些质量指标的作用，合理性受到影响。

这两个问题的不同处理，优选结果会有所不同，说明这种排序方法仍带有主观性或个人偏好。在实践中，可以由专家或由各类比事物当事人面对面讨论，提出一个大家都可以接受的优选方案。

与非归一化排序方法比较。

非归一化排序方法有许多种，最常见的有：①直接相加法；②直接相乘法；③非归一化比重法。前两种方法就是将质量指标值直接相加或相乘所得作为优选成绩，后一种把质量指标值直接与比重相乘，取其和作为优选成绩。

因为质量指标是从不同侧面来反映类比事物的优劣性。指标量纲不同，数值差异也非常大，在许多问题里根本不能直接进行加乘运算。归一化方法，先求各类比事物每一种质量的优选成绩，然后求总成绩，始终保证运算量纲相同；同时各质量指标在未计算出优选成绩时，互不相干，克服了指标数值不均衡影响。

表 8－3 是例 7 数据用非归一化比重法计算的优选顺序，由于数值差异较大，指标 4 的优选成绩在总绩里比重过大，而指标 2 优选成绩比重过小，因此，甲、乙两企业的优选顺序刚好倒换了。

表 8－3　　企业经济效益非归一化优选

企业	资产产值率 $P^1=0.15$		资金利税率 $P^2=0.2$		资金周转率 $P^3=0.2$		费用率 $P^4=0.3$			全员劳动效率 $P^5=0.15$		优选成绩 W_i	优选顺序
	R_i^1	W_i^1	R_i^2	W_i^2	R_i^3	W_i^3	R_i^4	R_i^{-4}	W_i^4	R_i^5	W_i^5		
甲	2.6	0.39	0.38	0.076	1.2	0.24	0.057	17.54	5.2632	2	0.3	6.2692	3
乙	1.8	0.27	0.35	0.07	1.5	0.3	0.053	18.87	5.6604	1.8	0.27	6.5704	2
丙	2.2	0.33	0.42	0.086	1.7	0.34	0.05	20.00	6	2.4	0.36	7.116	1
合计	6.6	0.99	1.15	0.232	4.4	0.88	0.16	56.41	16.9236	6.2	0.93	19.9556	—

第九章

归一化多层优选法及在目标管理干部素质评价中的应用*

摘　要　本章提出了归一化多层优选法在目标管理及干部素质评价中的应用方法。介绍了归一化优选排序法；构造了一个干部综合素质评价的三层类比环境套，给出每一层的质量指标体系。在最低一级，采用模糊聚类方法得到质量指标量值，使用归一化优选法得到优选成绩并作为上一层次的质量指标。经过反复运用归一化排序定理，最终得到干部综合素质评价的最终优选成绩，并举出应用示例。

关键词　归一化优选排序法　多层类比环境套　模糊聚类　干部综合素质评价

Chapter 9　Application of Normalized Multi－Layer Optimization Method in Target Management and Cadre Quality Evaluation

Abstract　This chapter puts forward the application method of normalized multi-layer optimization method in target management and cadre quality evaluation. It introduces normalized preference sorting method, and constructs three-layer analogy environment set for evaluating the comprehensive quality of cadres, and

* 本章内容为1987年12月江西省委组织部、省人事厅、行政学院联合举办“江西省目标管理责任制研讨会”入选发言论文。

gives out the quality index system of each layer. At the lowest level, the fuzzy clustering method is used to obtain the quality index value, and the normalized optimization method is used to obtain the optimal score and use it as the quality index of the upper level. After repeated application of the normalized sorting theorem, it obtain the final optimal score of the comprehensive quality evaluation of cadres. It also give some application examples at last.

Keywords　Normalized Priority Sorting Method　Multi – Layer Analog Environment Set　Fuzzy Clustering　Comprehensive Quality Evaluation of Cadres

在推行目标管理中，在经济管理以及一般管理乃至人力资源管理决策过程中，常常需要对管理目标按照某些因素进行优选排序。本章以干部管理中素质评价为例，提出归一化多层优选法及其应用方法。

第一节　归一化优选排序法简介[①]

1. 基本定义

定义 1：设有 n 个事物，X_1，X_2，…，X_n 参与某一目的的优选排序，则这 n 个事物组成一个环境，称为“类比环境”或“环境”。

定义 2：R^1，R^2，…，R^n 称为类比环境的一组质量指标。如果其中的每一个质量指标反映了环境中的某一特征，并且以下两个条件成立：

（1）对每一个事物 X_i，标量 R_i^j，i = 1，2，…，n；j = 1，2，…，m，都唯一存在。

（2）所有的指标量 R_i^j 不全都相等，其中，R_i^j 叫作事物 X_i 的 j 质量。

任何一个类比环境都至少存在一组质量指标（指标个数在 1 个以上）；若不存在，则该环境内事物不可类比。

定义 3：若某个质量指标的量值越大，表示对应事物的优选权越大，则称该指标为正向质量指标；若某个质量指标的量值越大，表示对应事物的优选权越小，则称该指标为负向质量指标。

① 参见王志国：《归一化优选排序方法》，载《江西经济管理干部学院学报》1987 年第 2 期。

优选排序问题可描述为在特定类比环境中，给出该环境有关质量指标量值，确定其中类比事物的一个优选顺序。例如，4 名青年干部就干部综合素质组成一个干部综合素质类比环境。

对于某一个环境来说，质量指标可能是很多的。不是每一个质量指标在优选排序中都起作用，需要选取与排序目的直接相关联的那些指标。对某些较为特殊的指标来说，可能需要经过一些转换才能得到指标量值。

青年干部的综合素质是多因素的，定量相对比较困难。一般来说，可从德、能、勤、绩几个方面来测评。以下 6 个指标是主要的：（1）个人政治历史和政治态度；（2）工作和学习态度；（3）理论和政策水平；（4）专业理论和业务水平；（5）年龄；（6）工作成绩。

显然，青年干部素质的质量指标理论上讲也是唯一确定的，但客观上它们大多是一个模糊概念，需要做一些转换。而且素质指标也满足不全等性。事实上，若各质量指标量值均为全等，则表示类比事物处于并列状态，无先后顺序。

对于青年干部素质除指标 5 外，其余都是正向的，其数值越大，表示该方面的素质越好。指标 5 则存在一个峰值，年龄处于这个点上素质最好。

现在的问题是质量指标是分散的，又不全相等，如何给出一个确定标准，使其综合反映各质量指标的内容，并可以唯一地确定出类比事物的优选顺序。

根据经验和对问题的分析，我们总可以依据每一个质量指标 R^j，$j=1, 2, \cdots, m$，在类比环境中的重要程度，给出一个对应的权数 P^j，$j=1, 2, \cdots, m$，并且使所有质量指标的权数之和等于 1，即：

$$\sum_{j=1}^{m} P^j = 1 \tag{9-1}$$

例如，青年干部每种素质指标，德、绩最为重要，分别给权数 0.25；能为次等重要，给权数 0.2；勤、龄为再次重要，分别给权数 0.15。

为了方便讨论，也就最一般的情况，假定质量指标量值全都大于 0 或不全等于 0（$R_i^j \geqslant 0$，$i=1, 2, \cdots, n$；$j=1, 2, \cdots, m$）。

2. 排序定理

类比环境中称：

$$W_i^j = [P^j / \sum_{i=1}^{n} R_i^j] R_i^j \quad j = 1, 2, \cdots, m \tag{9-2}$$

为 i 事物 j 质量优选成绩，则 i 事物优选成绩：

$$W_i = \sum_{j=1}^{m} W_i^j = \sum_{j=1}^{m} [P^j / \sum_{i=1}^{n} R_i^j] R_i^j \quad i = 1, 2, \cdots, m \tag{9-3}$$

是唯一确定的，并且：

（1）当所有质量指标 R^j，$j=1, 2, \cdots, m$，全部为正向质量指标时，优选顺序按优选成绩大小 W_i，$i=1, 2, \cdots, n$，降序排列。

（2）当所有质量指标 R^j，$j=1, 2, \cdots, m$，全部为负向质量指标时，优选顺序按优选成绩大小 W_i，$i=1, 2, \cdots, n$，升序排列。

（3）当全部质量指标 R^j，$j=1, 2, \cdots, m$，有正负向混合质量指标时，限定全部质量指标量值大于 0 的情况 $R_i^j>0$，$i=1, 2, \cdots, n$；$j=1, 2, \cdots, m$，对少数方向质量指标 R^t，$t=j_1, j_2, \cdots, j_s$；$S \leqslant [m/2]$ 做倒换方向的变换：

$$R_i^{-t}=1/R_i^t \quad i=1, 2, \cdots, n; \ t=j_1, j_2, \cdots, j_s; \ S \leqslant [m/2] \tag{9-4}$$

然后，再按单方向质量指标的情况排序。

优选成绩能够作为排序标准，是因为有以下重要性质。

性质 1：类比环境中，j 质量优选成绩之和等于 j 质量权数，即：

$$\sum_i W_i^j = P^j \quad j = 1, 2, \cdots, m \tag{9-5}$$

这一性质表明，类比环境中所有参与排序的事物，其 j 质量优选成绩只是依据自身质量指标量值，在该指标总成绩（权数）中取得一个比例份额。

性质 2：类比环境中，所有事物的优选成绩之和恒等于 1，即：

$$\sum_i W_i \equiv 1 \tag{9-6}$$

上述定理和重要性质都可以严格证明。

我们把性质 2 叫作“优选成绩标准化、归一化”，性质 1、性质 2 表明每一个事物的优选成绩按权数综合了所有质量指标内容。

当所有质量指标的量值不全大于等于0，并且无混合方向时，优选成绩定义为：

$$W_i = \sum_{j=1}^{m} [P^j / \sum_{i=1}^{n} |R_i^j|] R_i^j \quad j = 1, 2, \cdots, m \tag{9-7}$$

优选排序方法不变，但性质1、性质2不再成立。若此时有混合方向则要具体分析，一般应选择量值全大于0或全小于0的重量指标，按式（9-4）转换方向，再使用式（9-7）。量值中含有0，或者既有大于0的又有小于0的质量指标都不能转换方向。

第二节　多层目标排序方法及其在干部评价中的应用

1. 分层类比环境及质量指标

排序定理的应用有很多技巧，这里着重结合青年干部综合素质测评，提出多层次目标排序的方法。

类比环境中有许多质量指标，每一个质量指标实际上又由若干内容组成。把每一个质量指标作为下一层次的排序目的，而把该指标的具体内容又作为这一层次的质量指标，这样就组成了低一层次的类比环境，称为“子环境”。如此继续分下去，一直分解到比较具体的层次，就得到具有若干层次的目标排序类比环境套。在每一层次的环境中重复使用排序定理，就可以最终确定类比事物的一个优选顺序。这种方法的最大好处是，在模糊评价中，质量指标层次越高，越具有综合性，定性定量越难以准确掌握。经多层次分解后，子环境中的质量指标往往很具体，定性定量就比较好掌握了，这就可以大大地提高优选排序的准确度。

以青年干部综合素质测评为例，我们先排除青年干部个人以及其他方面有重大政治历史问题，不宜作为后备队伍成员的情况，按照多层次目标排序方法做一个类比环境套，假定分为三个层次：

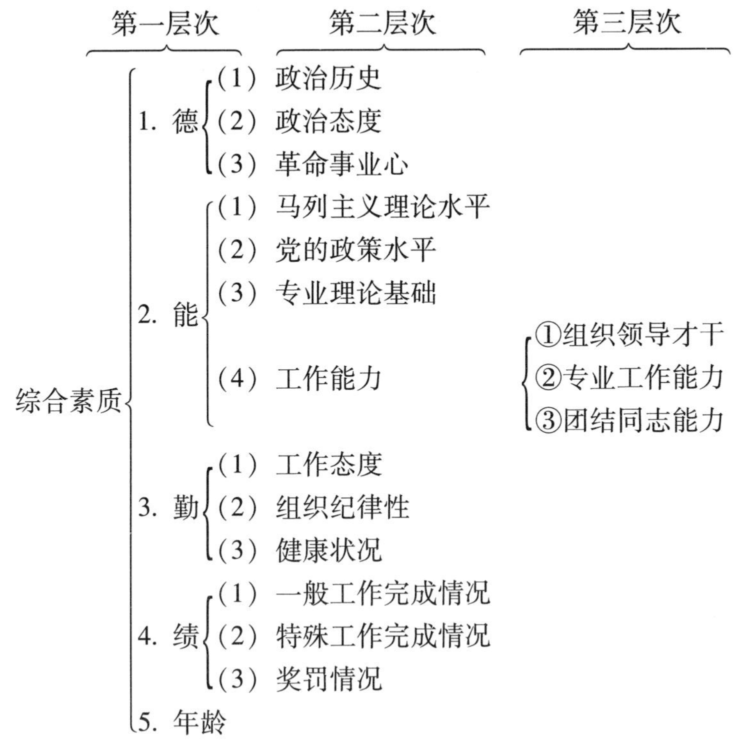

2. 模糊聚类与多层目标归一化排序

由三层次组成的环境套中，质量指标差不多都是模糊概念。如何将模糊评价变成可计算的数值的方法很多，例如专家打分法、模糊评价法、模糊聚类法等。为了简便起见，先用模糊聚类法计算第三层次类比子环境中工作能力的各项指标量值。

假定根据领导、群众、专家们的评议，获得了 4 名青年干部的工作能力 3 项指标（第三层次）的一些模糊概念，分为较好、一般、较差三档。若采用模糊评价法，就可以直接转换成量值。例如，按“较好”为 1、“一般”为 0.7、“较差”为 0.5 来计算。但实际情况并非如此，如 10 名评议者对干部甲的组织能力评价是：6 人评为较好，3 人评为一般，1 人评为较差。模糊聚类法用评定该档的人数占总人数的比重（概率）乘以该档的标准量值，用和作为实际量值，这样，干部甲的组织领导才干的综合评分为：

$1 \times 0.6 + 0.7 \times 0.3 + 0.5 \times 0.1 = 0.86$

显然这种方法要精确一些。同理，可以给出其他指标以及其余干部各项指标的模糊评分。如表 9－1 所示。将表 9－1 的综合评分写为 R_i^1、R_i^2、R_i^3 列入表 9－2，使用归一化优选法就可以计算 4 名青年干部在第二层次中的工作能力的优选成绩 W_i。第二层次中，专业工作能力权数为 0.4，组织领导才干、团结同志能力权数分别为 0.3。于是干部甲的组织领导才干的优选成绩为：

$$W_1^1 = 0.3 \times (0.86 + 0.97 + 0.92 + 0.76) \times 0.86 = 0.0735$$

同理可以计算：$W_1^2 = 0.106$，$W_1^3 = 0.0554$，其工作能力的优选成绩为：

$$W_1 = 0.0735 + 0.106 + 0.0554 = 0.2349$$

表 9－1　用模糊聚类法测定干部各项工作能力的量值

干部代称	(1) 组织领导才干				(2) 专业工作能力				(3) 团结同志能力			
	较好	一般	较差	综合评分	较好	一般	较差	综合评分	较好	一般	较差	综合评分
甲	0.6	0.3	0.1	0.86	0.9	0.1	0	0.97	0	0.4	0.6	0.58
乙	0.9	0.1	0	0.97	0.6	0.3	0.1	0.86	0.7	0.2	0.1	0.89
丙	0.8	0.1	0.1	0.92	0.7	0.2	0.1	0.89	0.9	0.1	0	0.97
丁	0.2	0.8	0	0.76	0.8	0.2	0	0.94	0	1	0	0.7

注：三个模糊档标准分：较好档 1；一般档 0.7；较差档 0.5；参与评价总人数为 10 人，评价为某档的概率为：评价为某档的人数/10。

表 9－2　青年干部工作能力归一化优选成绩

干部代称		(1) 组织领导才干 $P^1 = 0.3$		(2) 专业工作能力 $P^2 = 0.4$		(3) 团结同志能力 $P^3 = 0.3$		工作能力优选成绩 W_i
		R_i^1	W_i^1	R_i^2	W_i^2	R_i^3	W_i^3	
甲	X_1	0.86	0.0735	0.97	0.106	0.58	0.0554	0.2349
乙	X_2	0.97	0.0829	0.86	0.094	0.89	0.085	0.2619
丙	X_3	0.92	0.0786	0.89	0.0973	0.97	0.0927	0.2686
丁	X_4	0.76	0.065	0.94	0.1027	0.7	0.0669	0.2346
合计		3.51	0.3	3.66	0.4	3.14	0.3	1

其余干部同类指标计算方法类似。将工作能力优选成绩 W_i 转写为 R_i^4 列入表9-3第（4）列。假定第（1）、第（2）、第（3）列也按类似方法计算出优选成绩列入表9-3，其综合能力各项指标的权数也已确定，再用相同的方法就可以计算他们在第一层次中的“能”指标的综合优选成绩，列入表9-3最后一列，并转写入表9-4第（2）列。

表9-3　　　　青年干部综合能力归一化优选成绩

干部代称		(1) 马列主义理论水平 $P^1=0.2$		(2) 党的政策水平 $P^2=0.2$		(3) 专业理论基础 $P^3=0.2$		(4) 工作能力 $P^4=0.4$		综合能力优选成绩 W_i
		R_i^1	W_i^1	R_i^2	W_i^2	R_i^3	W_i^3	R_i^4	W_i^4	
甲	X_1	0.81	0.0462	0.93	0.0510	0.89	0.0524	0.2349	0.094	0.2346
乙	X_2	0.97	0.0553	0.89	0.0488	0.92	0.0541	0.2619	0.1048	0.2630
丙	X_3	0.89	0.0507	0.96	0.0526	0.7	0.0412	0.2686	0.1074	0.2519
丁	X_4	0.84	0.0479	0.87	0.0477	0.89	0.0524	0.2346	0.0938	0.2418
合计		3.51	0.2001	3.65	0.2001	3.40	0.2001	1	0.4	1.0003

与上述方法相同，可以计算“德、勤、绩”综合成绩列入表9-4第（1）、第（3）、第（4）列。年龄指标列第（5）列，按“30岁以下”为0.7、“30~45岁”为1、“45岁以上”为0.5，给出量值均列入表9-4。最终再使用一次归一化优选法，即计算出了4名青年干部的总体综合素质的优选成绩 W_i，据此可排出顺序列入表9-4最后两列。当然，对于那些在某个领域有特殊贡献的青年干部，则应特殊考虑。

专家打分法和模糊聚类法事实上构成了完善的独立方法，在第一层次里就可以使用它。

表 9－4　　某单位青年干部综合素质优选排序

干部代称	(1) 德 $P^1=0.25$		(2) 能 $P^2=0.2$		(3) 勤 $P^3=0.15$		(4) 绩 $P^4=0.25$		(5) 年龄 $P^5=0.15$			综合优选成绩 W_i	综合优选排序
	R_i^1	W_i^1	R_i^2	W_i^2	R_i^3	W_i^3	R_i^4	W_i^4	年龄	R_i^5	W_i^5		
甲	0.2518	0.063	0.2436	0.0487	0.2316	0.0347	0.2511	0.0628	32	1	0.0469	0.2561	2
乙	0.2412	0.0603	0.263	0.0526	0.2521	0.0378	0.2412	0.0603	27	0.7	0.0328	0.2438	3
丙	0.2401	0.06	0.2519	0.0504	0.2432	0.0365	0.262	0.0655	38	1	0.0469	0.2593	1
丁	0.2669	0.0667	0.2418	0.0483	0.2731	0.041	0.2457	0.0614	46	0.5	0.0234	0.2408	4
合计	1	0.25	1.0003	0.2	1	0.15	1	0.25	—	3.2	0.15	1	—

第三节　几点讨论

1. 多因素归一化优选排序合理性的重要影响因素

（1）质量指标的选取与模糊评价的量化。必须依据排序目的，选取最能反映事物本质特征的那些指标。当选取不合理时，优选可信程度下降。当指标可以直接量化时，可以直接应用归一化排序定理。当许多指标是一个综合的或模糊的，则可以将综合指标进行逐一分解至具体可以量化的层次。如果还不能量化，则可以实行模糊聚类的量化方法。这样质量指标就构成一个分层指标体系，而模糊聚类是将大多数人的模糊概念，依概率转化为确定性数量最有效方法。

（2）质量指标的权数及其确立。权数说明该指标在类比环境中的重要程度。当增加或减少指标权数时，可增强或减弱该指标的作用。如果权数设置不恰当时，优选的合理性也就受到影响；当指标量值是由模糊概念给出时，还增加了观察误差。

这两个问题是主观性和个人偏好能够对排序进行干预或调节的条件。为了使优选方法尽可能科学合理，必须对优选事物的本质特征进行深入研究，以保障选取的指标和权数尽可能合理。通常可以在较大范围内听取专家、领导、群众的意见，可运用德尔菲法归集大家的意见。如干部评价问题，尤其要听取多方面的意见和反映。

2. 多层次目标排序提供了将复杂问题简化的一种有效方法

许多事物在思维体系里往往是综合的、模糊的、难以量化的。经多次降维分解后，在较低维度，概念便较为清晰和易于把握量化。本例干部素质问题就是一个典型案例。综合素质是一个综合的模糊概念，分为“德、能、勤、绩”后仍是一个综合模糊概念。但分解到第二层次、第三层次就越来越清晰了。如果分解过多，将使指标体系过于庞大，归一化计算也趋于复杂，一般分解到第二、第三层次就可以了。

多层次目标排序是对归一化排序定理的多次运用和灵活运用。通常从最低层次模糊聚类和计算优选成绩开始，每一轮的优选成绩是高一层次的质量指标。其高一层次的优选成绩，由该指标质量之和与该指标权数共同确定。其优选成绩之和始终等于该指标权数，始终保证优选成绩归一化，也就是归一化排序定理的反复使用，从而得到最高层次或最终目标的优选成绩并作出排序。

3. 本方法与非归一化排序方法比较

最常见的非归一化排序方法，是将排序质量指标打分后直接相加，或将质量指标赋值后与权数直接相乘，取其和作为优选成绩。目前干部测评中大多采用这种方法。由于质量指标是从不同侧面来反映类比事物的优劣性，指标量纲不同，数值差异也非常大，许多问题里根本不能直接加乘运算，即使能直接加乘，也并没有真实反映不同质量指标的重要程度。

归一化方法，先求各类比事物每一种质量的优选成绩，再求总成绩，始终保证运算量纲相同；同时，各质量优选成绩只是按指标量值所占的比重取得，始终保持归一化也是标准化，克服了指标量值不均衡、量纲不同、不能直接进行数学运算的困难，其优选成绩较为科学合理和令人信服。

第十章

猪肉分部位销售价格的一种定价方法*

摘　要　按照消费者对不同部位猪肉的消费偏好制定不同的价格是改善商业服务质量的重要举措。建立 n 个不同部位猪肉重量和单价对总重量和统装肉计划价的一个 n 元一次方程，引入 n－1 个部位对一个基准部位的等价量，可构建 n 元一次方程组。通过消费者调查可以依概率确定这个等价量，获得方程组的唯一解，就是各部位价格。本方法在当时商业服务改革时获得实际应用，本章给出了应用示例。本方法可以推广到更大范围，比如国民产品系统的价值价格测算问题。

关键词　分部位销售　比价系数　定价方法

Chapter 10　A Pricing Method for Pork Segmenting Sales

Abstract　It can set different prices according to consumers' preferences for different parts of pork, which is an important measure to improve the quality of commercial services. An n-dimension linear equation of pork weight and unit price of n different parts versus total weight and planned price of packaged meat was established, and the equivalent quantity of n－1 parts to a base part was introduced

* 本章内容写于 1983 年 6 月；并在当时商业部门制定分部位销售猪肉价格时，得到实际运用。

to construct system of n-element linear equations. This equivalent quantity can be determined according to the probability through the consumer survey, and the only solution of the equation system is obtained, which is the price of each part. It was practically applied during the commercial service reform at that time, and an application example is given later. This method can be widely extended, such as the measurement of the value and price of the national product system.

Keywords Segmenting Sale Price Ratio Coefficient Pricing Method

随着人民群众消费水平提高，人们对猪肉不同部位的消费偏好明显不同，统装货一种价格已经不能适应市场要求，引发群众矛盾。实行分部位销售势在必行。本定价问题可以描述为，在计划价格不变的总约束条件下，如何根据人民群众对不同部位猪肉的消费偏好制定不同部位的价格，使分部位销售的总价格与统装肉销售的总价格保持不变。

第一节 分部猪肉价格的测算模型

取2~3头宰杀完毕的猪肉，按拟定的n个部位分割好，称准总重量和各部位重量。

假设1：总重量为A（斤），分部位前单价（统货肉单价）为X（元）。

假设2：n个部位及其重量分别为a_1，a_2，…，a_n，对应的待测定的单价为X_1，X_2，…，X_n，a_0为部位分割和出售时的损耗。

由假设1、假设2得到平衡式：

$$a_1 + a_2 + \cdots + a_n + a_0 = A \quad \text{总重量平衡} \tag{10-1}$$

$$a_1X_1 + a_2X_2 + \cdots + a_nX_n = AX \quad \text{总金额平衡} \tag{10-2}$$

式（10-2）事实上是一个关于未知数X_1，X_2，…，X_n的n元一次方程式，由线性代数理论可知，其解有无穷多组。为求得我们所需要的比较合理的解，先从n几个部位中确定一个在总重量中所占比重较大，或消费习惯中最具代表性的部位，称作基准部位。设为a_j，其单价相应为X_j。如可选取肋条部位作为基准部位。

引进方程组：

$$\begin{cases} b_1X_1 = X_j \\ b_2X_1 = X_j \\ \quad\vdots \\ b_iX_i = X_j \qquad i \neq j \\ \quad\vdots \\ b_nX_n = X_j \\ \sum_{i=1}^{n} a_iX_i = AX \end{cases} \tag{10-3}$$

其中，系数：

$$b_i = \frac{c_i}{d} \quad i = 1, 2, \cdots, n-1, i \neq j \tag{10-4}$$

c_i 为非基准部位的特定重量；d 为基准部位 a_j 的单位重量；b_i 为非基部对基部位单位重量的等价量。这里，取 d = 1，则：

$$\frac{1}{b_i} = \frac{1}{c_i} = \frac{X_i}{X_j} \tag{10-5}$$

即 b_i 的倒数就是各部位对基部位的比价或比价系数。将式（10-2）两边同除以 X_j，考虑式（10-3），得到：

$$a_1\frac{X_1}{X_j} + a_2\frac{X_2}{X_j} + \cdots + a_{j-1}\frac{X_{j-1}}{X_{j-1}} + a_j\frac{X_j}{X_j} + a_{j+1}\frac{X_{j+1}}{X_{j+1}} + \cdots + a_n\frac{X_n}{X_j} = A\frac{X}{X_j}$$

$$\frac{a_1}{b_1} + \frac{a_2}{b_2} + \cdots + \frac{a_{j-1}}{b_{j-1}} + a_j + \frac{a_{j+1}}{b_{j+1}} + \cdots + \frac{a_n}{b_n} = \frac{AX}{X_j} \tag{10-6}$$

令：

$$B_j = \frac{a_1}{b_1} + \frac{a_2}{b_2} + \cdots + \frac{a_{j-1}}{b_{j-1}} + a_j + \frac{a_{j+1}}{b_{j+1}} + \cdots + \frac{a_n}{b_n} \tag{10-7}$$

即 B_j 为总重量折合成基准部位后的重量。

方程组（10-3）是 n 个方程的 n 元一次方程组。它是由方程（10-2）引进 n-1 个约束条件后演变得出的。当系数 b_i（$i = 1, 2, \cdots, n-1, i \neq j$）确定后，有唯一的一组解，解法为：

由式（10-6）得：$B_j = \frac{AX}{X_j}$，于是：$X_j = \frac{AX}{B_j}$　（10-8）

即为标准部位的价格。

由其余 n-1 个方程，得到：

$$X_i = \frac{X_j}{b_i} \quad i = 1, 2, \cdots, n-1, i \neq j \tag{10-9}$$

$X_i(i=1, 2, \cdots, n)$ 即为我们所求的各个部位的价格。

第二节　等价量或比价系数的确定

怎样确定非基准部位对基准部位的等价量 $b_i(i=1, 2, \cdots, n-1, i\neq j)$？这是测算分部位价格成败的关键。确定等价量的原则是：体现大多数消费者的意愿和利益。由于它事实上反映了非基准部位对基准部位的比价，我们就可能用它来保证市场上各部位行销平衡，不至于有的部位供不应求，有的部位销不出去，造成群众有意见。这里，我们采用直接调查消费者意见的方法，运用概率统计学原理来确定。基本思路是这样的：由于消费习惯，人们对两个部位上的猪肉，都会有一个用重量表现出来的等价概念，例如1斤肋条肉和0.7斤瘦肉相比差不多，就等于说明了一个等价量 $b_j=0.7/1=0.7$。尽管调查了许多人，每个人的等价观念不同，同一个 b_j 的值也会不一样，但会有一个倾向。概率统计学原理为我们提供了计算这个倾向值的方法。即数学“期望”或均值。它能综合地反映大多数消费者的意愿和利益。

调查和统计分析方法如下。

（1）向每一个调查对象询问 n-1 个部位对基准部位的等价量。设若调查了 m 个消费者，他们的看法分别为 $c_{il}(i=1, 2, \cdots, n-1, i\neq j; l=1, 2, \cdots, m)$。

（2）计算每一个部位的各种等价量意见数对调查意见总数之比，设为 $p_{il}(i=1, 2, \cdots, n-1, i\neq j; l=1, 2, \cdots, m)$，事实上就是这个“事件”的概率。列于表10-1。

表10-1　分部位猪肉对基准部位的等价量调查

a_i 部位的等价量看法 c_{il}	c_{i1}　c_{i2}　$\cdots$　c_{im}
概率 $p_{il}\left[\dfrac{\text{相同 } c_{il} \text{ 的个数}}{\text{调查意见总数（m）}}\right]$	p_{i1}　p_{i2}　$\cdots$　p_{im}

$$(i=1, 2, \cdots, n-1, i\neq j)$$

（3）按下述公式计算 n-1 个等价量：$\{c_{il}\}$ 的数学期望，即：

$$b_i = \sum_{l=1}^{m} c_{il}p_{il} = c_{i1}p_{i1} + c_{i2}p_{i2} + \cdots + c_{il}p_{il}$$

$$i = 1, 2, \cdots, n-1, i \neq j \tag{10-10}$$

实际操作需要注意两个问题。

一是调查总数 m 的多少对 b_i 的可靠性影响很大，不能过少。可根据供应地区的人口、户数来确定。一般地，有效意见数不小于 50，即 m≥50。

二是调查的方式，可直接询问顾客或召开消费习惯有代表性的各类人士座谈会，还可设计一种表格填写，要把各部位的规格和等价量含义写清楚，让消费者准确无误地提出自己的意见。

第三节　应用举例

设两头屠宰好的猪肉，分瘦肉、肥肉、骨头、槽头和肋条肉五个部位（n=5），统装肉单价为 0.96 元 1 斤，五个部位对应单价为 X_1、X_2、X_3、X_4、X_5，总重量、各部位重量和分割损耗如表 10-2 所示。

表 10-2　　猪肉分部位销售规格

部位	a_1（瘦肉）	a_2（肥肉）	a_3（骨头）	a_4（槽头）	a_5（肋条肉）	a_0（分割出售损耗）	合计
规格	去骨、去皮、去肥	去骨、带皮	各种骨头		带肋骨、带皮		
重量（斤）	58	40	12	7	82	1.0	200
单价（元）	X_1	X_2	X_3	X_4	X_5		0.96

又设用询问和座谈会形式共调查并收集的有效意见 50 份（m=50），以肋条肉部位为基准部位，各部位对肋条部位的等价量意见分别为：50 人中有 10 人认为 0.65 斤瘦肉相当于 1 斤肋条，30 人认为 0.7 斤瘦肉相当于 1 斤肋条，10 人认为 0.75 斤瘦肉相当于 1 斤肋条。将数据列于表 10-3。同理，将其余部位的等价量意见也列于表 10-3。

表 10-3　消费者认为各部位猪肉对肋条部位的等价量

c_{11}（瘦肉对肋条等价量）（斤）	频率 p_{11}	c_{21}（肥肉对肋条等价量）（斤）	频率 p_{21}	c_{31}（骨头对肋条等价量）（斤）	频率 p_{31}	c_{41}（槽头对肋条等价量）（斤）	频率 p_{41}
0.65	$\frac{10}{50}$	1.2	$\frac{15}{50}$	2	$\frac{15}{50}$	1.3	$\frac{5}{50}$
0.7	$\frac{30}{50}$	1.3	$\frac{20}{50}$	3	$\frac{25}{50}$	1.4	$\frac{30}{50}$
0.75	$\frac{10}{50}$	1.4	$\frac{15}{50}$	3.5	$\frac{10}{50}$	1.5	$\frac{15}{50}$
均值	0.7	均值	1.3	均值	2.85	均值	1.42

按式（10-4）、式（10-7）、式（10-9）计算 $b_i(i=1, 2, 3, 4, 5)$，得各等价量的期望值：

$$b_1=0.7、b_2=1.3、b_3=2.85、b_4=1.42、B_5=204.7665$$

将参数 $b_i(i=1, 2, 3, 4, 5)$ 代入式（10-8）、式（10-9），即得各部位价格，列于表 10-4。

表 10-4　各部位猪肉销售价格测算　单位：元/斤

部位	X_1（瘦肉）	X_2（肥肉）	X_3（骨头）	X_4（槽头）	X_5（肋条）	$\sum_{i=1}^{5} a_i X_i$	AX
价格	1.34	0.72	0.33	0.66	0.94	192.18	192

按 $\sum_{i=1}^{5} a_i X_i = AX$ 验算总金额是否平衡。本例误差为 0.18 元，是因为计算中取舍的原因。

上述测算方法依据的是线性代数和概率统计学有关理论。它将测算中各种相关因素数量化，总金额一定，各部位比重不同、价格不同等因素间的制约关系，通过线性方程组较充分地得到反映；运用概率统计原理把人们的等价观念用数学期望表示出来，借以把握价值规律调节的幅度——价格围绕价值波动的幅度，并使其准确性可以事先得到估计和控制，以及可以计算出 b_i 的置信区间（参见本章附录）。本定价计算方法的基本思想可以用来处理更大范围、更宏观的经济问题，比如可推广到国民产品系统的价值价格测算问题。

此法调查中若感觉复杂，也可以由有关专家根据消费习惯和市场特点直接确定 b_i 即可。

本 章 附 录

式（10－10）应用的是离散型随机变量的期望公式。事实上被征求对象的意见是一个连续型随机变量，但是我们不易而且也没有必要找出它的分布密度函数 $p(c_i)$。在我们所述问题的特定情况下，关于各部位的比价，是有限个被调查对象在一个区间若干个点上的估计，其出现的频率（概率）是已知的，这样我们就可以完全把意见离散化后来处理。

设想有一个理想的已知 B_i（$i=1, 2, \cdots, n, i\neq j$），如果假定每一个被征求者的意见没有系统偏差时，我们可以检查 b_i 与 B_i 的差距，给出 B_i 的置信区间。

因为我们征求的意见已经“充分多”（$m\geqslant 50$），而且一般认为这些意见服从正态分布 $c_i \sim N(B_i, \sigma_i^2)$，则统计量：

$$\eta_m = \frac{b_i - B_i}{\sqrt{\frac{s^2}{m}}} \qquad \text{其中，} s^2 = \frac{1}{m-1}\sum_{l=1}^{r}(c_{il} - b_i)^2$$

服从 $m-1$ 个自由度的 t 分布，其分布密度函数为：

$$P(t) = \frac{\Gamma\left(\frac{m+1}{2}\right)}{\sqrt{m\pi}\,\Gamma\left(\frac{m}{2}\right)}\left(1+\frac{t^2}{m}\right)^{\frac{m+1}{2}}$$

取置信区间为 95%，则：

$$P\left\{\left|\frac{b_i - B_i}{\sqrt{\frac{s^2}{m}}}\right| \leqslant \lambda\right\} = 0.95$$

查 $m=50-1$，$\alpha=1-0.95$，t 分部临界值表，$\lambda\approx 2.01$。

于是：

$$\left|\frac{b_i - B_i}{\sqrt{\frac{s^2}{m}}}\right| \leqslant 2.01 \qquad b_i - 2.01\sqrt{\frac{s^2}{m}} \leqslant B_i \leqslant b_i + 2.01\sqrt{\frac{s^2}{m}}$$

即 B_i 有 95% 的把握落在区间 $\left[b_i - 2.01\sqrt{\frac{s^2}{m}},\ b_i + 2.01\sqrt{\frac{s^2}{m}}\right]$ 里，或者说，b_i 以 95% 的把握在 $B_i \pm 2.01\sqrt{\frac{s^2}{m}}$ 范围里，可以计算出 $2.01\sqrt{\frac{s^2}{m}}$ 很小，粗略估算 $2.01\sqrt{\frac{s^2}{m}} \leqslant 0.02 \sim 0.03$，以每斤 0.96 元计，$2.01\sqrt{\frac{s^2}{m}} \leqslant 0.02 \sim 0.03$（元），完全可以适应市场行销平衡的需要。

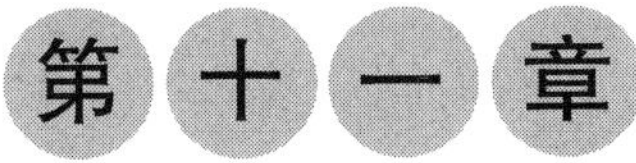

外向型经济的测度理论与实际测评*

摘　要　20世纪80年代后期，我国提出了外向型经济发展战略。本章提出外向型经济的本质内涵是生产要素的外向化，外向度是对外开放宏观调控的重要参数。可用市场、资本、劳动、信息、体制倾向、经济结构的外向化程度作为综合外向度的测评指标体系。本章提出了外向度的测度公式，并运用1980～1993年的数据，对我国和东、中部若干典型省份的综合外向度进行了实际测评和特征分析。

关键词　外向型经济　外向经济指标体系　综合外向度

Chapter 11　Measurement Theory and Practical Evaluation of An Export – Oriented Economy

Abstract　In the late 1980s, China proposed an export-oriented economic development strategy. This chapter proposes that the essential connotation of the export-oriented economy is the exportation of production factors, and the degree of exportation is an important parameter of macro-control of opening to the outside world. The externality degree of market, capital, labor, information, institutional tendency, and economic structure can be used as a comprehensive evaluation index system of externality. Here we put forward the measurement formula of extraversion, and uses the data from 1980 to 1993 to carry out the actual evaluation

* 本章内容为江西省社会科学"八五"规划重点项目《江西对外开放研究》子项目；发表于《江西国际经贸》1995年特辑。

and characteristic analysis of the comprehensive extraversion in our country and some typical provinces in the east and central regions.

Keywords Export - Oriented Economy External Economic Indicator System Comprehensive Extroversion

第一节 外向型经济和外向度

1. 外向型经济发展战略

外向型经济是我国对外开放进入深化发展期提出的一种战略发展思想。1988 年，国务院在先后开放 4 个经济特区、14 个沿海开放城市、长江三角洲、闽南三角地区的基础上，进一步开放了辽东半岛、胶东半岛，开放了中国最大的经济特区——海南省，形成了完整的沿海经济开放带。在这个基础上提出了沿海外向型经济发展战略。有以下四个要点。

（1）发挥沿海加工业技术较高、劳动密集的特点发展外向型经济。

（2）把沿海加工业的原料、市场放在国外，为内地让出资源和市场。

（3）引进吸收国外资本、先进技术，改造我国传统产业，培育现代优势产业。

（4）培养现代经济发展的管理人才等。

这是一个综合性的发展战略。其核心是产业与经济发展的生产要素包括市场面向国外，通过利用国外生产要素和国外市场带动国内经济的快速发展。因此称为外向型经济发展战略。外向型经济战略提出来之后，由于它较好地符合我国目前产业和经济发展的实际情况和客观需求，因此很快成为全国和各地对外开放的指导理论和发展方向。

2. 经济外向度的内涵

外向型经济的本质内涵是生产要素外向化。因此，它一定也是可测度的。这个测度应可以表达外向化程度大小深浅，并作为对外开放宏观管理调控的重要参数。我们把这个测度值称为外向度。有不少学者和实际工作者提出了外向度的测评方法和指标体系[1][2][3]。例如，有的提出以是否全方位、多元化开放，或以对外贸易或人力资本的限制程度，以及政策、体制倾向来表明开放度；有的以市场、资本对外开放和利用程度来表达开放度，如进出口总值占国民生产总值（GNP）或国内生产总值（GDP）的比重，利用外资占全社会总投资的比重等。有的使用定性概念；有的使用定量概念，如指标体系、模糊隶属度概念等。但总的来说，这些方法，都只说明或强调某一个侧面。即使使用指标体系以及在此基础上进行定量或模糊数学运算，如果所依据的开放度理论有偏差，则其定量概念无论其数学方法多先进，也是有偏差的。

笔者认为，外向度既然是一种测度，则毫无疑问应是一种可计量的理论与方法。我们倾向于以生产要素全因素外向化程度综合反映外向度。这种思想基于以下思考形成。

（1）一个经济系统的特性总是该系统的生产要素特征的反映，或者说系统的经济特性取决于生产要素及其结构关系的特征。如生产资料所有权的公有或私有属性决定经济系统的公有制或私有制特征；生产要素在生产过程中配置方式是市场手段还是计划手段，决定这个经济系统是市场经济还是计划经济；生产要素在生产过程中是内生化还是外生化或是处于中间状态，则可以分为封闭型经济、开放型经济等。外向型经济应是处于外生化中的某个特定状态。

（2）外向型经济是用生产要素的外向化来定义的，因此其外向度必定要以生产要素的外向化程度来刻画。在社会生产过程中，所有生产要素都参与作用；这说明外向型经济是一个综合性概念。它要求在选择反映其特征的指标体系时，要考虑所有生产要素的作用；而且这也说明，仅从某一个角度或一个侧面反映外向型特征是不全面、不科学的。

这里，外向化程度有两种衡量方式：一种是外向化份额占本系统经济总量的比重；另一种是占世界外向经济总量的比重。两种方式根据不同需要选用。一般来说，当系统总量很小时，或者指某一国内地区时，可用前者；反之，系统总量很大，或指一个国家时可用后者，有时两者可以混合使用。

第二节　外向度指标体系和测度公式

1. 外向度指标体系

根据以上考虑，我们选择以下指标作为测度一个区域（一个国家或地区）经济系统综合外向度的指标体系。

（1）区域市场外向化程度，或称为商品市场的国际关联度、依存度。包括：①出口商品关联度，是指区域生产的商品流向国际市场的比重。可用该区域年出口产品的国内价值与全部产品价值之比来计算。这里全部产品的价值，按同一性原则来讲应该是社会总产值指标；但考虑全部产品的价值目前主要用国内生产总值来表示，因此也可用这个指标来衡量。②进口生产资料关联度，是指区域输入的国外生产资料占全部消耗的生产资料的比重。可用年进口的生产资料国内价值占当年全部物质消耗之比来衡量。

（2）区域资本外向化程度，或称为资本的国际关联度、依存度。包括：①输入资本关联度，是指区域利用国际资本占全部投资的比重。可用该区域年实际利用国外资金，与当年全社会固定资产投资的比来衡量。利用的外资包括国际借贷，外商直接投资以及其他投资。②输出资本关联度，是指区域对国外投资占全部投资的比重。这里对国外投资包括借贷、直接投资和其他投资。同时还应包括进出口差额。即当外贸进出口为顺差时，该区域向国外流出资本，视同对外投资；当为逆差时，该区域使用了国外资本，视同对内投资，这时加入输入资本部分。

（3）区域劳务外向化程度，或称为区域人力资本的国际关联度、依存度。是指区域内从事外向型经济活动的人数、收入，对国外劳务输出的人数和收入，以及外国在本区域从事经济活动的人数和劳务收入三个方面的总和，对社会劳动者总数或国民收入的比重。考虑目前我国及各地区从事外向型经济活动的人数及其收入的界限不易划分，也没有完整的分类统计资料；因此，劳务外向关联度计量上可用输出输入的劳务收入分别占本区域的总收入的比重来衡量。

（4）区域信息外向化程度。或称为信息的国际关联度。所谓信息是事物运动状态或存在方式的直接或间接的表述，是用来消除观察者不确定性或提供知识的东西。从现象上看，信息是一切交换媒介如电视、广播、邮电、通信、谈话、书面交换等方式提供的，包括政治、经济、社会、科学、技术、文化各个方面的情况、资料、新闻、情报、理论、学说、数据、图表等。在科学技术高度发达的今天，高科技手段用信息把全球乃至宇宙紧密快捷联系在一起，人们用“信息爆炸”来形容急剧增多的信息量，用“信息革命”来描绘第四次产业革命，用“信息社会”来定义后工业化时代。总之，信息是左右人们和社会的思想以及行为的一种要素，已越来越为人们所认识，从而越来越把它作为参与社会生产的一种要素，作为与劳动力、资本、劳动对象具有同地位和作用的生产要素。

信息这种生产要素，对区域外向化的影响是十分重要和深刻的。例如，关于社会发展的各种学说、理论的相互影响。随着我国当代对外开放，国外关于经济和社会发展的理论、学说和实践结果大量传入我国，对我国经济改革产生了重要影响。又如，通过各种媒介交换的经济和社会发展的各种信息，不仅影响人们的思想行为；也是物质交换包括商品、资本、技术、劳务交换的必备条件。再如，国际人员的流动，包括访问、科技文化交流、经贸活动、一般性休闲旅游等。这些都是与经济和社会发展密切相关的活动。但是，这些活动是属于生产要素中的物质性交流还是信息性交流较难分辨。就人作为劳动者来说，这似乎属于劳务性的；但这决不同于对外劳务合作的那种劳务交流，因为这种访问和交流对经济和社会发展包括对外开放本身的影响是巨大且深刻的。因此，把它作为信息交流范畴，似为更妥。

区域信息外向化程度的计量，从理论上讲，应该是流出流入区域内的信息量与区域内流动的信息总量的比。但是，目前信息科学的发展，还没有使信息度量化进入普遍实用阶段，因此，按照这种理论方法去计量目前是不可能的。但是我们可以通过一些间接的方法，或用经济核算的方法予以测量。其途径有：①广播电视媒介流进流出的信息量与总量的比；②新闻出版媒介的载体流进流出量与总量的比；③邮电通信媒介流进流出业务量与总业务量的对比；④国际旅游人数或外汇收入占社会劳动者以及国民收入的对比，等等。但就目前分类统计资料来看，前两者是不齐全的，基本不能计算；后者有完整的资料，可计算。但人们往往不把它看作信息性的外向指标，而看作影响不是很大的经济类外向指标。

上述商品、资本、劳务、信息四大关联度是区域外向化的四大要素。它们是衡量区域综合外向度的基本指标。在计算时，考虑每一要素内，至少包括有输出、输入两个内容。对这个问题的处理，不能用相减，即净额的方法来计算。因为输出输入都是区域生产要素与国外市场联系的一个方面。因此，应该分别计算关联度然后相加。

（5）体制政策倾向。在外向化要素中还有一些重要内容未包括在四大要素内，如体制政策倾向、经济结构影响等。这些内容对外向程度显然会产生重大影响。如体制政策倾向，它是指一个区域经济系统中，经济运行的机制、规则，是否为外向开放型，还是内向封闭型；所采取的方针政策是促进外向化还是内向化；人们的社会心理状态是倾向于外向化还是内向化。显然这些因素对外向化程度的影响是巨大的。但是，由于体制政策的倾向性，最终大多都可以通过四大要素反映出来；因此我们并不把它作为指标体系一个独立的重要部分。考虑体制政策倾向的延滞效应，而且其中还有一部分因素不能通过四大要素反映出来，我们还是把它作为测量外向度的一个指标。由于这个指标几乎没有多少客观值可用，我们可以用专家打分法给出比较值。

（6）经济结构。经济结构对外向度的测量的影响也是很大的。因为一个国家或地区其自然资源、产业结构、消费环境各不相同，所以其外向化程度在不同部分、不同生产要素上表现很不一样。例如澳大利亚、加拿大、中国香港、新加坡、日本等国家和地区，其出口依存度都很高，其中，澳大利亚、加拿大以农矿资源产品出口为主；日本以机械、电子产品出口为主；美国、德国等国资本输出输入量很大，即资本外向依存度很高；还有菲律宾等国家，劳务输出很多，其劳务外向依存度很高。这些国家其他方面的外向依存度要相对小些，有的甚至较低，但总的来说这些国家都是开放度很高的国家（菲律宾可能除外）。就国内来说，沿海地区、中部地区和西部地区各要素的比重也都是不同的。对于这个问题，我们一方面用各要素及其不同层次的外向依存度，来分析各区域外向型经济结构的特征；另一方面我们可以分配给各要素以不同的权重，以协调它们在综合外向度中的地位。当然，各要素的权重不能单纯依据各区域的经济结构来给出，还要综合考虑各生产要素在整个社会生产过程中的地位。一般来说，依据各区域经济结构来给权重的方法，对于环境比较相似的一个大区域中的小区域之间的比较是合适的，比如一个国家中的各个省或州。若对于大环境很不相同的区域来说，如不同国家，特别是不同发展层次、不同经济制度类型的国家比较来说，就不能以这种方法给出权重。

除上述影响因素外，有学者还列出经济系统中主导产业、主要部门的出口依存度，企业国际化，贸易制度倾向，货币自由兑换等。这些因素对外向化程度均产生重要影响，甚至是可量值化的。它们都可以作参考指标，但是与前述六大指标比，它们又可以看作不独立的，即它们的影响综合反映到六大指标中，如主导产业、主要部门出口依存度，在特定的发展水平层次上，用市场外向化程度来表达就完全可以。又如贸易制度倾向和货币自由兑换等问题，完全就是体制政策外向化倾向的一个具体内容，而且这还不是地方政府可控制的。因此在作地方区域性比较时，这些可以不考虑。

2. 外向度理论公式

根据对外向型经济和上述指标的分析，我们改进隶属函数计算方法[4]，定义一个区域的综合外向度为：

$$D = \sum_{i=1}^{n} a_i \mu_i(x) \tag{11-1}$$

其中，$a_i(i=1, 2, \cdots, n)$ 为第 i 项外向化指标的权重，应有 $\sum a_i = 1$；$\mu(x)(i=1, 2, \cdots, n)$ 为第 i 项指标的隶属函数值，$\mu(x) \in [0, 1]$ 对于可计算的确定性指标：

$$\mu(x) = \frac{x_{io}}{x} + \frac{x_{oi}}{x} \quad i=1, 2, \cdots, n \tag{11-2}$$

其中，x_{io}、x_{oi}分别为 i 指标或 i 要素输出和输入分量，X 为 i 指标总量，或者：

$$\mu_i(x) = \begin{cases} 0 & 0 \leqslant x < 1 \\ (x - L_1)/(L_2 - L_1) & L_1 < x < L_2 \\ 1 & x \geqslant L_2 \end{cases} \tag{11-3}$$

其中，L_1 为某一典型的内向型趋向于外向型指标之值，在一组数据中，应取最大的值；L_2 为接近典型的外向型经济指标之值，在一组数据中应取最小的值。

对于不易直接取得数据的指标，如体制政策倾向，可取离散型隶属函数，或者用专家分析法及定性分析法打分值。这个理论公式的实质就是按权重综合各生产要素的外向关联度。

第三节　全国以及若干典型省份综合外向度实测

1. 指标数据确定与实测

我们将全国及若干典型省份主要外向要素指标列于表 11－1。

表 11－1

全国及若干省份改革开放以来综合外向度的测量

符号	指标	计算单位	全国					江西					江苏					广东				
			1980 年	1985 年	1990 年	1992 年	1993 年	1980 年	1985 年	1990 年	1992 年	1993 年	1980 年	1985 年	1990 年	1992 年	1993 年	1980 年	1985 年	1990 年	1992 年	1993 年
x_{10}	出口商品总额	亿元	271.2	808.9	2985.8	4679.4	5285.3	1.39	7.64	27.04	42.69	49.31	12.76	46.29	142.08	257.33	343.18	32.8	87.69	508.61	1015.9	1556.5
x_1	国民生产总值	亿元	4470.0	8557.6	17695.3	24379.0	31343.0	111.5	207.3	417.15	557.98	702.42	319.8	651.82	1314.4	1977.9	2754.5	245.71	553.05	1471.8	2293.5	3225.3
$a_1=0.25$	$\mu(x_1)$ = 出口/GNP	%	6.07	9.45	16.87	19.28	16.86	1.25	3.69	6.48	7.65	7.02	3.99	7.10	10.81	13.01	12.46	1.33	15.85	34.56	44.29	48.25
x_{02}	生产资料进口总额	亿元	247.29	1071.65	2164.99	3662.02	5382.34	0.11①	1.5	2.3	5.15	13.11	0.52	8.71	44.74	84.93	170.52	3.19①	39.62①	146.01	303.81	631.52
x_2	物质生产部门消耗总额	亿元	4847.13	9567.81	23657.77	36018.19	7031.29	108.02	189.86	454.01	679.11	879.95	43.07	960.49	2659.82	4372.78	6458.25	225.66	579.92	1961.53	3456.05	5317.11
$a_2=0.15$	$\mu(x_2)$ = 进口/物质总消耗	%	5.10	11.20	9.15	10.17	11.44	0.10	0.79	0.51	0.76	1.49	0.12	0.91	1.68	1.94	2.64	1.41	6.83	7.44	8.57	11.83
x_{03}	实际利用外资总额	亿元	46.54①	137.99	495.56	1057.86	2243.71	0.03②	0.3	2.48	10.99	19.78	…	2.77	21.14	94.88	189.30	3.2	27.29	97.46	257.8	555.86
x_3	全社会固定资产投资总额	亿元	910.85	2453.19	4449.29	7854.98	2457.88	8.82	44.03	70.65	125.36	181.92	34.73	191.93	356.30	711.70	1144.20	38.29	184.59	372.59	921.75	1629.87
$a_3=0.30$	$\mu(x_3)$ = 外资/社会总投资	%	5.11	5.43	11.14	13.47	18.01	0.16	0.63	3.51	8.77	10.87	…	1.44	5.93	13.33	16.54	8.53	14.78	26.16	29.05	34.11
$x_{04}+x_{05}$	对外承包工程和劳务合作收入	亿元	2.54②	19.78	89.93	167.79	249.07	…③	0.1	0.04	0.23	0.30	0.04	1.12	4.40	8.08	14.91	0.27①	0.72	5.2	16.41	16.04
x_{06}	国际旅游外汇收入	亿元	9.22	37.12	106.82	217.44	269.69	0.01	0.04	0.2	0.45	0.66	0.33	1.32	3.38	6.07	7.41	2.02①	12.25①	34.53	61.87	64.00
x_4	国民收入	亿元	3688	7020	14384	19845	24882	98.95	173.00	345.53	465.90	581.76	270.89	578.74	1138.31	1697	2353.46	217.61	467.27	1132.21	1793.6	2572.84
$a_4=0.15$	$\mu(x_4)$ = 境外收入/国民收入	%	0.32	0.81	1.37	1.94	2.08	0.01	0.08	0.07	0.15	0.17	0.16	0.42	0.65	0.83	0.95	1.05	2.78	3.51	4.36	3.11
x_5；$a_5=0.15$	$\mu(x_5)$ = 体制政策倾向	亿元	5.0	6.0	7.0	9.0	10.0	4.0	5.0	6.0	7.0	9.0	5.0	6.0	7.0	8.0	10.0	6.0	8.0	10.0	11.0	12.0
D	综合外向度（指数）	%	4.61	6.89	10.19	12.03	13.15	0.98	2.01	3.65	5.73	6.62	1.79	3.31	5.88	8.87	10.12	4.11	11.04	19.63	23.38	26.35
备注			①合计数据估算； ②1976～1981 年合计数据，因较小，故原样保留					①合计数据估算； ②1976～1983 年合计数据，因较小，故原样保留； ③本行各年数字为外汇净收入										①从合计数据估算				

续表

符号	指标	计算单位	福建					湖南					安徽				
			1980 年	1985 年	1990 年	1992 年	1993 年	1980 年	1985 年	1990 年	1992 年	1993 年	1980 年	1985 年	1990 年	1992 年	1993 年
x_{10}	出口商品总额	亿元	5.42	14.4	116.83	235.56	335.55	4.68	12.71	42.26	80.73	90.27	0.60	9.12	31.5	45.78	55.52
x_1	国民生产总值	亿元	86.37	191.97	465.84	705.2	1044.74	191.72	349.95	702.54	920.13	1192.41	138.72	317.32	606.54	730.26	979.63
$a_1=0.25$	$\mu(x_1)$ = 出口/GNP	%	6.28	7.50	25.08	33.4	32.12	2.44	3.63	6.01	8.77	7.57	0.43	2.87	5.19	6.27	5.67
x_{02}	生产资料进口总额	亿元	1.99	11.42	34.83	105.96	189.51	0.15①	3.54①	6.01①	36.12	41.52	—	3.12①	2.69	12.39①	16.78①
x_2	物质生产部门消耗总额	亿元	79.33	180.33	531.20	914.60	1414.58	179.97	333.91	740.86	1095.44	1460.32	136.01	259.11	690.90	1038.10	1365.46
$a_2=0.15$	$\mu(x_2)$ = 进口/物质总消耗	%	2.51	6.33	6.56	11.58	13.40	0.08	1.06	0.81	3.30	2.84	—	1.20	0.38	1.19	1.23
x_{03}	实际利用外资总额	亿元	0.14	5.26	18.3	80.76	157.36	0.09②	1.19	11.56	18.12	40.14	…	0.56	2.42	7.82	21.37
x_3	全社会固定资产投资总额	亿元	12.99	55.15	108.90	194.70	368.46	32.20	83.52	124.17	234.40	320.24	17.30	80.74	122.98	189.01	298.33
$a_3=0.30$	$\mu(x_3)$ = 外资/社会总投资	%	1.08	9.54	16.80	41.48	45.42	0.28	1.42	9.31	7.73	12.53	…	0.69	1.97	4.14	7.16
$x_{04}+x_{05}$	对外承包工程和劳务合作收入	亿元	…	0.51	7.78	15.17	22.85	…	0.49③	0.91	2.05	1.09	—	0.08	0.31	0.55	0.23
x_{06}	国际旅游外汇收入	亿元	0.08	0.38	4.85	7.94	9.10	0.02	0.09	0.48	1.28	1.74	0.02	0.04	0.28	0.78	1.03
x_4	国民收入	亿元	72.87	164.97	388.77	590.0	870.68	166.96	300.84	591.38	767.38	989.88	127.87	270.31	519.15	665.40	840.38
$a_4=0.15$	$\mu(x_4)$ = 境外收入/国民收入	%	0.11	0.81	3.25	3.92	3.67	…	0.19	0.24	0.43	0.29	…	0.04	0.11	0.20	0.15
x_5; $a_5=0.15$	$\mu(x_5)$ = 体制政策倾向	亿元	6.0	8.0	10.0	11.0	12.0	4.0	5.0	6.0	7.0	9.0	4.0	5.0	6.0	7.0	9.0
D	综合外向度（指数）	%	3.19	7.01	14.28	24.76	26.02	1.30	2.27	5.35	6.12	7.47	0.71	1.86	2.85	4.07	5.12
备注								①生产资料占进口总额全国平均比重估算；②1980～1982 年合计数，因较小，故原样保留；③从合计数据估算					①按生产资料占进口总额平均比重估算				

资料来源：全国及各省份历年统计年鉴。

这里市场外向化指标比较完整，列入输出输入即外贸商品出口和进口两个分量。考虑商品市场外向化的重要意义，其权重输出为 0.25，输入为 0.15，共 0.4，是指标体系中最大的。

资本外向化指标只列入输入即实际利用外资一个分量。这是因为我国目前把招商引资作为对外开放的一个重要目标，资本输入量较大，而资本输出很少；而且目前也没有详细的分类统计资料。外贸进出口差额作为资本输入输出的因素，也因为从全国来说，数量较小；而且各省自营进口部分比重较小，相当一部分由国家集中经营，因此，各省外贸差额并不能反映各省使用这部分资本的真实情况。考虑资本输入的重要意义，取权重为 0.3，仅次于市场外向化权重。

对外承包工程和劳务合作国际收入，目前在全国及各省比重都是较小的。这说明我国目前对外开放结构不是以这个要素为主。国际旅游，前面已论述它可以看作信息外向化程度的一个重要方面，但考虑唯一用它来作为信息外向化程度的度量不太完全和合适，故把国际旅游收入与对外承包工程和劳务合作收入一起列入反映国民收入外向来源方面的指标，安排权重较小，为 0.15。

体制政策倾向，这里采用了专家打分法确定。首先我们确定全国平均水平，考虑各指标的均衡关系，以及改革开放以来各年份递进关系。从 1980 年的 0.05（即 5%）起始，逐年递进到 1993 年的 0.1（10%）。各省的情况是：广东、福建为一个水平层次，比全国平均水平高 0.01 ~ 0.03；江苏相当于全国平均水平；江西、湖南、安徽属于一个层次，比全国平均水平低 0.01 ~ 0.02。全国平均水平低于广东、福建是考虑我国对特区和沿海地带给予了实际特殊政策，而其他许多地方在相当长时间内都没有，所以取其平均状态。整个外向度指数一些省比全国高，也是这个意义。体制政策倾向给了与劳务外向依存度和生产资料进口依存度同样的权重。

表中各涉外指标金额均用当年平均汇率折算成人民币计算。表中的部分省及部分年份的国民生产总值数据实际为国内生产总值，因差别较小，故未加区别。

对外承包工程和劳务合作收入，由于取得资料的困难，除江西为当年的外汇净收入外，其余为当年的完成的营业额，即便如此，全国及各省该指标占国民收入的比重也很小，基本不影响综合外向度。

由于适应国际通用准则的需要，我国国民经济核算体系正逐步由 MPS

体系向联合国推荐的SNA体系过渡。从1993年起，各省绝大部分都没有国民收入和社会总产值这两个指标。为了保持本表的一致性，1993年的国民收入除全国和广东是正式公布的数据外，其余都是用历年GNP与NI的比例系数推算数据；全国及各省1993年的物质生产部门总消耗额全部为推算数据。由于各省统计分类口径差别，有部分指标的少数年份，主要是在1985年以前，使用了用当年其他指标来换算、推算或用合计指标估算的数据。由于所用的其他指标是可靠数据，因此其生成数据一般是可信的。

运用式（11－1）、式（11－2），经过实际详细测算，表11－1列出了用百分数表示的全国和对比六个省份的综合外向度指数。这个指数的含义可以理解为：全国或某省在一定时期内，单位投入产出总流量中来源于国际综合生产要素的流量。

2. 各区域经济外向度的具体特点

（1）全国外向型经济快速发展。平均指数从1980年的4.61上升到1993年的13.15。20世纪80年代每年平均上升0.56个百分点。90年代以来每年上升0.99个百分点。这标志我国确立社会主义市场经济体制目标后，对外开放加速前进。

（2）广东、福建为对比省中综合外向度较高的省份。1993年分别为26.35、26.02。两省属于同一个水平层次，1990年以来比全国平均高1倍左右。而且两省外向度提高最快，80年代每年提高1.6个百分点和1.1个百分点，90年代以来，每年提高2.2个百分点和3.9个百分点。值得注意的是，1980年，两省综合外向度还低于全国平均水平；直观来看，这似乎与两省80年代初的改革实践是整个中国对外开放的先导相矛盾。事实上，作为先导，主要是政策和体制倾向；而我们定义的外向度是生产要素实质性外向联系程度。我们看到，改革开放初期，广东、福建两省份的市场外向化程度与其他省份没有什么差距；广东甚至比江苏、湖南还要低，比全国平均水平低很多。但到1985年，两省份综合外向度就已经大幅度超过各省份和全国水平了。说明两省份开办经济特区、开放沿海经济，外向型经济快速发展，开放取得了巨大的成功。

（3）江苏综合外向度低于全国也低于广东、福建。江苏低于全国平均水平似乎与直观印象不一致。但分析该省份各时期生产要素外向化程度就可以发现，其改革开放初期的起点并不高，特别是权重较大的资本外向关联度不高；所以，尽管其体制政策倾向指标与全国平均水平相同，也不能使该省综合外向度达到全国水平。

当然，各省份都存在同一个问题，就是各省份进口生产资料都只包括在生产资料进口总额比重较小的各省份自营部分。实际上我国有相当时期是外贸逆差，中央进口的大部分也都安排在各省中使用了，而这些属于进口生产资料外向关联度的部分都记入了全国水平，没有分配给各省同一要素中。因此，各省份这一要素的外向关联度是低估的。

（4）江西各个时期的综合外向度指数在六省中均排第五位。1980 年为 0.98，1993 年为 6.62，略高于安徽。20 世纪 80 年代江西综合外向度平均每年提高 0.27 个百分点，90 年代以来每年提高 0.99 个百分点，达到全国平均速度水平，13 年平均年提高 0.43 个百分点，略高于湖南、安徽两省份。与全国平均水平比，江西外向度各个要素都有差距，尤其是市场外向化程度差距较大，历年不足全国平均水平一半。但近几年来，江西缩小了资本外向关联度与全国平均水平的相对差距，说明江西近几年来招商引资取得了较好成效。

（5）湖南、安徽综合外向度指数与江西属于同一水平层次。湖南 1980 年为 1.30，1993 年为 7.47，13 年平均年提高 0.47 个百分点。湖南外向度起点较高，一直比江西、安徽高 2 个百分点左右，是三省份中综合外向度最高的，安徽是对比省中综合外向度最低的，1980 年为 0.71，1993 为 5.12，13 年平均年提高 0.34，也为最低。但安徽依据较长的长江岸线和较多的沿江城市，在近两年的长江开放开发中，加大全省开放开发力度，发展趋势有后来者居上的气势。

3. 综合外向度分组水平

关于综合外向度理论及其测量方法以及确定某一个外向度指数作为某个区域经济是开放型还是封闭型的问题，我认为，这不是同一个问题。目前，外向度的计量有多种形式和方法，依据不同指标体系甚至不同的计量单位，其结果都是不一样的。这说明，这个理论与方法还没有取得共识。我们不同意仅用外贸进出口额与国民生产总值的比作为外向度指数，并确定其 10% 为开放型与封闭型区域经济的标志。按照我们的看法，这只考虑了社会生产中的一个重要方面，即市场外向关联度因素。我们甚至认为外贸进出口额与国民生产总值不是同一经济计量口径，是不可比的。因为前者是包括成本的。以市场化外向化程度作为计算综合外向度的主要依据，是否合理，有待人们去认识和实践检查。

在外向度指数理论和方法统一后，确定其指数达到什么水平，即为开放型或封闭型经济是比较简单的。在指数归一化的形式下，比如外向度指数 D =10% 作为开放或封闭型经济标志，可建立以下水平分组。

D =0　全封闭型经济的（典型的自然经济）

D =(0，0.1)　半开半闭型经济

D =[0.1，0.3)　开放型经济

D =[0.3，0.5)　高度开放型经济

D =[0.5，1)　甚高度开放型经济

D =1　一体化市场经济

根据这个分组，我国总体水平约于 1990 年进入开放型经济；广东、福建约于 1985 年进入开放型经济，江苏约于 1993 年进入开放型经济；而江西、湖南、安徽省 1993 年还处于半封闭型经济的状态。但按照全国及各省份开放型经济发展趋势，我国和绝大部分省份将很快进入高度开放型经济发展阶段。

本章主要参考文献

[1] 林嗣明．经济外向度测算探析 [J]．中国经济问题，1992 (5)：38 -43，63.

[2] 林乐芬．浅议外向度的计算方法 [J]．苏南乡镇企业，1994 (12)：10 -11.

[3]、[4] 马俊林．外向型经济外向度计算方法讨论 [J]．广州对外贸易学院学报，1990 (3)：62 -64.

第十二章

多维经济系统价格体系的非唯一性*

摘　要　本章提出，多维结构是经济系统的一个普遍现象。构造了一个具有价格、金融、财政、税收等多种调节手段的非完全多维经济控制系统模型；证明了价格体系在线性变化和非线性变化条件下，依靠财政、税收、利率、汇率的相应变化作为调节手段，可以保持经济系统稳定运行；找到了经济系统在原稳定态、新稳定态和非稳定态三种情况下运行，价格变化的充分必要条件。这一结果对价格改革、经济运行机制的建立和宏观调控均有重要意义。

关键词　多维经济系统　价格体系非唯一性　多因素调节　系统稳定性

Chapter 12　The Non – Uniquenes of Price System in Multi – Dimension Economic System

Abstract　Multi-dimensional structure is a general phenomenon of economic system. A non-complete multi-dimensional economic control system model is constructed, with price, finance, interest rate and taxation act as multiple adjustment means. Either under the condition of linear change or nonlinear change, the price system can maintain the stable operation of the economic system, with the corresponding changes of finance, taxation, interest rate and exchange rate as adjustment means. The sufficient and necessary conditions of price variety has been found, when the economic system running in the original stable state, the new

* 本章内容发表于《系统工程》1992 年增刊。

stable state and the non-stable state. The result is of great significance to price reform, establishment of economic operation mechanism and macro-control.

Keywords　Multi – Dimensional Economic System　Price System's Non – Uniqueness　Multi – Factor Adjustment　System Stabilization

20 世纪 80 年代，我国价格改革的种种思路和方案，大多试图通过国家计划手段和宏观调控方法建立并维持一套没有价值扭曲，满足平等竞争要求的“合理”价格体系。进入 21 世纪前后，在建立和完善社会主义市场经济体制进程中，我国已基本建立以市场为主的价格决定和价格运行机制，政府只控制极少数重要商品和服务的价格，绝大多数商品与服务价格由市场决定。政府期望通过多种切实有效的宏观调控手段，使经济系统在一定的政策目标下平稳运行。本章揭示，经济系统是一个多维结构，其运行状态由多因素及其结构关系决定；在多维经济系统里，保持系统稳定运行或某种特定性状不变，其价格体系不是唯一的；在价格体系变化的条件下，依靠其他调节因素的共同作用，可以保持系统以原有的平稳态运行。经济系统多维结构和价格体系非唯一性，对价格调控、经济运行机制的建立和宏观经济政策手段的使用均有重要意义。

第一节　经济系统的多维性

维是描述物体运动的一种本质属性。具体来说，就是所使用的坐标系的坐标轴的数量单位。如三维空间 X、Y、Z 三轴所代表的个数，它表明空间任何一点都可以用三个有序数字来确定。对一般系统来说，维数就是共同决定系统运动状态的自由度数量。

经济系统是一个巨大的人工系统。具有复杂的生产、技术、管理结构和社会文化、心理环境。可以用不同的角度和表达方式来刻画一个经济系统。从观察角度上看，如社会再生产过程、投入产出均衡关系、市场竞争运动、经济运行的管理调控机制等；从表达方式上看，有用描述性的、图表的、方程式的，等等。无论哪种角度，哪种方式，它们的一个共同特点是：必须用一些不能相互替代的多个因素或多种量表述系统的特定性状。这就是经济系统的多维性。例如：

社会再生产过程的多维性：生产、分配、流通、消费。

经济系统生产流量均衡关系的多维性：投入——原材料、资金、技术、劳动等在各产业部门的投入；产出——中间产品、最终产品、出口商品等在各部门的产出。

经济系统宏观监测控制的多维性：经济发展水平度量——总产品价格G、国内生产总值N、财政收入F、货币流量M等；经济运行调控指数——价格指数α、利率β、汇率γ、税率δ等。

物质运动多维性的存在具有深刻的原因。首先，物质运动必定存在于一定的时间空间之中，这个时空结构本身就是一个多维构造；因此，物质运动必须用多维结构来描述。其次，物质运动的内部充满了矛盾，这种矛盾与时空结构的各种耦合，呈现出复杂的内部机制和缤纷多彩的表象；这就决定要用比时空结构更为复杂或更高级的多维结构来描述它们。经济系统的多维性存在原因完全类似。而且，由于经济系统中渗透着人们的社会心理和行为，其复杂性远远超过了自然界其他行为主体；因此，经济系统矛盾运动的复杂性也就超过了其他系统，其多维性、多维结构更为复杂、多彩。

经济系统的多维性具有一些显著特征。

第一，维数非唯一性。这是因为经济系统的结构功能和活动方式的复杂，内容丰富多彩，使人们观察角度和观察方法多样，对经济系统特性的规范不同，维数就不同。如前述社会再生产过程结构、生产流量均衡结构以及经济系统监控体系，其变量性质和维数就不是一致的。但是，当观察角度和观察方法一定时，对系统同一性状的描述所用的维数应是唯一确定的。

第二，在多维情况下，保持系统某一性状其决定因素的状态不是唯一的。这一特性在自然科学研究的对象系统里是非常明确的事实。如刚体转动系统中，力矩等于力与力臂的乘积。即决定力矩的大小有作用力f和力臂d两个因素，其状态不是唯一的。在该系统中，保持某个特定量的力矩M，凡满足关系式$M=fd$的所有的f、d都能满足要求。在经济系统里，这一特性的一般性证明依赖于对经济系统特定性状的确定性，及其与决定因素之间相互关系的正确描述。如费雪的交易方程描述了流通中的货币量M与货币流通速度v成反比，与物价水平P、商品交易量Q成正比：$M=\frac{1}{v}PQ$。即决定特定M的因素有v、P、Q三个因素，其状态都不是唯一的。

经济系统的多维性对于认识经济系统的复杂结构及其运行的调节控制具

有深刻意义。根据观察目的要求，以下方程构造一个宏观经济系统的非完全的人工监测控制系统，记为S：

$$
S\begin{cases}
G = \sum_{i=1}^{n} Q_i P_i & (12-1)\\
N = \sum_{i=1}^{n} Q_i\left(P_i - \sum_{j=1}^{n} a_{ji} P_j\right) + N_0 & (12-2)\\
F = \sum_{i=1}^{n} \delta_i Q_i P_i + F_0 & (12-3)\\
M = G/v & (12-4)\\
\alpha = \sum_{i=1}^{n} Q_i P_i / \sum_{i=1}^{n} Q_i P_i^0 & (12-5)\\
\beta = \alpha\beta^0 & (12-6)\\
\gamma = \alpha\gamma^0 & (12-7)
\end{cases}
$$

其中，G、N、F、M；α、β、γ、δ 的意义如前述；Q_i、P_i 为 i 部门商品量及其价格；a_{ji}为投入产出消耗系数；P_i^0、β^0、γ^0 为原变量变动的初始值；δ_i 为 i 部门商品的综合税率；N_0 为国内生产总值其他来源；F_0 为财政收入其他来源；v 为货币流通速度。式（12－1）~式（12－4）给出系统运行的即时总量水平，式（12－5）给出价格发生变化时，系统整体变化度量，称为系统的放大系数；式（12－6）给出价格发生波动后，投资者理应获得的实际利率，反映人们对货币信用的期望；式（12－7）给出系统对外系统货币媒介的连接关系，以保证价格变化后，两个系统货币实质交换关系不变。

上述方程组的每一个独立变量就是一个维，其中，自变量（控制变量）可根据经济系统的特性和研究目的来定。这里是研究价格变化对经济系统运行的影响，因此把 P_i、δ_i，i＝1，2，…，n，取为控制变量，共 2n 个①，因变量（状态变量）7 个。给定自变量一组值，就可以确定经济系统的一个变化状态 $S\{G(P_i), N(P_i), F(\delta_i, P_i), M(P_i); \alpha(P_i), \beta(\alpha), \gamma(\alpha)\}$，当取尽自变量所有可能值时，系统演变所有状态。

---

① 在某些部门里，综合税率可能是相等的，这时，δ_i，$i \leqslant n$，其控制变量个数 $\leqslant 2n$。

第二节　价格体系非唯一性讨论

我们要讨论的是价格体系与经济系统运行状态的相互关系。根据政府经济调控行为的要求，价格体系的变动对经济系统的影响，主要关系考虑下述范围。

（1）价格变动，其物耗成本、工资成本补偿，利润分配平均化；

（2）价格变动对总价格水平的影响；

（3）价格变动对经济总量的影响；

（4）价格变动对财政税收的影响；

（5）价格变动对货币流通量、信贷和国际收支影响。

假定 S 是一个特定经济技术条件下处于最佳稳定运行状态的系统的同态模型[1]。S 具有特定的投入产出技术结构和市场需求、货币流通关系，价格集 $\{P_i\}$ 是如第一章模型的某种解——可以满足特定经济关系的理论价格，其变动机制满足关系（1），则系统 S 可以用来模拟其余 4 个关系的变化情况。这里不考虑实际经济生活中以下因素影响：

（1）价格变动对商品生产量 Q_i、消耗系数 a_{ji} 以及货币流通速度 v 的影响；

（2）α、β、γ 变动后，经济活动主体行为变化对 Q_i、a_{ji}、v 的影响。

即 Q_i、v、a_{ji} 作为 S 同态系统中一种既定经济技术参数①。这样，我们要证明的命题可归纳为：

在系统 S 经济技术参数不变的情况下，保持 S 不变，价格集 $\{P_i\}$ 不是唯一的。

严格地说，本命题证明，只需找到一个价格集 $\{P_i^*\} \neq \{P_i\}$，使对应的经济系统 $S^*\{G^*, N^*, F^*, P^*, M^*; \alpha^*, \beta^*, \gamma^*\} = S\{G, N, F, M; \alpha, \beta, \gamma\}$ 即可。

但是，这里在更广泛的范围内讨论，以便探讨系 S 的状态变化与价格集 $\{P_i\}$ 变化的全部关系，这对设计价格的变化与宏观经济其他参数调控关系

① 这里事实上是忽略价格变动后，经济活动主体行为变化对本生产周期的影响；对 Q_i、v、a_{ji} 来说，其变化理解为在下一个生产周期发生。

是必要的。

我们按照以下思路来讨论：给出 S^* 的各种变化，探讨 $\{P_i^*\}$ 的变化情况，从中找到适应系统不变或稳定运行的条件。

由于 N_0、F_0 相对于 N、F 来说，比重很小，故可以假定为变动可忽略不计的常数，或随价格变动作相应比率的变化。

系统 S^* 的变化按放大系数 α^* 的状态，可分为三种类型。

第Ⅰ种类型：$\alpha^*=1$；$S^*=S$

考虑变动后的价格 $\{P_i^*\}$ 偏离理论价格 $\{P_i\}$ 的实现形式，经过排列，以下三种情况是存在的。

（1）价格偏离高于理论值。记为 P_k^*，$k=1, 2, \cdots, n_1(n_1<n)$。这时对应于单位 Q_k 商品有高额利润 $\Delta m_k(>0)$，该单位商品总利润 $m_k^*=m_k+\Delta m_k$，且有 $P_k^*=P_k+\Delta m_k$，m_k 为正常利润，$k=1, 2, \cdots, n_1$；$n_1<n$。

（2）价格偏离低于理论值。记为 P_t^*，$t=n_1+1, n_1+2, \cdots, n_2(n_2<n)$。这时对应于单位 Q_t 商品有低额利润 $\Delta m_t(<0)$，该单位商品总利润 $m_t^*=m_t+\Delta m_t$，且有 $P_t^*=P_t+\Delta m_t$，m_t 为正常利润，$t=n_1+1, n_1+2, \cdots, n_2$。

（3）价格未发生偏离。记为 P_e^*，$e=n_1+n_2+1, n_1+n_2+2, \cdots, n_3(n_3=n)$。这时对应于单位 Q_e 商品只有正常利润 $m_e^*=m_e$，且有 $P_e^*=P_e$，$e=n_1+n_2+1, n_1+n_2+2, \cdots, n_3$。

以下在价格这三种偏离形式下，顺序考虑系统的各种状态变量不变的条件。

（1）总价格不变：

$$
\begin{aligned}
G^* &= \sum_i^n Q_iP_i^* = \sum_k^{n_1} Q_kP_k^* + \sum_t^{n_2} Q_tP_t^* + \sum_e^{n_3} Q_eP_e^* \\
&= \sum_k^{n_1} Q_k(P_k+\Delta m_k) + \sum_t^{n_2} Q_t(P_t+\Delta m_t) + \sum_e^{n_3} Q_eP_e \\
&= \sum_k^{n_1} Q_kP_k + \sum_t^{n_2} Q_tP_t + \sum_e^{n_3} Q_eP_e + \sum_k^{n_1} Q_k\Delta m_k + \sum_t^{n_2} Q_t\Delta m_t \\
&= G + \sum_k^{n_1} Q_k\Delta m_k + \sum_t^{n_2} Q_t\Delta m_t
\end{aligned}
$$

此时，若要 $G^*=G$，需 $\sum_k^{n_1} Q_k\Delta m_k + \sum_t^{n_2} Q_t\Delta m_t = 0$。

注意 $\Delta m_t<0$，$t=n_1+1, n_1+2, \cdots, n_2$；且 $Q_t>0$，$t=n_1+1, n_1+$

2，…，n_2，只需：

$$\sum_{k}^{n_1} Q_k \Delta m_k = \sum_{t}^{n_2} Q_t |\Delta m_t| \tag{12-8}$$

式（12-8）的经济含义为，由于价格偏离正常值（理论值），一部分商品获得高额利润；另一部分商品只获得低额利润，从全社会上看，所获的总高额利润与总低额利润在量值上相等。

（2）国内生产总值不变。由于 N_0 视作常数，只需考虑各生产部门的增加值即可。即：

$$\begin{aligned}
N^* &= \sum_{i=1}^{n} Q_i (P_i^* - \sum_{j=1}^{n} a_{ji} P_j^*) + N_0 \\
&= \sum_{i=1}^{n} Q_i P_i^* - \sum_{i=1}^{n} Q_i \sum_{j=1}^{n} a_{ji} P_j^* + N_0 \\
&= \sum_{k}^{n_1} Q_k (P_k + \Delta m_k) + \sum_{t}^{n_2} Q_t (P_t + \Delta m_t) + \sum_{e}^{n_3} Q_e P_e \\
&\quad - \sum_{i}^{n} Q_i \sum_{k}^{n_1} a_{ki} (P_k + \Delta m_k) - \sum_{i}^{n} Q_i \sum_{t}^{n_2} a_{ti} (P_t + \Delta m_t) \\
&\quad - \sum_{i}^{n} Q_i \sum_{e}^{n_3} a_{ei} P_e + N_0 \\
&= \sum_{i}^{n} Q_i P_i - \sum_{i}^{n} Q_i \sum_{j}^{n} a_{ji} P_j + N_0 + \sum_{k}^{n_1} Q_k \Delta m_k + \sum_{t}^{n_2} Q_t \Delta m_t \\
&\quad - \sum_{i}^{n} Q_i \sum_{k}^{n_1} a_{ki} \Delta m_k - \sum_{i}^{n} Q_i \sum_{t}^{n_2} a_{ti} \Delta m_t \\
&= N + \sum_{k}^{n_1} Q_k \Delta m_k + \sum_{t}^{n_2} Q_t \Delta m_t - \sum_{k}^{n_1} \sum_{i}^{n} a_{ki} Q_i \Delta m_k - \sum_{t}^{n_2} \sum_{i}^{n} a_{ti} Q_i \Delta m_t
\end{aligned}$$

注意，$\Delta m_k > 0$，$a_{ji} \geqslant 0$，$\Delta m_t < 0$。

若要 $N^* = N$，只需：

$$\sum_{k}^{n_1} [Q_k - \sum_{i}^{n} a_{ki} Q_i] \Delta m_k + \sum_{t}^{n_2} [Q_t - \sum_{i}^{n} a_{ti} Q_i] \Delta m_t = 0$$

或者：

$$\begin{cases}
\sum_{k}^{n_1} Q_k \Delta m_k = \sum_{t}^{n_2} Q_t |\Delta m_t| \\
\sum_{k}^{n_1} \sum_{i}^{n} a_{ki} Q_i \Delta m_k = \sum_{t}^{n_2} \sum_{i}^{n} a_{ti} Q_i |\Delta m_t|
\end{cases} \tag{12-9}$$

式（12-9）的经济含义为，由于一部分商品获得高额利润，使其他商品生产成本增加；另一部分商品由于只获得低额利润，使其他商品生产成本降低；从全社会上看，总成本增加和降低在量值上相等。

（3）财政收入不变。F_0 视作常数，只考虑税收总额 T。要使财政收入不变，在只有单纯的价格变化，而不涉及商品生产的技术条件情况下，要使商品生产者认为是公平的予以接受，最容易办到的是使用调节税把超额利润 Δm_k 收走，使用财政补贴把低于正常利润 Δm_t 返还给产品的生产者。

对于价格高于理论价格的商品部分，其税额：

$$\begin{cases} T_1 = \sum_{k}^{n_1} [\delta_k^1 Q_k P_k^* + \delta_k^2 Q_k m_k^* + \delta_k^3 Q_k m_k^*] & (12-10) \\ \delta_k^3 Q_k m_k^* = (Q_k P_k^* - Q_k P_k) - \delta_k^1 (Q_k P_k^* - Q_k P_k) \\ \qquad - \delta_k^2 (Q_k m_k^* - Q_k m_k) & (12-11) \end{cases}$$

$$k = 1, 2, \cdots, n_1$$

其中，δ_k^1，δ_k^2，δ_k^3 分别为 Q_k 的价内税税率，价外税税率和调节税税率。

对于价格低于理论价格的商品部分，其税额：

$$\begin{cases} T_2 = \sum_{t}^{n_2} [\delta_t^1 Q_t P_t^* + \delta_t^2 Q_t m_t^* - \delta_t^4 Q_t m_t^*] & (12-12) \\ \delta_t^4 Q_t m_t^* = (Q_t P_t - Q_t P_t^*) - \delta_t^1 (Q_t P_t - Q_t P_t^*) \\ \qquad - \delta_t^2 (Q_t m_t - Q_t m_t^*) & (12-13) \end{cases}$$

$$t = n_1 + 1, n_1 + 2, \cdots, n_2$$

其中，δ_t^4 为 Q_t 的补贴率。

对价格等于理论价格的商品部分，其税额：

$$T_3 = \sum_{e}^{n_3} [\delta_e^1 Q_e P_e^* + \delta_e^2 Q_e m_e^*] \qquad (12-14)$$

总税收为：

$$T^* = \sum_{i=1}^{3} T_i \qquad (12-15)$$

总补贴为：

$$T_4 = \sum_{t}^{n_2} \delta_t^4 Q_t m_t^* \qquad (12-16)$$

式（12-10）~式（12-16），关于 δ_k^3、δ_t^4、T_i、T^* 共 n_2+5 个未知元，

方程个数与未知元个数相等的方程组，该方程组有唯一一组解。这里 δ_i^1、$\delta_i^2(i=1, 2, \cdots, n)$ 可外生地（外接模型或其他方法）确定，对每一个商品来说，δ_i^1 以及 δ_i^2 当然不是全异的。

要保证财政收入不变，即：

$$F^* = T^* + F_0 = T + F_0 = F$$

其中，T 为理论价格时的总税收，包括所有商品的价内税和价外税。只需 $T^* = T$ 即可。于是：

$$\begin{aligned}
T^* &= \sum_k^{n_1}[\delta_k^1 Q_k P_k^* + \delta_k^2 Q_k m_k^* + \delta_k^3 m_k^*] + \sum_t^{n_2}[\delta_t^1 Q_t P_t^* + \delta_t^2 Q_t m_t^* - \sum_t^{n_2}\delta_t^4 Q_t m_t^*] \\
&\quad + \sum_e^{n_3}[\delta_e^1 Q_e P_e^* + \delta_e^2 Q_e m_e^*] \\
&= \sum_k^{n_1}[\delta_k^1 Q_k P_k^* + \delta_k^2 Q_k m_k^* + Q_k P_k^* - Q_k P_k + \delta_k^1 Q_k P_k - \delta_k^1 Q_k P_k^* + \delta_k^2 Q_k m_k \\
&\quad - \delta_k^2 Q_k m_k^*] + \sum_t^{n_2}[\delta_t^1 Q_t P_t^* + \delta_t^2 Q_t m_t^* - Q_t P_t + Q_t P_t^* + \delta_t^1 Q_t P_t \\
&\quad - \delta_t^1 Q_t P_t^* + \delta_t^2 Q_t m_t - \delta_t^2 Q_t m_t^*] + \sum_e^{n_3}[\delta_e^1 Q_e P_e^* + \delta_e^2 Q_e m_e^*] \\
&= \sum_k^{n_1}[\delta_k^1 Q_k P_k + \delta_k^2 Q_k m_k] + \sum_k^{n_1} Q_k[P_k^* - P_k] + \sum_t^{n_2}[\delta_t^1 Q_t P_t + \delta_t^2 Q_t m_t] \\
&\quad - \sum_t^{n_2} Q_t[P_t - P_t^*] + \sum_e^{n_3}[\delta_e^1 Q_e P_e + \delta_e^2 Q_e m_e] \\
&= T + \sum_k^{n_1} Q_k[P_k^* - P_k] - \sum_t^{n_2} Q_t[P_t - P_t^*]
\end{aligned}$$

即要求：

$$\sum_k^{n_1} Q_k[P_k^* - P_k] - \sum_t^{n_2} Q_t[P_t - P_t^*] = 0$$

也即：

$$\sum_k^{n_1} Q_k \Delta m_k = \sum_t^{n_2} Q_t |\Delta m_t|$$

即为式（12－8）所列条件。

（4）货币流通量不变。当 $G^* = G$，货币流通速度不变时，有：

$$M^* = \frac{G^*}{v} = \frac{G}{v} = M$$

即要求：

$$\sum_{k}^{n_1} Q_k \Delta m_k = \sum_{t}^{n_2} Q_t |\Delta m_t|$$

此时，有：

$$\alpha^* = \frac{\sum_{i}^{n} Q_i P_i^*}{\sum_{i}^{n} Q_i P_i} = \frac{G^*}{G} = \alpha = 1$$

$$\beta^* = \alpha^* \beta = \beta$$

$$\gamma^* = \alpha^* \gamma = \gamma$$

即 $S^*\{G^*, N^*, F^*, M^*; \alpha^*, \beta^*, \gamma^*\} = S\{G, N, F, M; \alpha, \beta, \gamma\}$。

因此，满足第Ⅰ种情况的条件是：价格体系 $\{P_i^*\}$ 中，高于理论价格的商品其超额利润总和与低于理论价格的商品其低额利润总和相等；使用调节税和财政补贴可以实现系统不变和满足商品生产者的公平要求。当考虑经济发展总量水平或国内生产总值不变时，并还要求高于理论价格的商品造成总成本的增加量与低于理论价格的商品造成总成本的降低量相等。

第Ⅱ种类型：$\alpha^* \neq 1(\alpha^* \neq 0)$；$S^* = \alpha^* S$

即系统处于线性胀缩的情况。当 $0 < \alpha^* < 1$ 时，为压缩情况；当 $1 < \alpha^* < \infty$ 时，为放大情况。

（1）总价格水平胀缩：

由 $G^* = \sum_{i}^{n} Q_i P_i^*$，$\alpha^* G = \alpha^* \sum_{i}^{n} Q_i P_i = \sum_{i}^{n} Q_i \alpha^* P_i$

若要求 $G^* = \alpha^* G$，只需：

$$P_i^* = \alpha^* P_i \quad i = 1, 2, \cdots, n \tag{12-17}$$

即价格体系处于线性胀缩情况。

（2）国内生产总值胀缩：

$$N^* = \sum_{i=1}^{n} Q_i (P_i^* - \sum_{j=1}^{n} a_{ji} P_j^*) + N_0^*$$

$$\alpha^* N = \alpha^* [\sum_{i=1}^{n} Q_i (P_i - \sum_{j=1}^{n} a_{ji} P_j) + N_0]$$

$$= \sum_{i=1}^{n} Q_i (\alpha^* P_i - \sum_{j=1}^{n} a_{ji} \alpha^* P_j) + \alpha^* N_0$$

若要求 $N^* = \alpha^* N$，注意前面假定确定 $N_0^* = \alpha^* N_0$，而 $\alpha^* P_j$ 与 $\alpha^* P_i$，i、j=1，2，…，n，并没有什么不同；因此，只需 $P_i^* = \alpha^* P_i$，i=1，2，…，n，即可。

（3）财政收入胀缩：

$$F^* = \sum_{i=1}^{n} \delta_i Q_i P_i^* + F_0^*$$

$$\alpha^* F = \alpha^* \left[\sum_{i=1}^{n} \delta_i Q_i P_i + F_0 \right] = \sum_{i=1}^{n} \delta_i Q_i \alpha^* P_i + \alpha^* F_0$$

若要求 $F^* = \alpha^* F$，由前面假定确定 $F^* = \alpha^* F_0$，只需 $P_i^* = \alpha^* P_i$，i=1，2，…，n，即可。

（4）货币流通量放大：

$$M^* = G^*/v, \qquad \alpha^* M = \alpha^*(G/v) = \alpha^* G/v$$

若要求 $M^* = \alpha^* M$，只需 $G^* = \alpha^* G$。

即 $P_i^* = \alpha^* P_i$，i=1，2，…，n，即可。

此时，有：

$$\alpha^* = \frac{\sum_{i}^{n} Q_i P_i^*}{\sum_{i}^{n} Q_i P_i} = \frac{\sum_{i}^{n} Q_i \alpha^* P_i}{\sum_{i}^{n} Q_i P_i} = \frac{\alpha^* \sum_{i}^{n} Q_i P_i}{\sum_{i}^{n} Q_i P_i} = \alpha^* \alpha (\alpha = 1)$$

$$\beta^* = \alpha^* \beta$$

$$\gamma^* = \alpha^* \gamma$$

即 $S^*\{G^*, N^*, F^*, M^*; \alpha^*, \beta^*, \gamma^*\} = \alpha^* S\{G, N, F, M; \alpha, \beta, \gamma\}$。

因此，满足第Ⅱ种情况的条件是：价格体系 $\{P_i^*\}$ 对于理论价格体系线性胀缩 $\{P_i^*\} = a^*\{P_i\}$，即比价体系不变。这说明当价格体系不发生结构性相对变化时，系统可以在 $\alpha^* \neq 0$ 的水平下按照原来的系统稳定态①运行。这一情况可以扩展到第Ⅰ种情况下的胀缩运行。

第Ⅲ种类型：$\alpha^* \neq 1(\alpha^* \neq 0)$；$S^* \neq \alpha^* S$

即系统处于非线性变化的情况。

---

① 这里把系统稳定性理解为，若系统 S^* 没有改变 S 的结构，系统 S 原有的稳定性就没有改变。[2]

由 $\alpha^* = \frac{\sum_i^n Q_i P_i^*}{\sum_i^n Q_i P_i} \neq 1$

可推出 $\sum_i^n Q_i P_i^* \neq \sum_i^n Q_i P_i$，即 $G^* \neq G$

同理可得 $N^* \neq N$，$F^* \neq F$，$M^* \neq M$

即 $S^* \neq S$

再由 $S^* \neq \alpha^* S$

可推出 $P_i^* \neq \alpha^* P_i$，$i=1, 2, \cdots, n$；否则，系统非线性变化不能成立。

这时，价格体系结构被破坏，价格集 $\{P_i^*\}$ 处于前两种情况下的另外状态。这种情况说明，当价格体系相对结构也即比价体系发生变化，且不满足系统不变的条件，这时生产者利益均衡被打破，原系统结构的效率和稳定性被破坏。

上述三种情况归纳如表 12－1 所示。

表 12－1　　多维经济系统价格体系变化与系统稳定性条件

项目	第Ⅰ种类型	第Ⅱ种类型	第Ⅲ种类型
系统变化情况	$\alpha^* = 1$ $S^* = S$	$\alpha^* \neq 1$（$\alpha^* \neq 0$） $S^* = \alpha^* S$	$\alpha^* \neq 1$（$\alpha^* \neq 0$） $S^* \neq \alpha^* S$
价格体系变化条件	$\{P_i^*\} \neq \{P_i\}$ $\sum_k Q_k \Delta m_k = \sum_t Q_t \mid \Delta m_t \mid$ $\sum_k \sum_i a_{ki} Q_i \Delta m_k = \sum_t \sum_i a_{ti} Q_i \mid \Delta m_t \mid$	$\{P_i^*\} = \alpha^* \{P_i\}$	$\{P_i^*\} \neq \alpha^* \{P_i\}$
调节手段	P，T，F，M	P，T，F，M	P，T，F，M
新系统稳定性	S^* 具有新稳定性	S^* 具有原系统稳定性不变	S^* 无新的稳定性，且原系统稳定性被破坏

注：P 代表价格手段；T 代表税收手段；F 代表财政手段；M 代表金融手段。

第三节　多维经济系统价格体系非唯一性的意义和作用

多维经济系统价格体系非唯一性对经济运行调控具有重大意义和作用。

（1）多维经济系统内，系统的功能和运行的状态由多种要素、多种机制共同决定。每一个要素依据自己在经济系统中的地位，对经济运行状态产生作用。系统的改造和重建关键不在确定体制要素的特定状态，而在于确定需要哪些要素发生什么样的作用，它们的连接关系如何，即结构关系或机制的建造。在社会主义市场经济体制改革中，就是要确立哪些由市场要素发生作用，哪些由政府手段发生作用，从而按照系统的完整功能结构建立不同的机制，并做好这些要素和机制连接关系。比如，前面列举的系统调节机制中，价格、金融是市场机制，财政、税收是政府机制，两类要素有机结合，形成调控经济运行的有力手段，可使经济系统在一定的政策目标下，如在一定的价格政策、财政、金融政策目标下，维持某种稳定运行状态。当市场因素发生变化时，运用政府调节机制，可以保持系统原有的运行状态不变；反之，确定政府政策目标，通过市场机制作用，也可以保持系统的稳定态不变。而且，通过构造恰当的模型，可以确定各种调节机制的数量刻度或调控参数。这对一个有效的政府和一种精确的政策目标来说，是必要的，也是可以办得到的。

（2）依靠经济系统多种调节因素的作用，可以将价格体系调整到对经济发展或社会发展某种政策目标有利而不一定是理论价格状态。若考察世界各国，在不同的发展阶段均采取过不均衡的产业政策，那么，在特定的政策目标下，一些产品实行非理论价格是必需的。比如，在我国的计划经济时代，为了筹集工业化所需资金，普遍对农副产品实行了低价政策；为了发展加工制造业，对基础原材料也实行了低价政策。在市场经济时期，国家对重要农产品、公共产品以及具有垄断性的行业的一些产品，仍然实行了价格控制。但是，必须通过财政税收金融手段，通过投资政策手段等及时调整，维持市场经济系统按照特定的政策目标平稳有效运行。

（3）通货膨胀或通货紧缩对经济生活造成了重大影响，若能保持经济结构关系相对不变，通货胀缩也能使经济系统以原有的稳定态运行。问题是在现实中，通货价值改变后，经济结构或利益关系很难不变化。1990 年以来，我国就经历了通货膨胀和通货紧缩的两种状态，每一次经济结构和利益关系都进行了大调整，从而使经济脱离了原有的运行状态。本章的结论给出了这样一种可能，在通货变动期间，尽量保持经济结构的线性胀缩变化，可以维持系统原有的稳定态运行，至少可以减少对经济生活的负面影响。当然，这势必抵消乃至破坏通货胀缩作为经济结构调整、系统正常运行回复力量的机制所发挥的作用。

本章主要参考文献

[1] 何维凌，邓英淘．经济控制论 [M]. 成都：四川人民出版社，1984.

[2] 邹珊刚，黄麟雏，李继宗．系统科学 [M]. 上海：上海人民出版社，1987.

第十三章

通货价值改变对居民家庭收支的影响*

摘　要　本章以价格为自变量，构造了通货膨胀、通货紧缩与一般居民家庭收入、支出、消费、储蓄和投资、借贷行为关系的一组方程体系，分析在通货价值改变条件下，家庭收入、支出项目与通货胀缩率之间的数量变动关系，并运用20世纪90年代中国城镇居民家庭收入、支出资料，分析了不同收入类型家庭在通货膨胀和通货紧缩两种情况下收入变动规律，分类消费特征。

关键词　通货胀缩率　收入方程　消费增量分解　物量变动

Chapter 13　The Influence of Currency's Value over Household Income and Expenditure

Abstract　Taking price as the independent variable, two equation systems, which depicting the relationship between inflation, deflation and common household income, expenditure, consumption, deposit, investment and loan, were built. We analyzed the relationship between income, expenditure and the rate of inflation and deflation, when currency value changes. And we also study the variety law of income and consumption of different income-type households under the

---

* 本章内容为“江西省主要学科（社会科学）学术或技术带头人”项目《国民产品的系统结构与价格模方法》的子项目；“中国数量经济学及其应用：20年回顾”国际学术研讨会发言论文，出版于《21世纪数量经济学》第一卷第三十二章，中国统计出版社，2001年5月。

inflation or deflation, based on the data of income and expenditure of Chinese urban households in the 1990s.

Keywords Inflation Rate Income Equation Decomposing of Consumption Increment Physical Quantity Variety

市场物价的大面积、大幅度持续上升或下降，说明经济运行中发生了通货膨胀或通货紧缩，人们手中流通的货币其购买力或价值随之发生了改变。通货价值改变对社会每一个阶层、每一个领域都会产生深刻的影响，对城乡一般居民家庭来说这种影响是非常敏感的。本章试图以价格变动为自变量，定量地说明通货价值改变对居民家庭收入、支出、消费、储蓄、借贷行为的影响和变动规律。

第一节 通货价值改变的一般性说明

中国改革开放以来，经济体制不断向市场化方向转轨，产业成长不断向高级化方向升级，经济增长也出现了明显的周期波动。20 世纪 90 年代就是一个特征显著的增长周期。1991 年进入扩张期，1994 年达到高峰；1996 年宏观调控实现软着陆，此后出现了与以往不同的较长时间的低位增长期，到 21 世纪初才逐步到达谷底，并逐步进入新一轮扩张期。与周期内经济扩张、消退几乎同时出现的是，物价普遍的持续的上升或下降。经济学界把这两种现象定义为通货膨胀和通货紧缩[1][2]。关于通货膨胀，20 世纪后半叶大多数年代在许多国家都有发生，人们研究得比较多，理论说明也较为充分；而通货紧缩人们曾经认为是遥远过去的事情，国际、国内研究都很少，以至于对于 20 世纪最后几年中国是否出现通货紧缩？其特征和判断标准是什么？人们为此争论不休[1][3][4]。这里无意再给出一个“通货膨胀”和“通货紧缩”的新定义，并提出其基本特征和判断标准，并试图使大家都能接受。而是旨在分析，不管是通货膨胀还是通货紧缩，它对老百姓有什么样的影响？其影响程度如何？关于通货膨胀和通货紧缩，无论是凯恩斯主义者的定论，还是西方新自由主义思潮的创新；无论是新古典主义的修正，还是结构主义的补充；无论是国外学者根据外国情况的理论概括，还是国内学者对中国情况的实证；其定义、判断标准、产生的原因有多么不同，分歧有多么之大，但有一点是公认的，那就是：无论是通货膨胀，还是通货紧缩，必定是和物价的大面积、大幅度的持续上升或下降直接相联系。物价的普遍、大幅度持续变化，表明充当一般等价物或表价物的货币价值发生了改变，必将对经济运行、产业成长，对政府、企业、个人、社会、家庭生活带来广泛、深刻、多方面的影响。对于老百姓来说，以下三大影响是主要的。

（1）口袋里的钱其价值发生了改变。100 元正常情况下可买 15 公斤大米，1 套衣服。通货膨胀情况下，可能只买得到 10 公斤米，半套衣服；通货紧缩情况下，买到的东西可能相对多一些。也就是说，通货价值改变直接影响了居民的购买和支付能力。如果发生了借贷行为，那你所归还、所收回的钱，其价值也与债权、债务发生时不一样了。

（2）进入口袋里的钱其数量发生了改变。持续通货膨胀或紧缩，必定影响或者伴随经济增长、企业经营、劳动者就业状况的改变；而这些最终都会改变产业人口的收益状况。尤其是通货紧缩时，经济增长减缓，企业效益恶化，下岗、失业增多，产业人口的收益明显减少。

（3）老百姓消费行为发生了改变。通货价值改变使居民对未来收入和支出的预期发生了改变，为了减少未来涨价的可能损失，可能把不该买的东西买了；为了防止未来收入减少和支出增加带来的家庭财政危机，又可能把本来要消费的钱留下来，存入银行，或者进入其他储蓄或投资渠道。消费和投资行为的改变可以进一步对经济增长和企业经营状况产生反馈作用，从而使系统原有状况加剧或减缓变化。

总之，通货价值改变是一种隐蔽的收入再分配手段，是一个经济系统正常运行的偏离，同时也是经济系统失衡的调和机制与回复力量。

第二节　通货胀缩对居民收支影响的定量模型

一个家庭的收入、支出、消费、储蓄和投资、借贷行为，以及家庭收支平衡状况，可用以下一组方程描述：

$$
\begin{cases}
Y = \alpha W & (13-1) \\
E = C + (S - s) + (B - b) & (13-2) \\
C = \sum_{i=1}^{n} P_i Q_i + \sum_{j=1}^{m} P_j Q_j & (13-3) \\
s = (1 - \delta)[\beta I + \tau J] Y & (13-4) \\
b = \pi B & (13-5) \\
Y = E & (13-6)
\end{cases}
$$

其中，Y 为税后经常性总收入；α 为与通货膨胀或紧缩相关的收入系数；W 为正常情况下的家庭收入；E 为总支出；C 为消费支出；S 为储蓄及证券投资；s 为储蓄和证券投资收益；B 为借贷差额；b 为借贷净收益；P_i 为基本生活资料价格；Q_i 为基本生活资料购买数量；P_j 为享受和发展资料价格；Q_j 为享受和发展资料购买数量；I 为储蓄率；J 为证券投资率；δ 为收益税率；β 为储蓄名义利率；τ 为证券名义收益率；π 为与通货胀缩相关的借贷收益率。

这组方程也可以用来描述分类居民户的收入、消费、储蓄、借贷及其收支平衡的总量情况。方程中 W 一般是上一年度的实际数，B 是某种特定情况决定的数额，除此之外，其余都是和通货价值胀缩率有关的变数，也可以看作胀缩率的函数或价格的函数。这里，设 R 为通货价值胀缩率，当 $R>1$ 时，为通货膨胀状况；当 $0<R<1$ 时，为通货紧缩状况；当 $R=1$ 时，为通货中性，即处于没有通胀也没有通缩的状况。

我们要研究的问题是：当通货价值以胀缩率 R 改变时，居民收入变化，消费、储蓄、借贷行为变化，其收益变化状况以及在社会分配中的格局变化情况。

对于任何一个家庭来说，由于其主要劳动者受教育程度，所处劳动岗位不同，赡养人数不同，其收入数量、工作机会在经济高涨和经济消退时是不同的，消费、储蓄、借贷行为也是不同的。一般来说，受教育程度越高，劳动岗位层次越高，工作机会越有保障，收入也越高。反之，也成立。收入和支出行为特性在同一个阶层里具有较大的相似性。为了讨论和取得数据的方便，按家计调查分类方法，分为低收入户、中收入户、高收入户三个家庭类型。也可以分得更详细些。

式（13－1）中的 α 是一个综合参数，表示就业机会、收入增长的综合效应。事实上是经济景气程度的综合反映。因为物价指数是经济景气程度的

"晴雨表"，通货膨胀或通货紧缩的表征指标，所以 α 是 R 的函数，记为 $\alpha(R)$。也就是说，居民家庭收入与经济景气程度或者与通货胀缩率存在明显因果关系。对于不同的收入类型户，$\alpha(R)$ 是不同的。一般来说，低收入户 $\alpha_1(R)$ 改变较大。当他们的主要劳动力下岗或失业时，就由政府提供失业保险金或最低生活保障金。高收入户 $\alpha_3(R)$ 改变较小，中收入户 $\alpha_2(R)$ 处在中间状态。对式（13－1）两边取微分，得到：

$$dY_k = W_k\alpha'(R)dR \quad k=1,\ 2,\ 3 \tag{13-7}$$

表示由于通货价值以 dR 发生变化时，每个收入类型户收入发生了改变量 dY_k。设 Y_{kt} 为 k 等收入户 t 期税后收入，Y_{kt-1} 为 t－1 期税后收入，R_t 为 t 期通货胀缩率，R_{t-1} 为相对于 t 期的环比基期，通常取为 100。则式（13－1）或式（13－7）可改写成差分式：

$$\Delta Y_{kt} = Y_{kt} - Y_{kt-1} = a_0 + a(R_t - R_{t-1}) \quad k=1,\ 2,\ 3 \tag{13-8}$$

其中，a_0，a 为待定经验参数。这就是在通货非中性情况下，各类收入户的以通货胀缩率为自变量的经验收入方程。

对式（13－2）两边取微分，得到：

$$dE_k = dC_k + d(S_k - s_k) + d(B_k - b_k) \quad k=1,\ 2,\ 3 \tag{13-9}$$

表示每个收入类型户在通货价值改变情况下，总支出的变化等于消费、储蓄或投资、借贷或移转支出的变化。

对于式（13－3），在通货非中性下，P_i、P_j 都可能发生了变化，而且每个收入类型户对之敏感程度不一样。反映到所购买的商品上，就是 Q_i，Q_j 数量发生了变化。一般来说，低收入户总是首先保持基本生活资料消费；其次根据价格水平和购买能力决定增加或减少享受或发展资料消费，即 Q_i 不变，Q_j 减少或增加；如果 R 变化较大，Q_i 也会改变。中收入户 Q_i、Q_j 都可能发生变化，而高收入户一般都倾向于不改变 Q_i、Q_j，也可能改变 Q_j，对式（13－3）取微分，得到：

$$dC_k = \sum[dP_iQ_{ki} + P_idQ_{ki}] + \sum[dP_jQ_{kj} + P_jdQ_{kj}] \quad k=1,2,3 \tag{13-10}$$

表示每个收入类型户在通货价值改变下，其消费由于价格和购买数量改变所发生的增加或减少的开支。

等式右边第一项 dP_iQ_{ki} 表示 k 类收入户，购买基本生活资料 Q_{ki}，由于价格发生了变化 dP_i，多付出或少付出的开支；第二项 P_idQ_{ki} 表示 k 类收入户，由于价格变化而多购或少购买基本生活资料 dQ_{ki}，增加或减少的开支。第三、第四项是 k 类收入户购买享受或发展资料增加或者减少的开支，情形同第一、第二项。由于低收入户用于基本生活资料的比重大，中、高收入户比重小；而基本生活资料的收入需求弹性、需求价格弹性较小；因此，低收入户消费开支受通货价值改变的影响较大。

由微分性质，当 dP_i 和 dQ_{ki}很小时，式（13－10）是成立的，但当通货价值改变较大时，dP_i 和 dQ_{ki}可能也很大，这时式（13－10）应由以下差分形式替代：

$$\begin{aligned}\Delta C_k &= C_k^* - C_k = \sum[(P_i + \Delta P_i)(Q_{ki} + \Delta Q_{ki}) - P_iQ_{ki}] \\ &= \sum[P_iQ_{ki} + \Delta P_iQ_{ki} + P_i\Delta Q_{ki} + \Delta P_i\Delta Q_{ki} - P_iQ_{ki}] \\ &= \sum[\Delta P_iQ_{ki} + (P_i + \Delta P_i)\Delta Q_{k\ i}] \\ &= \sum\left[\frac{\Delta P_i}{P_i}P_iQ_{ki} + (P_i + \Delta P_i)Q_{ki}\frac{\Delta Q_{ki}}{Q_{ki}}\right] \qquad k = 1, 2, 3\end{aligned}$$

其中，P_iQ_{ki}为 k 等收入户上年 i 类商品消费支出；ΔP_i 为 i 类商品本年价格增量；ΔQ_{ki}为 k 等收入户本年 i 类商品消费增量。为简便计算，式中基本生活资料和享受发展资料已用一个下标记。令 $r_i^* = \Delta P_i/P_i$，$R_i^* = P_i^*/P_i$，r_i^* 、R_i^* 均为 i 类商品本年对上年环比价格变化指数。$q_{ki}^* = \Delta Q_{ki}/Q_{ki}$，$q_{ki}^*$ 为 k 等收入户本年对上年 i 类商品消费物量变化指数。在具体商品层次上，它是一个重量变化比例；在商品类别层次上，它就是一个包括多种商品在内的综合性、物理性的“商品篮子”的变化比例，是居民增加或减少消费的商品量。它可以反映不同等次收入户在通货价值改变情况下，对不同性质的商品类型的选择行为，如对生活必需品和奢侈品的不同选择；可以反映居民家庭消费的物质内容变化状况，因而具有重要意义。但是现在家计调查数据不能满足直接计算 $\Delta Q_{ki}/Q_{ki}$ 的需要，需作一些变换，以便利用现有数据。设 $P_i^* Q_{ki}^*$ 为 k 等收入户本年 i 类商品消费支出，并有 $P_i^* = P_i + \Delta P_i$，$Q_{ki}^* = Q_{ki} + \Delta Q_{ki}$，由：

$$\begin{aligned}q_{ki}^* &= \frac{\Delta Q_{ki}}{Q_{ki}} = \frac{1}{Q_{ki}}\left[\frac{P_i^* Q_{ki}^*}{P_i^*} - Q_{ki}\right] \\ &= \frac{1}{Q_{ki}}\left[\frac{P_i^* Q_{ki}^*}{P_i^* P_i/P_i} - Q_{ki}\right]\end{aligned}$$

$$= \frac{P_i^* Q_{ki}^*}{R_i^* P_i Q_{ki}} - 1 \qquad k = 1, 2, 3 \tag{13-11}$$

$$(P_i + \Delta P_i) Q_{ki} q_{ki}^* = \frac{P_i + \Delta P_i}{P_i} P_i Q_{ki} q_{ki}^*$$

$$= (1 + r_i^*) P_i Q_{ki} \left[\frac{P_i^* Q_{ki}^*}{R_i^* P_i Q_{ki}} - 1 \right]$$

$$= (1 + r_i^*) \left[\frac{1}{R_i^*} P_i^* Q_{ki}^* - P_i Q_{ki} \right]$$

$$= P_i^* Q_{ki}^* - (1 + r_i^*) P_i Q_{ki} \qquad k = 1, 2, 3 \tag{13-12}$$

于是：

$$\Delta C_k = \sum [r_i^* P_i Q_{ki}] + \sum [P_i^* Q_{ki}^* - (1 + r_i^*) P_i Q_{ki}] \qquad k = 1, 2, 3 \tag{13-13}$$

令：

$$\Delta Ck_1 = \sum r_i^* P_i Q_{ki} \tag{13-14}$$

为由于价格变化，直接影响 k 等收入户的消费支出变动量；

$$\Delta C_k^2 = \sum [P_i^* Q_{ki}^* - (1 + r_i^*) P_i Q_{ki}] \tag{13-15}$$

为由于价格变化，k 等收入户调整购买物量，影响的消费支出变动量。即消费增量分解为物价变动影响和物量变动影响两大部分。则：

$$\Delta C_k = \Delta C_k^1 + \Delta C_k^2 = \sum_i [r_i^* P_i Q_{ki} + P_i^* Q_k^* - (1 + r_i^*) P_i Q_{ki}]$$

$$= \sum_i (P_i^* Q_{ki}^* - P_i Q_{ki}) \qquad k = 1, 2, 3$$

式（13-4）中的 β，I，τ，J 都是 R 的函数。在通胀情况下，政府通常提高利率 β，τ 也会提高。这时，低、中收入户首选提高储蓄率 I，高收入户和部分中收入户则倾向于提高证券投资率 J。在通缩情况下，政府降低利率 β，τ 也会相应走低。低、中收入户中相当一部分不大会改变储蓄率 I，在当前教育、住房、医改等预期支出比较大的情况下，更是如此。而 τ 无论走高走低，总是比 β 幅度大，但证券投资的风险要高于储蓄；因此，高收入户和一部分中收入户总是倾向于提高 J。

对式（13-4）取微分，得到：

$$ds_k = (1 - \delta)[d\beta I_k + \beta dI_k + d\tau J + \tau dJ_k] Y_k \qquad k = 1, 2, 3 \tag{13-16}$$

表示每个收入类型户，在通货价值改变下，其储蓄和证券投资以及其行为改变带来的收益变化。这里，Y_k 是 k 类收入户现有税后总收入，等式右边第一项 $d\beta I_k$ 表示 k 类收入户，在原有储蓄率 I_k 下，由于通货价值改变，名义利率发生变化 $d\beta$，所增加或减少的收益；第二项 βdI_k 表示 k 类收入户，在原有名义利率 β 下，由于通货价值改变而提高或降低储蓄率 dI_k，所增加或减少的收益。第三、第四项是 k 类收入户投资证券增加或减少的收益，情形同第一、第二项。由于低收入户和部分中级入户对储蓄的偏好程度较大，高收入户和部分中收入户对证券的偏好程度较大，后者总是比前者收益多。

式（13－5）中 π 是与胀缩率 R 直接相关的决定借贷者收益水平的一个参数，记为 π(R)，对所有家庭来说，都是同一的。对（13－5）式取微分，得到：

$$db_k = B_k \pi'(R) dR \quad k = 1, 2, 3 \tag{13-17}$$

表示每一个收入类型户在通货价值非中性下，通过借出借入行为，使收益发生的变化。这里的借贷是指除储蓄、证券投资以外的和民间的借贷行为。式（13－16）与式（13－17）的区别在于，式（13－16）考察储蓄、证券投资在储蓄率、证券投资率以及名义利率随胀缩率变化后收益情况；而式（13－17）考察借贷在名义利率与胀缩率变化后收益情况。

如果仅考虑借贷的实际收益情况，假定借贷者以年利率 i 借贷数量差额 B，n 年到期回收 $B' = (1 + ni)B$，如果此期间年均胀缩率为 R，则实际回收的价值 $B^* = (1 + nR)^{-1}B'$，即：

$$B^* = \frac{1}{(1 + nR)}B' = \left[\frac{1 + ni}{1 + nR}\right]B \tag{13-18}$$

当 $R > i$ 时，$\frac{1 + ni}{1 + nR} < 1$，$B^* < B$，借出者遭受损失，借入者获得利益。

当 $R = i$ 时，$\frac{1 + ni}{1 + nR} = 1$，$B^* = B$，借出者既没有损失，也没有收益。

当 $R < i$ 时，$\frac{1 + ni}{1 + nR} > 1$，$B^* > B$，借出者有一定收益，借入者实付使用报酬。

三种情况如图 13－1 所示，当 $R > i$ 时，借出者损失 $B^{*2} - B^{*1}$；当 $R = i$ 时，$B^{*2} = B$；当 $R < i$ 时，借出者获利 $B^{*3} - B^{*2}$。

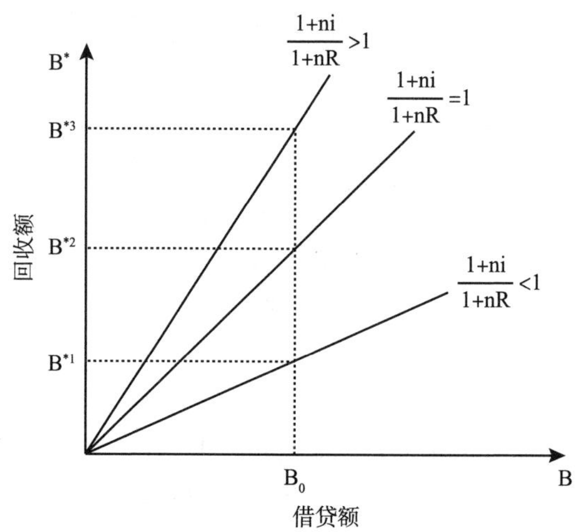

图 13-1　借贷者实际回收价值与通货膨胀率及借贷利率的关系

式（13-17）可以具体写为：

$$\Delta B_k = B_k{}^* - B'_k = (1+nR)^{-1}B'_k - B'_k = [(1+nR)^{-1}-1]B'_k$$
$$= (1+ni)[(1+nR)^{-1}-1]B_k \qquad k=1,\ 2,\ 3 \qquad (13-19)$$

对于式（13-6），无论对哪一类家庭来说，包括借贷因素在内，原有的收支总是平衡的。但通货价值改变后，一部分低、中收入户可能出现收不抵支的情况；这时 C，S，B 都是调节因素。当 C、S 调到最低点，无法再调时，可调节借贷差 B，使之出现入超或出超情况。因此，其收支增量也应是平衡的。即：

$$dY_k = dE_k \qquad k=1,\ 2,\ 3 \qquad (13-20)$$

式（13-7）~式（13-20）就是通货价值改变对居民家庭收支影响的几个重要方面，在其确定的情况下，定义：

$e_y = \frac{dY_k}{dR}\cdot\frac{R}{Y_k}$为不同收入类型户收入胀缩弹性；

$e_c = \frac{dC_k}{dR}\cdot\frac{R}{C_k}$为不同收入类型户消费胀缩弹性；

$e_s = \frac{ds_k}{dR}\cdot\frac{R}{s_k}$为不同收入类型户，储蓄或证券投资收益的胀缩弹性；

$e_b = \frac{db_k}{dR}\cdot\frac{R}{b_k}$为不同收入类型户借贷收益胀缩弹性。

这些不同弹性，定量说明了不同收入类型户在通货价值发生改变时，收益变化的方向与大小程度。

设 h_k，k=1，2，3，为不同收入类型户的总户数，则 $Y^* = \sum_{k=1}^{3} h_k Y_k$ 为居民总收入，$C^* = \sum_{k=1}^{3} h_k C_k$ 为居民总消费。

$h_k Y_k / Y^*$，k=1，2，3，为不同收入类型户的总收入占全部居民总收入的比重；

$h_k C_k / C^*$，k=1，2，3，为不同收入类型户的总消费占全部居民总消费的比重。

还可以定义不同收入类型户的收入、消费增量对总收入、总消费增量的比重。

分析不同收入类型户的这几个比重在通货价值发生改变前后的变化，可以得到不同收入类型户在通货膨胀和通货紧缩情况下的利益变化情况。如果考虑政府收入和支出的变化情况，则可以考察通货价值变化下，政府收支在全社会总收入和总支出中的比重变化情况。如果考虑全社会各个部门的比重变化情况，则可以分析通货价值变化下，各部门的利益格局变动状况。

第三节 对20世纪90年代中国城镇居民家庭的实证分析

式（13-1）~式（13-20）是一个需要大量数据支持的分析体系。本章篇幅内难以做到全面分析。现选择其中收入Y、消费C两个方面内容加以分析。

1. 通货价值改变与按收入分类的各类型家庭收入变化状况

根据式（13-8），收集1990年以来我国城镇居民三个类型收入户的全部名义收入资料，全社会商品零售价格指数，列于表13-1。数据时段之所以取1990~1999年，是因为这个时期内基本包含了一个经济景气周期内的两个不同阶段。第一阶段：1990~1994年，从市场疲软到经济飙升，此间发生了较为严重的通货膨胀。第二阶段，1995~1996年，国家实施宏观调控，经济运行实现软着陆；1997 年以后，物价开始负增长，呈现通货紧缩状况。之所以选用全部收入资料，是因为在 1996 年以前，我国未列出城镇居民可支配收入详细分类指标，而且，我国城镇居民家庭工资性收入中绝大多数还没有达到个人所得税起征点，因此，全部收入与税后收入差别并不很大。

表 13－1　1990～1999 年中国城镇居民不同收入类型户人均收入与物价变动情况

年份	低收入户（元/人）y_{1t}	收入变动量（元/人）Δy_{1t}	中等收入（元/人）y_{2t}	收入变动量（元/人）Δy_{2t}	高收入户（元/人）y_{3t}	收入变动量（元/人）Δy_{3t}	零售物价指数（上年＝100）R_t	物价变动量（元/人）ΔR_t
1990	1077.12		1489.08		2071.92		102.1	
1991	1239.65	162.53	1671.43	182.35	2283.08	211.16	102.9	2.9
1992	1409.00	169.35	1977.00	305.57	2767.00	483.92	105.4	5.4
1993	1718.63	309.63	2453.88	476.88	3626.66	859.66	113.2	13.2
1994	2238.37	519.74	3303.66	849.78	5007.24	1380.58	121.7	21.7
1995	2778.49	540.12	4073.88	770.22	6036.43	1029.19	114.8	14.8
1996	3148.62	370.13	4579.98	506.1	6826.77	790.34	106.1	6.1
1997	3246.20	97.58	4992.32	342.34	7495.26	668.49	100.8	0.8
1998	3329.13	82.93	5148.81	226.49	7918.46	423.20	97.4	－2.6
1999	3518.36	189.23	5543.23	394.42	8674.88	756.42	97.0	－3

注：住户收入与物价指数数据来源于《中国统计年鉴》（1991—1999 年）。

利用表 13－1 数据，作散点图（见图 13－2），使用直线、对数曲线对 $\Delta Y_{kt}=f(\Delta R_t)$ 进行模拟，最终发现以直线效果好。所求得的三个收入类型家庭的收入与通货胀缩率的经验方程分别为：

$\Delta Y_{1t}=152.07+18.09\Delta R_t$

$T=4.85$，$F=23.45$，$R^2=0.7702$，$6=88.7$

$\Delta Y_{2t}=296.54+23.36\Delta R_t$

$T=4.33$，$F=18.71$，$R^2=0.7278$，$6=128.3$

$\Delta Y_{3t}=520.77+32.31\Delta R_t$

$T=3.33$，$F=11.09$，$R^2=0.6131$，$6=230.5$

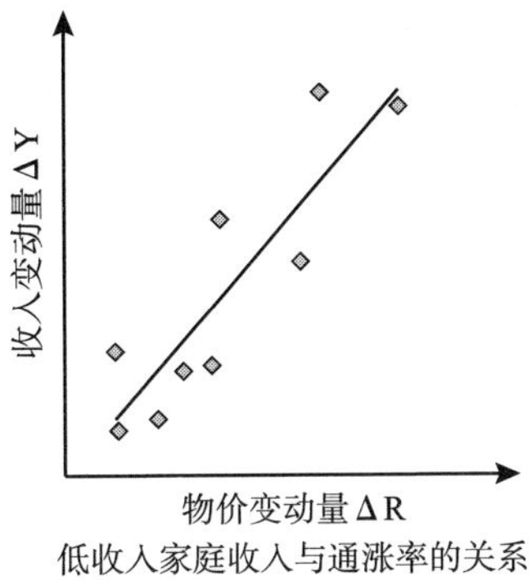

低收入家庭收入与通涨率的关系

ΔY=18.09　ΔR+152.07

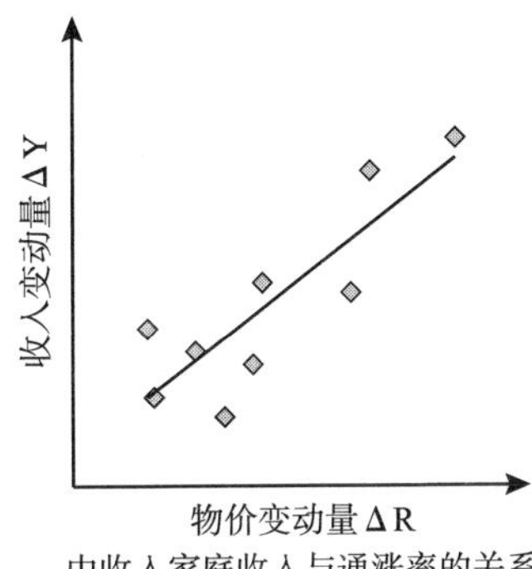

中收入家庭收入与通涨率的关系

ΔY=23.36　ΔR+296.54

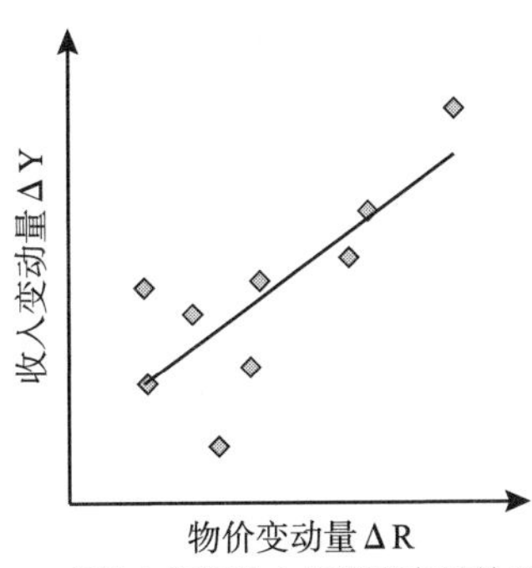

高收入家庭收入与通涨率的关系

ΔY=32.31　ΔR+520.77

图 13－2　各类家庭收入与通胀率的关系

三个方程在置信度为95%的水平下，都通过了T、F检验；但是相关系数R^2都在80%以下，不算很高，说明居民收入增量还需要通货胀缩率以外的因素来解释。从实际情况看，这是很显然的。比如，生产率提高就是一个重要因素。另外，政府的收入政策除了经济因素外，还有社会因素；同时还经常出现滞后或提前效应。这也是标准差较大的一个原因。三个收入类型家庭的收入与通货胀缩率变化散点图和拟合方程，如图13-2所示。

三个方程表明，在约70%的程度上，居民收入增量可用通货胀缩率说明。其定量程度是，通货胀缩率每发生一个百分点的变化，低收入家庭人均名义收入增量增加或减少18.09元，中等收入家庭增加或减少23.36元，高收入家庭增加或减少32.31元。高收入家庭是中等收入家庭的1.38倍，中等收入家庭是低收入家庭的1.29倍。考虑ΔR_t不会在负数以下很多，也就是说尽管$\Delta R_t<0$，城镇居民名义收入还是增加的。这就是说，目前无论是通货膨胀还是紧缩，中国城镇居民家庭收入变动趋势是高收入家庭的绝对增量和相对增量大于中等收入家庭，中等收入家庭绝对和相对增量大于低收入家庭。而且，大体上是高收入家庭是中等收入家庭的1.3倍左右，中等收入是低收入家庭1.3倍左右，这意味着，按收入分类的中国城镇居民家庭收入的绝对差距和相对差距都呈扩大趋势。1.3倍是值得我们深思的一个常数。

利用上述方程，可以对不同收入类型家庭的收入增量进行预测。只需给定预测期的通货胀缩率ΔR_t即可。

2. 通货价值改变情况下各类家庭消费支出变化状况

将20世纪90年代中国城镇不同收入类型家庭人均生活消费支出数据列于表13-2。根据式（13-11）、式（13-13）计算各类家庭消费支出中增量的物价变动影响、物量变动影响，分析数据也列于表13-2。可以看出以下三个显著特点。

（1）各收入类型家庭的人均消费总开支变动量与居民消费价格指数呈高度正相关关系。1993~1995年通货膨胀最严重，居民消费价格指数最高，三类家庭人均生活费支出增加量最大；1991~1992年，1997~1998年，物价指数较低，三类家庭人均支出增加较少；其中，1998~1999年开始出现通货紧缩迹象，支出增加量相对最小。

表 13-2　　1990~1999 年中国城镇不同收入类型家庭人均生活费支出受通货价值改变影响情况

年份	城镇消费价格指数（上年=100）R_t	低收入户总支出（元/人）$C_1=\sum P_iQ_{1i}$	支出总变动量（元/人）ΔC_1	物价变动影响（元/人）ΔC_1^1	变化比重（%）$\Delta C_1^1/\Delta C_1$	物量变动影响（元/人）ΔC_1^2	变化比重（%）$\Delta C_1^2/\Delta C_1$
1990	101.3	960.72					
1991	105.1	1115.86	155.14	49.00	31.58	106.14	68.42
1992	108.6	1251.00	135.14	95.96	71.01	39.18	28.99
1993	116.1	1528.68	277.68	201.41	72.53	76.27	27.47
1994	125.0	2028.80	500.12	382.17	76.42	117.95	23.58
1995	116.8	2516.22	487.42	340.84	69.93	146.58	30.07
1996	108.8	2780.75	264.53	221.43	83.71	43.10	16.29
1997	103.1	2895.39	114.64	86.20	75.19	28.44	24.81
1998	99.4	2979.27	83.88	-17.37	-20.71	101.25	120.71
1999	98.7	3137.34	158.07	-38.73	-24.50	196.80	124.50

年份	中等收入户总支出（元/人）$C_2=\sum P_iQ_{2i}$	支出总变动量（元/人）ΔC_2	物价变动影响（元/人）ΔC_2^1	变化比重（%）$\Delta C_2^1/\Delta C_2$	物量变动影响（元/人）ΔC_2^2	变化比重（%）$\Delta C_2^2/\Delta C_2$
1990	1275.12					
1991	1441.75	166.63	65.03	39.03	101.60	60.97
1992	1668.00	226.25	123.99	54.80	102.26	45.20
1993	2055.72	387.72	268.55	69.26	119.17	30.74
1994	2798.12	742.40	513.93	69.23	228.47	30.77
1995	3446.12	648.00	470.08	72.54	177.92	27.46
1996	3816.34	370.22	303.26	81.91	66.96	18.09
1997	4064.55	248.21	118.31	47.66	129.90	52.34
1998	4179.64	115.09	-24.39	-21.19	139.48	121.19
1999	4432.48	252.84	-54.34	-21.49	307.18	121.49

续表

年份	高收入户总支出(元/人) $C_3=\sum P_iQ_{3i}$	支出总变动量(元/人) ΔC_3	物价变动影响(元/人) ΔC_3^1	变化比重(%) $\Delta C_3^1/\Delta C^3$	物量变动影响(元/人) ΔC_3^2	变化比重(%) $\Delta C_3^2/\Delta C_3$
1990	1685.28					
1991	1882.98	197.70	85.95	43.47	111.75	56.53
1992	2147.00	264.02	161.94	61.33	102.08	38.67
1993	2810.32	663.32	345.67	52.11	317.65	47.89
1994	3880.91	1070.59	702.58	65.63	368.01	34.37
1995	4665.91	785.00	651.99	83.06	133.01	16.94
1996	5204.35	538.44	410.60	76.26	127.84	23.74
1997	5709.54	505.19	161.33	31.94	343.86	68.06
1998	6003.21	293.67	-34.26	-11.67	327.93	111.67
1999	6443.33	440.12	-78.04	-17.73	518.16	117.73

注：城镇消费价格指数、住户消费总支出数据来源于《中国统计年鉴》(1991—1999 年)。

(2) 在支出增量中，通货价值变化影响部分的比重与消费价格指数高度一致。1993 ~ 1995 年，支出变动影响比重一般高达 70% 以上，最高达 83.71%。1991 ~ 1992 年，1997 ~ 1999 年，支出变动影响比重一般在 30% 左右；1998 ~ 1999 年，比重出现负值。与之相对应的是消费物量变化的影响。这部分支出增量与物价变动影响正相反。通胀期比重较低，为 20% ~ 30%；通缩期比重较高，为 60% ~ 70%；1998 ~ 1999 年超过 100%。这个现象说明，通货膨胀期居民需要增加较多的支出，而且这些支出绝大部分被价格上涨湮没，因而实际增加的消费物量较少；而通缩期，居民消费支出的总增量又相对较少，这与前述居民收入增量减少相关。但总的来说，只有较稳定的时期，比如在 -2% ~ 3%，居民消费增量较大，而且消费物量增加较多，也就是说居民生活的物质内容提高较多。这个变化特征三个收入类型家庭都是一致的。

（3）三个收入类型家庭在支出比重变化上又呈现较为明显的差别。通货膨胀温和期，因物价变动增加的消费支出较少，其比重方面低收入家庭较中、高收入家庭为小，中等收入家庭又较高收入家庭为小。这个时期低、中等收入家庭，尤其是低收入家庭可以通过增加较多的消费物量提高生活水平。如1991年最为明显。通货膨胀严重期，低收入家庭由于物价上涨增加的消费支出较多，比重较中等、高收入家庭为大、中等收入家庭又较高收入家庭为大。这个时期低、中等收入家庭消费支出增量主要被物价上涨抵消，尤其是低收入家庭，增加消费物量的能力很低，实质生活水平提高较少。如1993～1995年最为明显。通货紧缩期，三类家庭消费支出由于物价下降都减少了开支增量。从绝对数上看，高、中等收入家庭减幅比低收入家庭为大；从比重上看，低收入家庭比中等、高收入家庭大。但这个时期，低收入家庭由于收入增量较小，从而使消费总支出增量较少；高、中收入家庭因为收入增量较多，从而使消费物量增加较多，因而实质生活水平提高很多。总的来说，通货膨胀严重期和通货紧缩期对高收入家庭更有利，对低收入家庭更不利，中等收入家庭处于中间状态偏向于低收入类型一边。只有在通货稳定时期，低、中收入家庭，尤其是低收入家庭更有利。

3. 通货价值改变情况下各类家庭分类消费支出变化状况

20世纪90年代若干典型年份，中国城镇不同收入类型家庭分类消费支出情况及价格指数列于表13－3。分类消费支出分为八大类：食品、衣着、家庭设备用品及服务、医疗保健、交通通信、娱乐教育文化服务、居住、杂项商品。八类商品和服务还可以分为三种类型：生活必需品、奢侈品、发展品。其中，发展品主要是指提高自身素质、发展智力和技能需要的商品和服务。由于分析数据十分庞大，为简便起见，仅列出必需品和发展品两类，其中又仅以食品和娱乐教育文化服务为例。从表13－3看出，食品是各类收入户消费支出的最大项目，娱乐教育文化与衣着支出相当，属次大项目。分析数据列于表13－4。

表 13－3　　20 世纪 90 年代中国城镇居民分类消费价格指数和不同收入家庭人均分类消费支出情况

年份	总消费 R_t；$C_k=\sum p_iQ_{ki}$	食品 R_{t1}；C_{k1}	衣着 R_{t2}；C_{k2}	家庭设备用品及服务 R_{t3}；C_{k3}	医疗保健 R_{t4}；C_{k4}	交通通信 R_{t5}；C_{k5}	娱乐教育文化服务 R_{t6}；C_{k6}	居住 R_{t7}；C_{k7}	杂项商品 R_{t8}；C_{k8}
分类消费价格指数（上年＝100）									
1992	107.7	110.7	104.1	101.5	110.1		95.5		
1993	114.2	116.5	109.3	109.3	111.0		102.0		
1994	125.0	131.8	119.4	111.9	111.4	106.0	112.1	122.5	126.8
1995	116.8	122.2	114.8	105.7	110.7	98.9	104.5	112.9	119.5
1996	108.8	107.7	107.7	102.8	109.0	98.1	110.4	118.4	117.0
1997	103.1	100.0	103.2	99.9	104.5	97.2	100.5	113.0	116.6
1998	99.4	96.9	99.1	98.0	102.6	95.6	96.7	105.0	109.8
1999	98.7	95.6	97.3	97.6	101.0	94.6	96.8	103.4	110.2
低收入家庭分类消费支出（元/人）									
1992	1251.00	725.20	164.17	74.74	32.49	24.24	107.42	77.07	45.25
1993	1528.68	869.27	195.79	94.42	41.92	35.96	136.40	103.74	51.45
1994	2028.8	1169.37	235.54	115.58	60.30	63.00	174.16	143.23	67.62
1995	2516.22	1462.42	287.63	133.54	82.93	79.84	205.85	185.88	78.12
1996	2780.75	1570.8	316.41	143.33	96.96	110.30	233.15	220.17	89.63
1997	2895.39	1571.52	310.74	132.23	117.02	126.60	274.88	263.64	98.76
1998	2979.27	1554.21	285.29	164.26	132.9	146.55	310.44	286.85	98.76
1999	3137.34	1548.10	284.85	163.63	160.30	168.87	355.12	345.23	111.24

续表

年份	总消费 R_t；$C_k=\sum p_i Q_{ki}$	食品 R_{t1}；C_{k1}	衣着 R_{t2}；C_{k2}	家庭设备用品及服务 R_{t3}；C_{k3}	医疗保健 R_{t4}；C_{k4}	交通通信 R_{t5}；C_{k5}	娱乐教育文化服务 R_{t6}；C_{k6}	居住 R_{t7}；C_{k7}	杂项商品 R_{t8}；C_{k8}
中等收入家庭分类消费支出（元/人）									
1992	1668.00	888.44	245.92	133.96	42.11	40.19	146.56	95.37	75.31
1993	2055.72	1064.65	303.32	163.10	53.95	68.72	182.91	132.98	86.45
1994	2798.12	1431.04	390.89	230.21	78.89	121.98	244.29	183.24	117.58
1995	3446.12	1770.12	483.70	253.28	107.96	156.28	293.02	238.48	143.28
1996	3816.34	1902.79	526.86	259.89	135.40	190.36	356.74	293.56	150.72
1997	4064.55	1949.74	528.19	277.60	163.94	219.44	421.43	340.32	163.88
1998	4179.64	1931.48	486.46	292.06	196.57	248.42	473.13	382.33	169.18
1999	4432.48	1917.46	480.69	331.53	233.73	294.57	552.34	422.00	200.15
高收入家庭分类消费支出（元/人）									
1992	2147.00	1066.96	316.32	208.21	49.19	63.27	194.45	124.51	124.31
1993	2810.32	1284.57	418.16	314.16	74.58	127.27	256.21	187.61	147.76
1994	3880.91	1727.97	569.08	429.43	109.40	227.74	346.62	259.70	210.95
1995	4665.91	2127.00	688.67	445.87	139.85	277.40	443.55	308.99	234.58
1996	5204.35	2284.93	769.77	490.15	192.21	312.74	511.49	375.56	267.50
1997	5709.54	2383.99	757.21	514.42	256.80	381.81	671.43	447.77	296.12
1998	7593.95	2667.16	843.33	1037.96	361.01	527.85	963.33	731.09	462.21
1999	6443.33	2395.88	726.30	664.79	374.32	499.92	789.08	606.81	386.22

注：1992 年、1993 年没有分类消费价格指数，以城镇商品零售价格指数替代。
分类消费价格指数、分类消费支出数据来源：《中国统计年鉴》（1993—1999 年）。

表 13－4　20 世纪 90 年代中国通货价值变化城镇不同收入类型家庭人均食品和教育文化消费支出变动情况

年份	食品支出总增量（元/人）ΔC_{k1}	物价变动影响（元/人）ΔC_{k1}^1	所占比重（%）$\Delta C_{k1}^1/\Delta C_{k1}$	物量变动影响（元/人）ΔC_{k1}^2	所占比重（%）$\Delta C_{k1}^2/\Delta C_{k1}$	物量增量比（%）$q_{k1}^*=\Delta Q_{k1}/Q_{k1}$	娱教文支出总增量（元/人）ΔC_{k6}	物价变动影响（元/人）ΔC_{k6}^1	所占比重（%）$\Delta C_{k6}^1/\Delta C_{k6}$	物量变动影响（元/人）ΔC_{k6}^2	所占比重（%）$\Delta C_{k6}^2/\Delta C_{k6}$	物量增量比（%）$q_{k6}^*=\Delta Q_{k6}/Q_{k6}$
低收入家庭												
1993	144.07	119.66	83.06	24.41	16.94	2.89	28.98	2.15	7.41	26.83	92.59	24.49
1994	300.10	276.43	92.11	23.67	7.89	2.07	37.76	16.50	43.71	21.26	56.29	13.90
1995	293.05	259.60	88.59	33.45	11.41	2.34	31.69	7.84	24.73	23.85	75.27	13.11
1996	108.38	112.61	103.90	-4.23	-3.90	-0.27	27.3	21.41	78.42	5.89	21.58	2.59
1997	0.72	0.00	0.00	0.72	100.00	0.05	41.73	1.17	2.79	40.56	97.21	17.31
1998	-17.31	-48.72	281.44	31.41	-181.44	2.06	35.56	-9.07	-25.51	44.63	125.51	16.79
1999	-6.11	-68.39	1119.23	62.28	-1019.23	4.19	44.68	-9.93	-22.22	54.61	122.22	18.17
中等收入家庭												
1993	176.21	146.59	83.19	29.62	16.81	2.86	36.35	2.93	8.06	33.42	91.94	22.36
1994	366.39	338.56	92.40	27.83	7.60	1.98	61.38	22.13	36.06	39.25	63.94	19.14
1995	339.08	317.69	93.69	21.39	6.31	1.22	48.73	10.99	22.56	37.74	77.44	14.78
1996	132.67	136.30	102.74	-3.63	-2.74	-0.19	63.72	30.47	47.82	33.25	52.18	10.28
1997	46.95	0.00	0.00	46.95	100.00	2.47	64.69	1.78	2.76	62.91	97.24	17.55
1998	-18.26	-60.44	331.01	42.18	-231.01	2.23	51.7	-13.91	-26.90	65.61	126.90	16.10
1999	-14.02	-84.99	606.21	70.97	-506.21	3.84	79.21	-15.14	-19.11	94.35	119.11	20.60

续表

年份	食品支出总增量（元/人）ΔC_{k1}	物价变动影响（元/人）ΔC_{k1}^1	所占比重（%）$\Delta C_{k1}^1/\Delta C_{k1}$	物量变动影响（元/人）ΔC_{k1}^2	所占比重（%）$\Delta C_{k1}^2/\Delta C_{k1}$	物量增量比（%）$q_{k1}^* = \Delta Q_{k1}/Q_{k1}$	娱教文支出总增量（元/人）ΔC_{k6}	物价变动影响（元/人）ΔC_{k6}^1	所占比重（%）$\Delta C_{k6}^1/\Delta C_{k6}$	物量变动影响（元/人）ΔC_{k6}^2	所占比重（%）$\Delta C_{k6}^2/\Delta C_{k6}$	物量增量比（%）$q_{k6}^* = \Delta Q_{k6}/Q_{k6}$
高收入家庭												
1993	217.61	176.05	80.90	41.56	19.10	3.34	61.76	3.89	6.30	57.87	93.70	29.18
1994	433.40	408.49	92.13	34.91	7.87	2.06	90.41	31.00	34.29	59.41	65.71	20.68
1995	399.03	383.61	96.14	15.42	3.86	0.73	96.93	15.60	16.09	81.33	83.91	22.45
1996	157.93	163.78	103.70	-5.85	-3.70	-0.26	67.94	46.13	67.90	21.81	32.10	4.45
1997	99.06	0.00	0.00	99.06	100.00	4.34	159.94	2.56	1.60	157.38	98.40	30.62
1998	283.17	-73.90	-26.10	357.07	126.10	15.46	291.9	-22.16	-7.59	314.06	107.59	48.37
1999	-271.28	-117.35	43.26	-153.93	56.74	-6.04	-174.25	-30.82	17.69	-143.43	82.31	-15.38

注：根据表 13－3 数据计算。

（1）食品消费的主要特点。

①食品支出是中国各类家庭中消费开支最大的项目，无论是通货膨胀还是通货紧缩期，其支出增量都是分类项目中最大的一项。其物量增量除极少数年份（如1996年）外，都是大于零的，每年提高2个百分点左右。这种状况说明，中国城镇各类家庭，食品消费都没有到饱和状况，具有继续增加食品消费物质量的趋势。当然这种被称为食品物量的食品篮子，其主食重量不一定增加，而是质量高的副食在增加，因而其综合“重量”也在增加。

②各类家庭在食品支出总增量中，物价变动影响是主要的，绝大部分年份都在80%以上；物量变动影响是次要的，占20%以下。但对中、低收入家庭来说，当食品价格下降时，他们具有增加较多食品物量的趋势，如1998~1999年，故其增量绝对量和比重都较大。中国城镇各类家庭消费支出受通货胀缩影响最大的因素是食品消费。

③不同收入类型家庭的食品支出对通货胀缩的效应不同。通货膨胀期，低收入家庭没有明显减少食品消费增量的趋势，中收入家庭反映有一定的减少，而高收入家则具有较明显的减少趋势。如1993~1995年，低收入家庭物量消费增长量保持在2%以上，中等收入家庭物量增长量下降到1.22%，高收入家庭则下降到0.73%。通货紧缩期，如1997~1999年，中等、低收入家庭食品开支绝对增量很小，乃至为负；但实际物量增长量恢复或保持在2%以上。而高收入家庭1997年迅速恢复提高到4.34%，1998年提高到15.46%，但1999年，受上年增量较大的影响而出现了负增长。这种情况说明，低收入家庭食品消费其中生活必需品的比重很大，消费价格弹性不大；而中等、高收入家庭，尤其是高收入家庭食品消费其中奢侈品比重大一些，消费价格弹性也较大。1996年是一个例外。这一年是经济增长的转折期，是从高通货膨胀实现软着陆的一年。各类家庭还被前4年的高通货膨胀压力罩住，对软着陆和其后的通缩完全没有预期；因而缩减食品开支，食品支出增量全部表现为物价影响，物量增长量出现负数。

（2）教育文化消费的主要特点。

①教育文化消费支出增量是各类家庭消费除食品外其余七类商品中增量较大而且最稳定的一项。其中物价变动影响比重较少，多数年份都在30%以下；物量变动影响比重较大，多数年份在70%以上，最高达到120%以上。物量增长量多数年份提高20%左右。这种状况说明，教育文化消费作为发展品已受到中国城镇各类家庭的高度重视，成为家庭消费支出中最重要

的因素，而且具有稳定的高成长性，也预示着教育文化服务具有巨大的市场前景。

②三个类型家庭的教育文化支出总增量和物量变动影响呈现较规则的梯度。即高收入家庭支出总增量是中等收入家庭的1.6倍左右；中等收入家庭支出总增量是低收入家庭的1.6倍左右。1.6倍是又一个值得深思常数。但是低、中等收入家庭的支出增量与高收入家庭的差距有明显扩大趋势。如高收入家庭在1997～1999年增加特别多（1999年受上年增量大的影响出现负数），中、低收入家庭较高收入户的增量下降较多。物量变化影响也呈类似情况。

③三类家庭教育文化消费对通货胀缩的反应比较接近。通货膨胀期，总增量较多，物价变动影响比重较大；但物量变动影响并没有减少很多。通货紧缩期，中等、低收入家庭物量增量也没有因之增加很多（与食品支出类似，1996年是个例外）。说明教育文化的消费价格弹性不大，其原因主要是教育体制改革，逐步实施缴费上学所致。高收入家庭1997年、1998年支出总增量和物量增量增加很多，这与一部分学校实行高质服务、高收费、额外收费上学的形式出现，以及高级娱乐场所比较多，高收入户更有条件接受这类服务直接相关。

本章主要参考文献

[1] 张永军，李振仲．通货紧缩的理论与现实［M］．北京：中国经济出版社，2000.

[2] 张宇，肖四如．宏观价格论　论物价总水平的波动与控制［M］．北京：中国物价出版社，1992.

[3] 黄桂田，尹福生．通货紧缩的“外生性”与“内生性”：相关关系及其形成机理——基于在通货膨胀理论基础上的一种理论分析［J］．金融研究，2000（3）：1－10.

[4] 吴庆．通货紧缩的理论与现实［J］．金融研究，2000（3）：11－17.

第十四章

九江市社会商品购买力及其投向预测

摘　要　本章根据1976～1984年的历史数据，运用序列回归和平均增长指数两种方法，对九江市社会商品购买力进行了综合分析预测，并对城市、乡村，消费品、农村生产资料构成，以及购买力投向进行了预测分析。

关键词　社会商品购买力　时间序列　购买力投向

Chapter 14　The Purchasing Power of Social Commodities in Jiujiang City and Its Direction Forecast

Abstract　A comprehensive analysis and prediction of the purchasing power of social commodities in Jiujiang City was carried out, using serial regression and average growth index method, according to historical data from 1976 to 1984. It also forecasts and analyzes the composition of urban, rural, consumer goods, rural means of production, and the direction of purchasing power.

Keywords　Purchasing Power of Social Goods　Time Series　Orientation of Purchasing Power

市场预测是在调查研究或科学实验基础上，运用数学分析方法，来估计和评价商品交换关系中某种事物或过程未来的发展趋势和数量结果。根据商品流通工作安排的需要，我们对全市今年（1985年）全年社会商品购买力及投向进行了预测分析。

第一节　全市社会商品零售额预测

自1976年以来，九江市社会商品购买力，每年都有较大幅度的增长。根据1976~1984年的历史数据，运用时间序列回归法和平均增长指数两种方法预测，并进行综合分析。我们认为，九江市1985年社会商品零售额将达9.94亿元，比1984年增长11.3%。

预测如下。

1. 采用时间序列回归法预测

将1976~1984年九江市社会商品零售额时序数据列于表14－1，作散点图（见图14－1）。可见该时间序列数据呈直线趋势，拟采用时间序列回归，其直线方程为：

$$y = 6.1522 + 0.667t$$

经正态检验，线性关系显著。1985年时序数t＝5，代入方程：

$y_{1985} = 6.1522 + 0.667 \times 5 = 9.49$（亿元）

取95%置信水平，则置信区间下界为8.91亿元，上界为9.95亿元，即九江市1985年社会商品零售额可能高达9.95亿元。

2. 采用多年平均增长指数预测

1976~1984年平均增长指数为：

$r = \sqrt[8]{\dfrac{8.93}{3.79}} - 1 = 11.31$（%）

用平均增长指数预测，则1985年预测值为：

$y_{1985} = y_{1984} \cdot (1 + r) = 8.93 \times (1 + 11.31\%) = 9.94$（亿元）

3. 综合分析

据九江市计划委员会制定的1985年全市经济社会发展计划，九江市1985年社会商品零售额比1984年增长10%，即为9.83亿元。

表 14 - 1　　1976～1984 年九江市社会商品零售额及其构成

指标	年份	金额	年份	金额	指标	年份	城市	农村	消费品	农业生产资料	商业	供销	吃	穿	用	烧	住
社会商品零售额（亿元）	1976	3. 79	1981	6. 97	社会商品零售额构成（%）	1981	28. 6	71. 4	86. 6	13. 4	22. 9	34. 0					
	1977	4. 18	1982	7. 5		1982	28. 2	71. 8	86. 2	13. 8	22. 7	32. 7					
	1978	4. 59	1983	8. 12		1983	27. 9	72. 1	84. 8	15. 2	19. 6	27. 1					
	1979	5. 15	1984	8. 93		1984	28	72	85. 3	14. 7	17. 7	24. 7	54. 9	13. 5	15. 7	5. 1	10. 8
	1980	6. 14															
总量预测值	1985	回归法 9. 49		指数法 9. 94	结构预测	1985	28. 1	71. 9	85. 5	14. 5	16. 8	22. 5	55. 1	13. 8	16. 3	4. 5	10. 3

我们认为，参考1984年对1983年的实际增长率9.98%（预测值取为10%），作为1985年的增长率是较为保守的估计。因为1985年与1984年比较，在以下改革与发展方面呈现较大的差别。

（1）1985年面临工资改革、职工工资收入较正常年增长幅度大。

（2）企业自主权扩大，职工资金将进一步增长。

（3）上年结余的购买力和手头现金比1984年初有较大的增长。据相关通报，1985年2月，居民储蓄一改以往年份春节以后下降的趋势，出现继续上升趋势。

（4）农村多种经营和乡镇企业规模继续扩大，农民收入较往年将增长较多。

因此，我们认为，1985年社会商品零售额以近9年平均增长率增长可能性较大，即增长11.31%。这样全年社会商品零售额可能达到9.94亿元。这一预期并未达到回归直线预测上界9.95亿元。据此，综合分析预测1985年全市社会商品零售额为9.94亿元。社会商品购买力总量预测如图14－1所示。

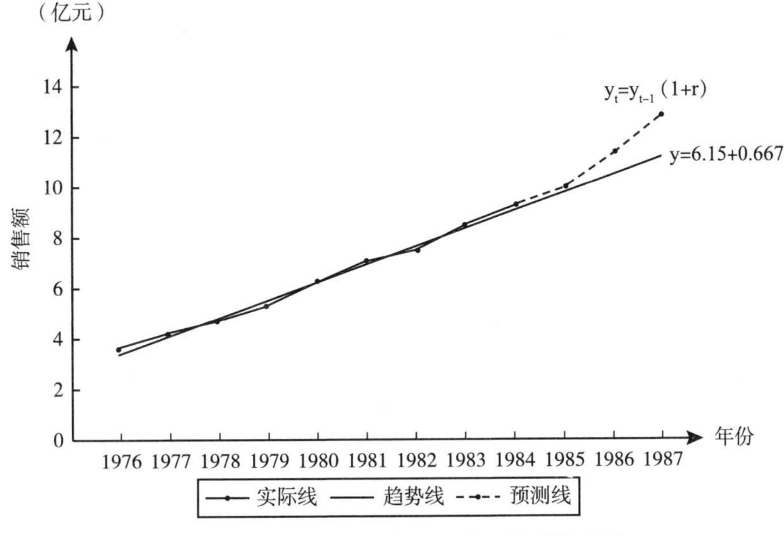

图14－1　九江市社会商品购买力总量预测

第二节　城乡以及消费品、农业生产资料构成预测

1981 年以来，九江市城市农村（县及县以下）以及消费品、农业生产资料构成较为稳定。对 4 年数据采用加权平均预测，自 1981 年起按 1，2，3，4 顺序加权，则 1985 年城市购买力占全市社会商品购买力的 28.1%，农村占 71.9%，城市比重较 1984 年上升 0.1。根据 1985 年居民货币收入情况和 1～2 月城镇商品销售以及银行储蓄情况分析，城市比重高于 28.1% 的可能性更大一些。

预测消费品与农业生产资料比重分别为 85.5% 和 14.5%。同样理由，消费品比重高于 85.5% 的可能性也大些。

商业、供销零售额占社会商品售额的比重变化较大。近几年来以大于 10% 的速度下降。用 s 曲线趋势进行预测，1985 年将分别下降至 16.8% 和 22.5% 左右。结构数据及其预测见表 14－1，趋势曲线如图 14－2 所示。

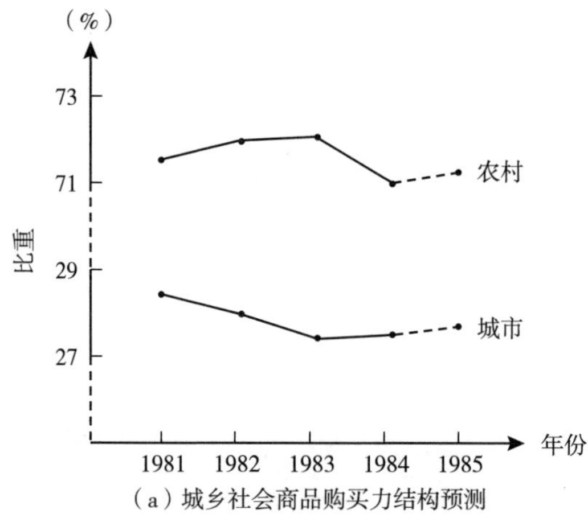

（a）城乡社会商品购买力结构预测

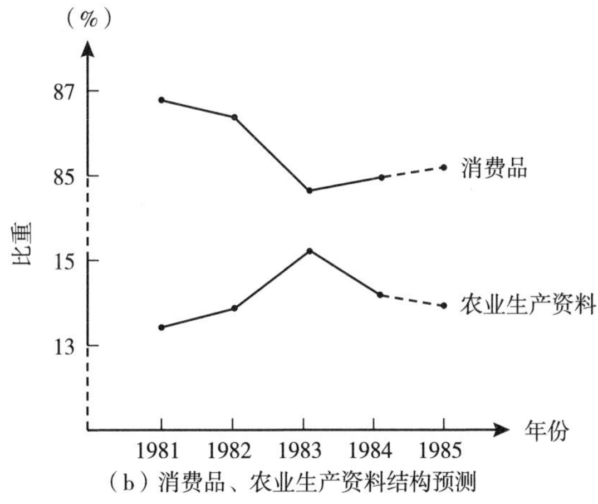

（b）消费品、农业生产资料结构预测

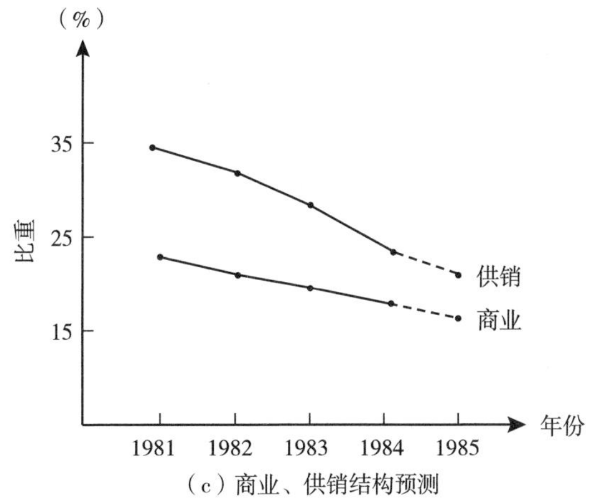

（c）商业、供销结构预测

图 14－2　九江市社会商品购买力结构预测

第三节　社会商品购买力投向预测

购买力投向目前缺乏充足资料。据 1984 年 9 月全市 200 户入户调查资料：农业生产资料占社会商品零售额 18.2%；生活资料占 67.4%，其中，农村占 46.76%；其他支出占 13.8%。生活资料支出中，吃类占 54.9%，农村占 35.8%；穿类占 13.5%，农村占 9.6%；用类占 15.7%，农村占 10.9%；烧类占 5.1%，农村占 3.9%；住类占 10.8%，农村占 10.4%。

预测 1985 年城乡购买力中用类、穿类比重有较大变化；城市吃类、农村住类比重也会有变化。据 1985 年 1 ~2 月商业测报点和农贸市场测报点的信息以及统计分析，穿类服装比上年同期增长 38. 8%。时装不断翻新，质地高级；其他如皮鞋、呢绒、绸缎、毛线、高级布料销量也大大增长，高的达 54. 5%。用类商品中，高档耐用消费品增长迅猛。像“老三大件”：自行车、缝纫机、手表持续增长；而“新四大件”：电视机（特别是彩电）、收录机、洗衣机、电冰箱等比往年也成倍增长，并开始较多地进入农村。九江市人民银行新开金银首饰店二月开业，投放 5. 4 万元的首饰，两小时就被抢购一空。吃类在城市也有较大的增长，农村住类持续增长势头不减。

由此看来，1985 年购买力增长的重点是用类，然后是吃类和穿类，其他的持平或略有增长。预测数据见表 14 -1。

（本文写于 1985 年 3 月）

第十五章

广义对称论及其在若干重要领域的应用

——兼谈广义对称性的哲学解释

摘　要　对称性是大自然的普遍现象。从宏观天体到微观粒子，从物质结构到运动形式等，都广泛存在对称性。19 世纪群论创立以来，对称性的研究已深入自然科学、工程技术各个领域，并且和后来在其上发展起来的拓扑学一起，成为现代数学研究中的一项重要内容。但是由于对称性的多样性和广泛性，人们认为对称性是一个原始概念，并没有给它一个认真和确切的定义。而事实上并非如此。本章试图用近代数学的集合论和映射观点给出对称性的一种抽象化描述。用集合、映射和空间同构原理描述广义对称，提出了两条反映对称性本质的对称性定义。同时，论述了广义对称性的基本特性和对称方法论的几点重要应用。

关键词　广义对称性　对称变换　对称元素　对称不变性　对称性与守恒律　对称性与数学简化　对称性与理论物理

Chapter 15　General Symmetry Theory and Its Applications in Several Important Fields

——Also on the Philosophical Explanation of Generalized Symmetry

Abstract　Symmetry is a universal phenomenon of nature. It exists widely, either from macroscopic celestial bodies to microscopic particles, or from material structures to motion forms, etc.. Since the establishment of group theory in the 19th century, the study of symmetry has penetrated into various fields of natural science and engineering technology. Then, together with topology which developed on it later, symmetry has become an important part of modern mathematics research. Because of the variety and breadth of symmetry, it is thought that symmetry is a primitive concept, without giving it a earnest and precise definition. In fact it is not. We try to give an abstract description of symmetry in this chapter, using the set theory and mapping viewpoints of modern mathematics. Generalized symmetry is described by the principle of set, mapping and space isomorphism, and two symmetry concepts reflecting the nature of symmetry are proposed. At the same time, the basic characteristics of generalized symmetry and several applications of symmetry methodology are discussed.

Keywords Generalized Symmetry　Symmetric Transformation　Symmetrical Element　Symmetry Invariance　Symmetry and Conservation Laws　Symmetry and Mathematical Simplification　Symmetry and Theoretical Physics

对称性是自然界广泛存在的一种现象，与人们日常生活有着广泛的联系。例如，人的肢体、动物的肢体通常是左右对称的；地球、月亮大体上像一个球；灯光呈各向同性辐射状；花瓣将花蕊花冠对称地紧围在花的中心。人们习惯在这种优美和谐的世界里生活，以致看到没有对称形状的东西时可能呈现不安，认为那是破缺、畸形的东西。人们因而自觉或不自觉地研究和模仿这种对称性形状起来。最早的恐怕是原始人打猎用的弓箭和作装饰用的圆骨坠所呈现的对称形状了。奇怪的是，人们想要人为地改变大自然某种对称性状，是多么不容易。或者，如同动物的肢体残缺后便会失去某种能力一样；大多数的时候，当人们的作品或产品缺少一定的对称因素时，不是觉得它不完美，就是根本派不上用场。

这些现象和事实促使我们考虑这样三个问题：一是自然界的优美和谐在很大程度上是因为它具备各种各样形式的对称性；二是自然界所呈现的对称形态一定有其深刻的内在原因，并且与某种必然规律联系着；三是深入研究它的特性将有助于人们对自然规律的认识，必将增强人类改造客观世界的能力。

第一个问题早为人们所公认；第二、第三个问题人们在长期从事改造客观世界的过程中已用大量的事实验证了它并正在验证它。近代，对称性方法论和对称性特征的运用成为自然科学研究和工程技术中炙手可热的方法，尤其在数理化学科中得到广泛应用。本章将提出广义对称性概念及其特性，并从五个方面论述广义对称性的重要作用和应用规律。

第一节　对称性原理及其一般推广

1. 对称图像、对称变换

什么是对称性呢？关于对称性，人们通常认为它是一个无须定义的原始概念。但是，对称性这样广泛存在，人们自觉或不自觉地大量运用它，使我们觉得还是完全有必要准确描述它、定义它、研究它的特性，从而为把它推广到更加一般的存在形式和发挥更加重要的作用打下基础。

从直观图像着手，就是能在经过一些不改变其中任何两点距离的变换之后，使其复原的图像就称为对称图像。

这种变换称为对称变换，图像复原后对应的部分称为对应元素。

例如，机械转动轮是一个圆形，以其圆心为轴，无论怎样旋转，当它停下来的时候，还是一个圆，或者说，转动前后的两个圆完全重合了。

在一面镜子前举起一只手，那镜子里就出现了另一只手，把举起的一只手贴近镜面，这两只手完全叠合了。

一个正方形以其中心点，中心线或对角线为轴，无论是旋转，翻转还是折叠，变换后的图像不是重合就是叠合。

我们把这些中心点、中心轴、旋转轴、折叠线、镜面统称为对称根元素，通常一个图像的对称根元素不是唯一的。

图形的所有对称变换可归结为七种操作形式[1]。

（1）倒反 $i(i)$，i 为倒反中心；

（2）反映 $\sigma(\sigma)$，σ 为反映面；

（3）旋转 $c(L, \alpha)$，L 为旋转轴，α 为旋转角轴；

（4）旋转倒反 $I(L, \alpha, i)$，或旋转反映 $S(L, a+\pi, \sigma)$；

（5）平移 $T(\vec{t})$，$\vec{t}$ 为平移方向量；

（6）滑移反映 $G(\sigma, \vec{t}_{\parallel})$；

（7）螺旋旋转 $R(L, \alpha, \vec{t}_{\parallel})$。

按照七种变换形式的特点又可以分为两大类型。

第一类，旋转对称图像，常称轴对称图像（重合对称）。对称操作归结为螺旋反映，中心点、中心轴、旋转轴为对称根元素。

第二类，平移对称图形，常称平面对称图形（叠合对称）。对称操作归结为滑移反映或旋转反映，对称镜面为对称根元素。

19 世纪群论创立以来，人们很快发现，对称图像的所有对称变换集合具备群的四条性质。

把对称图形的全部对称变换作成集合 G。则有以下特征。

（1）封闭性完好。$\forall . x, y \in G$，则 $x \cdot y \in G$，即 G 的任何两个变换共同作用的结果与 G 的某一个变换效果相当。

（2）结合律成立。$\forall . x, y, z \in G$，则 $(xy)z = x(yz)$，即 G 的任何变换变动作用次序效果相同。

（3）存在一个单位变换（恒等变换）E，对 $\forall . x \in G$，$Ex = xE = x$，这个 E 即为复位变换，显然 G 中有的。

（4）对 G 中任一变换，有 X 的一个逆变换 X^{-1}，使 $XX^{-1} = X^{-1}X = E$，这个逆变换就是反向平移相等的距离，或者反向旋转相同的角度，其效果相当于一个恒等变换。

因此说，对称变换集合 G 作成一个群。

例如，正方形 ABCD，关于中心 P 为轴，经 0，$\frac{\pi}{2}$，π，$\frac{3\pi}{2}$旋转角的转动，以及关于中心线 h，v 对角线 m，n 的反映，分别记，E，r，r^2，r^3，h，v，m，n，以顶点位置为标志，采用循环节符号记上述变换，则：

$E = (A)$，$r = (ABCD)$，$r^2 = (AC)(BD)$，$r^3 = (AD)(CB)$，$h = (AD)(BC)$，$V = (AB)(CD)$，$m = (BD)$，$n = (AC)$。可以验证 $D = \{E, r, r^2, r^3, h, v, m, n\}$ 是 8 阶群[2]（见图 15－1）。

对称图像是对称形式中最直观的也是具有普遍意义的一个方面，因为解析几何学为我们提供了描述物质世界普遍运动的各种现象的数形结合的工具，使我们可以把各种运动特征化为图像来研究。

如正弦波交流电，以时间（t）和电压（v）或电流（i）标度为坐标轴，那么交流电的电压或电流随时间的变化形状将是一个正弦曲线（见图 15－2）。这是一个以坐标原点为对称根元素的对称图像。我们据此可以研究任一时刻交流电各种参数变化状态。

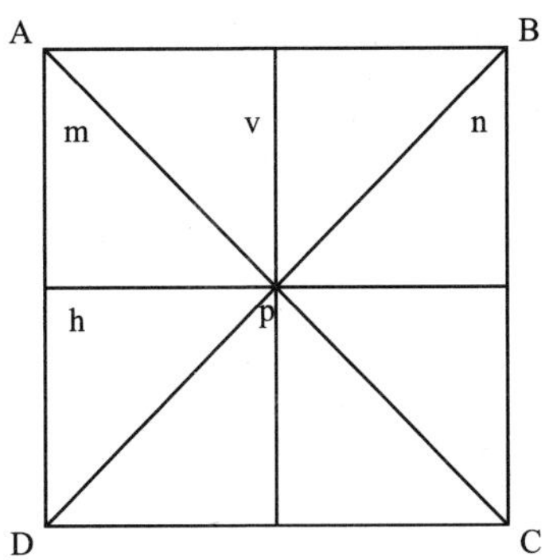

图 15-1　正方形 ABCD 旋转和反射构成 8 阶群

资料来源：W. 密勒．对称性群及其应用［M］．栾德怀，冯承天，张民生，译．北京：科学出版社，1981：11.

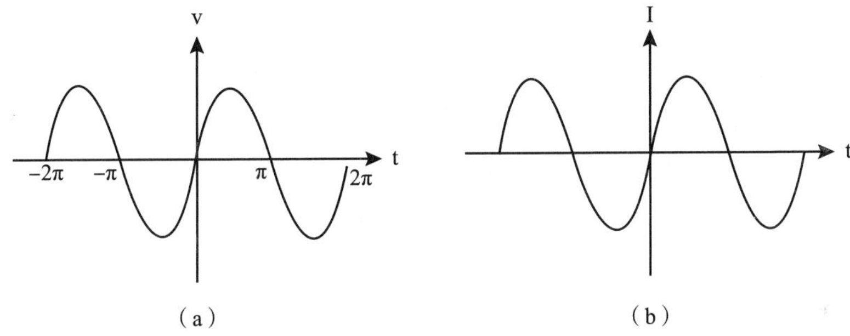

图 15-2　正弦波交流电

但是，物质世界里具有的对称性事物远非如此，我们可以用各种各样的因素来定义它的对称性。如多项式中 $\Phi = (x_1 - x_2)^2 (x_2 - x_3)^2 \cdots (x_{n-1} - x_n)^2$，任意调换 x_i、x_j 的位置，Φ 不变。这个性质具有对称意义，我们称为对称多项式。

如下形式的 n 阶矩阵：

$$\begin{bmatrix} a_{11}, & a_{12}, & a_{13}, & \cdots, & a_{1n} \\ a_{12}, & a_{22}, & a_{23}, & \cdots, & a_{2n} \\ & & \cdots\cdots & & \\ a_{1n}, & a_{2n}, & a_{3n}, & \cdots, & a_{nn} \end{bmatrix}$$

这个矩阵除主对角线上元素以外的对应位置上的元素均相等，取转置，矩阵不变，称为 n 阶对称矩阵。

还有许多不能用图像来表示的对称形式。值得一提的是，这些对称形式无一不是由直观对称图像所特有的某种性质加以广延而确定的。这个广延性质，是一个事物的某种固有特征经一个非恒等变换后，不发生改变。

在自然科学和工程技术领域里，上述对称规律获得了广泛的应用。如对称图像学是工业制造、艺术制造的宝贵启示；对称图像的群论原理是化学、晶体学研究分子、粒子结构和分布的有力工具；对称性一般原理也是物理学、天文学研究的重要手段；对称性原理的研究还是数学的重要目标，如群论和拓扑学就是研究对称性而形成的两个新的分支学科，它们是近代数学的一个重要内容。总之，对称原理几乎深入自然科学的各个领域，成为研究物质结构，揭示物质运动规律的必不可少的极为重要的理论。

2. 广义对称性

正因为对称性的广泛应用，那么我们仅从直观了解它就显得远远不够。但是，目前对称形式的广泛性研究，或者对称概念本身都并不够明确化；因此，完全有必要也可以将对称性概念作出一般性推广。

为此将对称性基本特征抽象出来，并引入一些熟知概念。

（1）集合。集合的概念是一个最原始的概念，它是指具有某种特性的事物的全体。所谓对称性总是指一个具体事物的某种特征，我们把事物看作一些元素的集合体，习惯记为 A，B，C…，集合的元素记为 x，y，z…，A 的元素 x，记为 $x \in A$；不属于 A 记为 $\bar{\in} A$。

例如，满足 $x^2+y^2 \leqslant a^2$ 的点组成一个圆盘；

满足 $x^2+y^2+z^2 \leqslant a^2$ 的点组成一个球体；

向量 a_{i1}，a_{i2}，…，a_{in}，$i=1$，2，…，n，组成一个方阵 $(a_{ij})_{n\times n}$；

数域 I 上的多项式组成一个多项式环 $I[x]$。

任一个集合都有一些固有特性。如圆盘上的点都满足关系式 $x^2+y^2 \leqslant a^2$；球体上的点都满足关系式 $x^2+y^2+z^2 \leqslant a^2$；矩阵的元素具有一个规则的排列；多项式环上的一个多项式，给定 x 的一个值，可以唯一确定另一个值。并且，上述点、向量、多项式都具有一定的运算法则。这些都可以看作集合一个固有特性。通常一个集合有许多个特征，而对称性也是一些集合的特性。在人类认识方法中，总可以用一些特性去说明另一些特性，从而得到新的认识。

（2）空间。空间是代数学中的一个重要概念。满足一定的运算法则的向量组成的代数系统。这里不叙述空间的严格定义，只是说集合体总要存在一个空间中，记空间为 V，则 $A \in V$，V 有维数 1，2，…，n 不等。

例如，图像存在于二维平面空间 $o(x, y)$ 中，球体存在于三维立体空间 $o(x, y, z)$ 中，矩阵 (a_{ij}) 按行（列）向量划分，属于 n 维空间中（秩为 n 的）。

还有一些集合比较特殊，如分子物理学中的分子运动，量子力学中的波函数，基本粒子物理学中的粒子等。这些就要看处理问题的具体方法，把它们归入一个具体或比较特殊的空间。有些空间可能没有运算，只是为了方便，还把它叫作空间。以后将会看到这个空间。

（3）映射。映射也是近代数学中的一个最基本的概念。给定空间两个集合 A，B，建立一个法则，记为 φ，则对任何元素 $x \in A$，在 φ 作用下有 B 的一个元素 $y \in B$ 与之对应。记 $\varphi: x \rightarrow y$ 或 $\varphi(x) = y$，称 φ 为 A 到 B 的一个映射。当 A，B 在 φ 下是 1－1 的时候，称 φ 为 A 到 B 的一一映射。当 B = A 时，称 A 为到自身的一个映射。相应地，有一一变换概念。

我们看到与对称性相联系的总有一个称之为对称变换，事实上，这个对称变换是一个 1－1 变换。因为对称变换在图像上就是使图像重合或叠合，它们对应元素是 1－1 的，作用在其他事物上时也如此。为了方便起见，我们总说是一个一一映射。把 φ 下 1－1 的对应元素称为对称元素，记为 Q。如对称图像的重合点就是最常见的对称元素。

在对称变换中，还有一些对称元素，如不变点变换原理中的不变点，如定点反射中的定点，定轴转动或反射中的定轴线、反映面等，即对称根元素。为了广泛起见，我们不局限于点、线或面，可以推广到任何因素。它们也是 φ 下的不变元素，统称为一一变换的不变元素或称为不变特征，记为 P。应该看到，对称不变元素一定是对称元素，而对称元素不一定是对称不变元素。对称元素可以有很多，对称不变元素可能只有一个或有若干个。很多时候我们把对称不变元素、不变特征甚或对称元素，统称为对称不变性或对称不变因素。

有了上述概念和分析之后，我们就可以对对称性作一个确定的和一般性的推广描述了。

定义Ⅰ：假定 V 是给定的一个空间。A 为 V 中的一个集合。若存在一个非恒等的一一映射 φ，元素 $Q \in A$ 在 φ 下变到自身；并且，φ 下至少有 A 的一个不变特征 P 存在，则称 A 为 V 中相对于 P、Q 来说的对称体。称 φ

为 A 的对称变换，Q 为对称元素，P 为对称不变元素。若 A 的空间属性在 φ 下全是不变的，则称 A 为一个严格对称体，也就是通常意义下的对称性。

应当指出的是，当 P 是 V 中一些运算关系时，则 A 就是 φ 下对于 P 来说的自身物体。通常情况下，我们并不需要区分相对对称体和严格对称体，统称为对称体。

以下做进一步推广。

定义Ⅱ：假定 V，V′是给定的两个空间，A，A′是分属于 V，V′的两个集合，若存在一个非恒等的一一映射 φ，在 φ 下，$Q\in A$ 变换到 $Q'\in A'$；并且，A 在 V 中的特征 P 经 φ 作用，至少有一个在 V′中的 A′上被保持。则称 A、A′为 V、V′上的相对于 P、Q 来说的广义对称体。称 φ 为对称变换，Q、Q′为对称元素，P 为对称不变元素。若 A 在 V 中全部属性在 φ 下是不变的，即在 V′中 A′上被保持，则称 A 与 A′为一个广义严格对称体。通常统称为广义对称体。

事实上，定义Ⅱ包含了定义Ⅰ。当 $V'=V$，$A'=A$ 时，即是；并且当 P 是 V 中的运算关系时，A 与 A′就是 φ 下对于 P 来说的同物体。

空间 V、V′同维是 A、A′存在对称变换的必要条件。

因为 V、V′经常是相同的，显然 V 维 = V′维。当 $V\neq V'$时，设 V 与 V′不同维，由对称变换 1－1 的存在性，可知，总可以得到与 V、V′维数一样因变量与自变量组成的方程组，这样，该方程组或者是超定方程组或者是不定方程组，则该方程组或者无解或者有许多组解。这与一一变换是矛盾的。

3. 广义对称的性质

对称体有下述性质。

（1）设 ~ 是一个对称关系，则对称体 A 有：

①反射性：$A\sim A$；

②相互性：$A\sim B$，$B\sim A$；

③传递性：$A\sim B$，$B\sim C$，则 $A\sim C$。

（2）对称变换之群论原理。

V 中集合 A 若是一个对称体，则 A 的所有一一变换组成一个变换群。

由张禾瑞所著《近世代数基础》[3]第二章变换群一节定理知：当 A 是 V 中的对称体时，φ 是 A 的一一变换，这个性质与其定理没有什么不同；当 A、A′是 $V\cup V'$上的对称体时，φ 是 A、A′的一一变换，也如此。

（3）若对称体 A 上的元素是离散的，则在 φ 和 P 的意义下，对称体双方每一元素可变换。若对称体 A 上的元素（a，b）上是连续的，则在 φ 和 P 的意义下，对称体双方任一区间（x_1，x_2）⊆（a，b）上可变换。

这个性质是由定义直接推出的，因为对称是对 φ 下 P 而言的。

对称体还有其他许多重要性质，这里只简略地表明：通过性质（2），对称性与群论直接相联系；通过性质（3），对称性与拓扑学有广泛联系。其更多更深入的讨论则仍可交由群论和拓扑学有关理论来探究。

对称性经上述推广后，显然不仅包含直观图像上的对称现象，对称体将是一个抽象集合，可以是四维时空或 N 维空间中的任何一个事物。对称变换只强调它的一一性，不再仅包含对称图像七种操作的形式，可以是四维时空中的任何一种运动形式。特别是Ⅱ的推广，没有要求对称体 A、A′有完全一致的性状，只是强调它们在 φ 下有一些不变性和不变元素存在。可以跨越两个空间，甚至在 N 维空间来定义它们的对称性。这些将使对称性在更大范围内用来研究事物发展变化规律成为可能。

对称性经上述描绘，已经相当具体化了。所谓对称性就是一个抽象空间中的具体事物在 φ 作用下保持的那一些不变性 P 和对称元素 Q，对称性是相对于那种不变性来说的。因此，一个事物对一些 φ 下的不变性 P 是对称的，而对于另一些特征又可能不存在对称性。只有当 A 的全部空间属性或唯一空间属性在 φ 下都是不变的，才是我们通常意义上的对称体。这种相对性和广泛性是和人类现有的逻辑思维相适应的。广义对称性的运用一方面可以将人类现有的认识进一步深刻化和系统化；另一方面将有助于人们去揭示许多暂时还没有被掌握的科学规律。

下面试从几个方面论述广义对称性在自然科学领域的一些重要应用。

第二节　广义对称性与守恒定律

按照广义对称性的含义，对称性意味着在某种变换下有一定的不变因素存在，即对称变换的不变性。我们说这种不变性对应着自然科学中的一个特定规律。以下以普通物理[4]、理论力学[5]、数学分析中[6]的经典例子来分析广义对称性与守恒律的关系。

1. 平移变换不变性与动量守恒定律

我们知道，牛顿经典力学是建立在伽利略变换基础上的。即相对于惯性系做匀速直线运动的参照系都是惯性系，惯性系都可以作为经典力学中的参照系。

伽利略变换如图 15－3 所示。

$$\begin{cases} x = x' - vt \\ y = y' \\ z = z' \\ t = t' \end{cases}$$

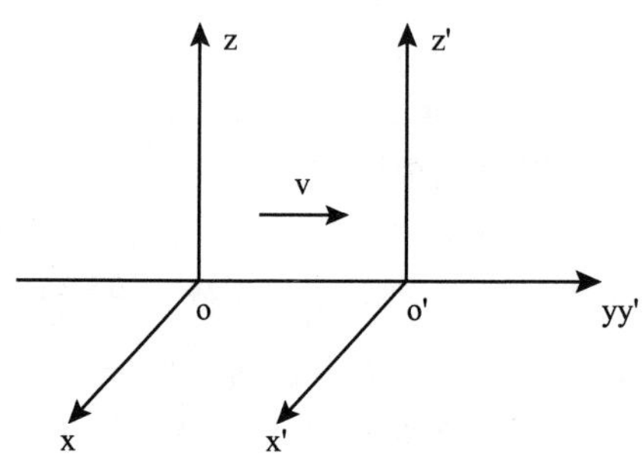

图 15－3　伽利略变换

v 是坐标移动速度，常数。

这种变换称为坐标平移变换，写为矢量式为：$\vec{r} = \vec{r}' - \vec{v}t$，$t = \vec{t}$，对时间取微商得：$\ddot{\vec{r}} = \ddot{\vec{r}}'$，即是说质点加速度$\frac{d^2\vec{r}}{dt^2}$是伽利略变换的不变特征（不变元素）。又由牛顿运动方程：$\vec{f} = m\vec{a}$，$m = \vec{f}/\vec{a}$，$\vec{f}$ 总是一定量值的力，所以质量是牛顿力学中的不变量①。变换的对应元素或对称元素为 $\varphi(x, y, z, t) \to \varphi'(x', y', z', t')$。

我们说，伽利略变换质点加速度不变性下产生了动量守恒定律。

① 在重力单位制中，m 是导出不变量，在绝对单位制中，m 是规定量。这里首先就假定了 m 的不变性。

按牛顿第二、第三运动定律可知，在一组运动物体所组成的系统内：

（1）系统内一切内力的矢量和等于零；

（2）系统所受外力的矢量和等于系统总动量对时间的变化率，即：

$$\frac{d}{dt}(\sum m_i v_i) = \sum \vec{F}_i^{外}$$

要保持平移不变性，需该系统不受外力作用，或外力的矢量和为零，即：

$$\frac{dv}{dt} = 0,\ \sum \vec{F}_i^{外} = 0$$

于是：

$$\frac{d}{dt}(\sum m_i v_i) = 0$$

积分之：

$$\sum m_i v_i = \vec{C}\ (恒矢)$$

写作：

$$\vec{P} = M\vec{V}_C = \vec{C}\ (恒矢)$$

这是动量守恒定律表达式，它是在坐标（空间）平移变换下$\frac{d^2\vec{r}}{dt^2}$的不变性导出的。

2. 旋转变换不变性与角动量守恒定律

在旋转坐标系中，旋转坐标系相对于固定坐标系的匀速转动，不管刚体绕定点怎样转动，总可以选择适当的坐标系，使旋转轴是一个坐标轴，这样刚体转动就可以看作一个动坐标 $O(r, \omega t, z't')$，以角速度 ω 对于固定坐标 $O(x, y, z, t)$ 的转动，设变换式为以下形式（见图 15－4）。

$$\begin{cases} x = r\cos\omega t \\ y = r\sin\omega t \\ z = z' \\ t = t' \end{cases}$$

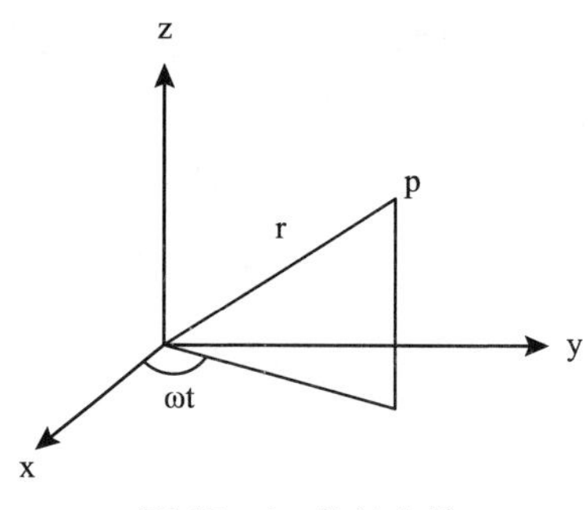

图 15－4 旋转变换

ω 为常数，即转动坐标系是匀速的。这也是一个对称变换，这个变换下的不变性是由不变量$\frac{d\omega}{dt}$确定的。按牛顿运动定律，在一组绕定点运动的物体组成的系统内。

（1）内力对定点力矩之和为零；

（2）系统对定点的角动量对时间的微商等于该系统所受外力对此点的力矩之矢量和，即：

$$\frac{d}{dt}(\sum \vec{r}_i \times m_i(\vec{\omega} \times \vec{r}_i)) = \frac{d}{dt}(\sum \vec{r}_i \times m_i \vec{v}_i) = \sum(\vec{r}_i \times \vec{F}_i^{外})$$

要保持旋转不变性，需系统不受外力矩作用，或外力矩矢量和为零，即：

$$\frac{d\omega}{dt}=0，\sum(\vec{r}_i \times F_i^{外}) = 0$$

于是：

$$\frac{d}{dt}(\sum \vec{r}_i \times m_i \vec{v}_i) = 0$$

积分之：

$$\sum \vec{r}_i \times m_i \vec{v}_i = \vec{c}\ (恒矢)$$

写作：

$$G_0 = \vec{R} \times M\vec{V} = \vec{C}\ (恒矢)$$

可见，角动量守恒定律也是与坐标旋转下$\frac{d\omega}{dt}$的不变性密切相关的。

3. 保守场同位势不变性与机械能守恒定律

我们再看机械守恒定律。

根据质点系的动能原理，质点变动能微小变化等于作用于质点系的外力元功和内力元功之和。

即：

$$dT = \sum dA^{外} + \sum dA^{内}$$

当质点系内外力是保守力，保守力场的特征是力的功只与运动物体始末位置有关，而与运动路线无关。即：

$$A = -(Epb - Epa)$$

当 a = b 时，A = 0，a、b 是运动物体始末位置。考虑运动物体是某种一一变换，这个特征可以说成：保守力场中质点无论任何种变换，相同位置上的势能不发生变化，成为保守力场同位势不变性。于是：

$$\sum dA^{外} = -dU^{外}, \sum dA^{内} = -dU^{内}$$

$U^{内}$、$U^{外}$ 分别为内外力场的势能，如果还有非保守力，当其元功之和为零。这时：

$$dT + dU^{外} + dU^{内} = d(T + U^{内} + U^{外}) = 0$$

积分之：

$$T + U^{内} + U^{外} = E \text{（常量）}$$

这就是机械能守恒定律表示式，它是由同位势不变性决定的。

化学中，化学反应方程式的配写所遵循的守恒定律是物质不灭性决定的。物质不灭性是说：任何物质不能被创造，也不能被消灭，只能从一种形式转化为另一种形式。物质经化学反应（变换）后，生成的物质（另外一种形态的物质），它们在量上是恒等的。这就是说，物质不灭性（广义不变性）决定了质量守恒定律，同时也是化学方程配写的依据。

而物质不灭性又是由时空不变性导致的。从大尺度上看，无论作何种变换，空间还是原来的空间，物质绝不可能从这个空间逃逸出去；但在时间上却有前后流逝的区别（后面提到的 TCP 定律即可看到这个区别造成的影响）。要保证空间或者某一个体系在时间推移上不受影响，即保证时空不变性，则需要该空间或者该体系处在孤立状态中，与外界没有任何交换。一个最重要的例子是绝热过程。这时候，其内的总能量、总质量不管如何转换，在量上总是要守恒的。而这种时空不灭性正是大尺度的对称形式。

4. 数学互逆运算不变性与保解律

还可以进一步用数学上的例子来说明。

正负数、加减法运算，乘除、指数对数、乘方开方，积分微分等互逆运算，可以说是人类思维中的一些对称形式，仅以正负数、微积分运算为例说明，其余同理。在数域 R 上任取一数 α，$\alpha>0$，对应于 R 数轴上一点，以零点为轴旋转 π，仅对应一点 $-\alpha$；反之，$-\alpha$ 仅对应一点 α。或者：做变换 $\varphi(\alpha)=-\alpha$，$\varphi^{-1}(-\alpha)=\alpha$，它们是 1－1 变换。这样正负数、正数集合和负数集合是域（空间）R 上关于零元为对称根元素的对称体，它们对 R 上的运算律有着不变性。

域 I 上的微分函数 $f(x)$，确定一个微元的变化区间 (x_0, x)，积分之，得到一个唯一的积分函数 $\int_{x_0}^{x} f(x)dx = F(x)-F(x_0)$；反之，一个积分函数 $F(x)$ 微分后，得到一个唯一的微分函数 $d(F(x))=f(x)$，写成变换形式，$\varphi(f)=F$，$\varphi^{-1}(F)=f$，而 $F(x)$，$f(x)$ 都是域 I 上的函数，它们分别保持域 I 上的运算律不变性、数值性。因此，微分与积分确定函数集合，是域 I 上函数类的一个对称体。

这些对应的运算叫作变换，它们的不变性是变换后不改变数和函数的运算性质（结合律、变换律、分配律）和保值性。这种不变性使数学方程式求解成为可能解。即，在方程求解过程中依据的方程式恒等变形和同解变形，其解不变。把它看作一个守恒定律的话，那么它是上述运算不变性直接导致的。

试举一例说明。求解微分方程组：

$$\begin{cases} \dfrac{dx}{x^2-y^2-z^2}=\dfrac{dy}{2xy} & (15-1) \\ \dfrac{dy}{2xy}=\dfrac{dz}{2xz} & (15-2) \end{cases}$$

首先积分式（15－2），得：$\ln y=\ln z+\ln c_1$，取对数反运算得：$\dfrac{y}{z}=c_1$，用 x、y、z 分别乘式（15－1）、式（15－2）中三个分式，得：

$$\frac{xdx}{x(x^2-y^2-z^2)}=\frac{ydy}{2xy^2}=\frac{zdz}{2xz^2}$$

用比例定理得到：

$$\frac{xdx+ydy+zdz}{x(x^2+y^2+z^2)}=\frac{dy}{2xy}$$

同除 x，得到：

$$\frac{xdx + ydy + zdz}{x^2 + y^2 + z^2} = \frac{dy}{2y}$$

再次积分，得到：

$$\ln(x^2 + y^2 + z^2) = \ln y + \ln c_2$$

取对数反运算，得到：

$$\frac{x^2 + y^2 + z^2}{y} = c_2$$

其解：

$$\begin{cases} \dfrac{y}{z} = c_1 \\ \dfrac{x^2 + y^2 + z^2}{y} = c_2 \end{cases}$$

这个求解过程几乎包括全部数学运算，如没有这些对称形式的互逆运算，以及它们的不变性，求解是不可能的。

由此看来，对称不变性算法差不多是整个数学赖以生存的基础。

这些只是数理化学科中比较明显的例子。在自然科学各个领域中，这种例子是很多的，将一些对称变换下的不变性对应的守恒定律列于表 15－1。可以看出，由某种对称变换下的不变性质与一种特定的守恒定律相关，涉及自然科学中各个学科，具有一定的普遍性。

表 15－1　　对称不变性与若干对应的守恒律

对称不变因素	对应的守恒律
空间平移$\frac{dv}{dt}$不变性	动量守恒定律
空间旋转$\frac{d\omega}{dt}$不变性	角动量守恒定律
保守场同位势不变性	机械能守恒定律
镜像变换不变性	P 宇称守恒定律
C 反演（C：正反粒子变换）不变性	CP 守恒定律
T 反演（－t 变换）不变性	TCP 守恒定律
同位旋空间核力不变性	同位旋守恒定律
同位旋空间 I_Z 分量不变性	同位旋 I_Z 守恒定律

续表

对称不变因素	对应的守恒律
粒子场第一类规范变换 拉格朗日密度不变性	电荷（Q）守恒定律
	奇函数（S）守恒定律
	重子数（B）守恒定律
	L_{μ}、L_{e} 轻子数守恒定律
相对论洛伦兹变换空间度规 ds^2 不变性	真空光速守恒定律（真空光速不变原理）
同一时刻随机事件概率不变性	几率守恒定律
时空不变性	能量守恒定律
物质不灭性	质量守恒定律
分子轨道不变性	分子轨道守恒定律
数学互逆运算不变性	数学方程式恒等变换、同解变换保解律

事实上，世界统一于物质性，运动是物质存在的根本形式。“任何一种运动形态都证明自己能够而且不得不转变为其他任何一种形态，到了这种形态，规律便获得了自己的最后表现。凭借新发现，我们可以给它提供新证据，提供新的更丰富的内容，但对于如此表现规律的本身，我们是不能再增加什么的”。① 我们所说的守恒定律，实质上就是从某一个角度揭示出的物质运动和转化过程中某种不变性规律的具体反映形式，这种不变性不随空间、时间或者其他形式的变换而发生改变。我们凭借着与这种变换相联系的一些特定性质——对称不变性，发现了它们，或者它们凭借着这种特定形式把自己表现出来。值得注意的是，这种不变性，并不是说在变换或反应过程中全都具有完全一致的模式；有一些只是说在某种特定意义下有着一致性，而我们的工作的确没有给他们本身增加点什么。

值得提出的是，对称不变性具有一定的层次性和相对性。所谓层次性是说，大的对称性里含有小的对称性。如宇宙学中的宏观天体的对称性和基本粒子理论中的微观粒子的对称性。这种层次性是与辩证唯物论中物质无限可

① 恩格斯. 自然辩证法［M］. 北京：人民出版社，1960：187.

分的观点相对应的。而相对性则是指一定范围而言的。一个能说明问题的例子：P 宇称守恒律在很长时间内被认为在强相互作用力中是正确的、普遍性的。但后来发现在 β 衰变中不成立，于是提出 CP 守恒定律，C 为正反粒子之变换。当 CP 又被发现不守恒时，TCP 时间倒反联合反演，便在更大范围内实现守恒。因此，对称性在这里是相对于某些特定因素来说的。不管是对称性的发现或破缺，人类的认识都会更加深入发展。

毫无疑问，目前我们还有许多对称不变因素没有导出相应的守恒定律，或者还有许多定律没有找到它的对应不变因素。但是，这个规律启发我们怎样去工作，在优美和谐的宇宙面前寻找它的每一个粒子的迹径。

第三节　广义对称性在数学运算中的简化作用

对称性以简单明了、对称双方具有完好一致性的特性在数学方法[7]中有大量运用，其中一个重要方面是简化运算。

1. 对称性在奇偶函数积分中简化

举一个简单的例子。

$I = \int_{a}^{-a} f(x)dx$，假若 f(x) 是关于 x 的偶函数，这意味着它的图像关于 y 轴对称，于是积分式简化为：$I = 2\int_{0}^{a} f(x)dx$。

假若 f(x) 是关于 x 的奇函数，这意味着它的图像关于原点对称，于是积分式简化为：$I = \int_{a}^{-a} f(x)dx = 0$。

用广义对称性简化积分运算的方法更为广泛和巧妙。

先以单位球体求积说明其简化效果。

$$V = \iiint_{\Omega} dxdydz \quad \Omega: 为单位球体，x^2 + y^2 + z^2 = 1$$

不作任何变换，解法为：

$$V = \iiint_{\Omega} dxdydz = 8\int_{0}^{1} dx\int_{0}^{\sqrt{1-x^2}} dx\int_{0}^{\sqrt{1-x^2-y^2}} dz$$

这个运算是很复杂和麻烦的，作球面坐标变换（见图 15 - 5）。

$$\begin{cases} x = r\sin\varphi\cos\theta & 0 \leqslant \varphi \leqslant \pi \\ y = r\sin\varphi\sin\theta & 0 \leqslant \theta \leqslant 2\pi \\ z = r\cos\varphi & 0 \leqslant r \leqslant 1 \end{cases}$$

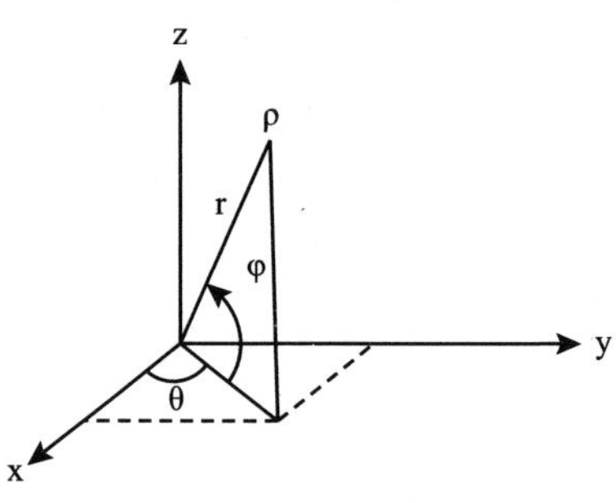

图 15-5　球面变换

则有：

$$V = \iiint_{\Omega} dxdydz = \iiint_{\Omega'} r^2 \sin\varphi drd\varphi d\theta = \int_0^1 r^2 dr \int_0^{2\pi} d\theta \int_0^{\pi} \sin\varphi d\varphi = \frac{3}{4}\pi r^3$$

计算大为简化。

这种变换是一种对称变换，由 0(x，y，z) 到 0(φ，θ，r) 的一一变换，0(x，y，z) 上每一点与 0(φ，θ，r) 上的每一点相互对应。而事实上 $\Omega = \Omega'$是在同一空间里，它的不变特征是体积元 dxdydz 与 $|\gamma^2\sin\varphi|$ drdφdθ 具有等价性，对称根元素是原点。这符合广义对称的定义，将 Ω 体双方单值变换到 Ω′后，运算简化了。

同理，极坐标变换和柱面坐标变换，都是一种对称变换。

2. 广义对称性对多重积分的简化

一般地，在多重积分运算中，有下述变换公式：

假设 $f(y_1, y_2, \cdots, y_n)$ 在 y_1，y_2，…，y_n 的 V 空间中有界闭体 Ω 上连续，则重积分 $\int_{\Omega}\cdots\int f(y_1\cdots y_n)dy_1\cdots dy_n$ 存在。

寻求 x_1，x_2，…，x_n 的 V′空间中有界闭体 Ω′上的函数组：$y_i = y_i(x_1, x_2, \cdots, x_n)$，$i = 1, 2, \cdots, n$.

$$\begin{cases} y_1 = y_1(x_1,\ x_2,\ \cdots,\ x_n) \\ y_2 = y_2(x_1,\ x_2,\ \cdots,\ x_n) \\ \qquad\cdots\cdots \\ y_n = y_n(x_1,\ x_2,\ \cdots,\ x_n) \end{cases}$$

满足条件：

（1）$y_i = y_i(x_1,\ x_2,\ \cdots,\ x_n)$，$i = 1,\ 2,\ \cdots,\ n$，及其对任何变量的偏导数在 Ω' 上连续；

（2）在体 Ω' 上任一点，$|J| = \begin{vmatrix} \frac{\partial y_1}{\partial x_1} & \frac{\partial y_1}{\partial x_2} & \cdots & \frac{\partial y_1}{\partial x_n} \\ \frac{\partial y_2}{\partial x_1} & \frac{\partial y_2}{\partial x_2} & \cdots & \frac{\partial y_2}{\partial x_n} \\ \cdots\cdots & & & \\ \frac{\partial y_n}{\partial x_1} & \frac{\partial y_n}{\partial x_2} & \cdots & \frac{\partial y_n}{\partial x_n} \end{vmatrix} \neq 0$

则下述公式成立：

$$\iint_{\Omega} \cdots \int f(y_1 \cdots y_n)\,dy_1 \cdots dy_n$$

$$= \iint_{\Omega} \cdots \int [y_1(x_1 \cdots x_n),\ y_2(x_1 \cdots x_n),\ \cdots,\ y_n(x_1 \cdots x_n)] \cdot |J|\,dx_1 dx_2 \cdots dx_n$$

上述变换中，由条件（1）、条件（2）保证了变换是可逆的，即 $\Omega \xrightarrow{\varphi} \Omega' \xrightarrow{\varphi^{-1}} \Omega$，且是双方单值的。空间 V、V′同维，经被积函数和积分区域一揽子变换到 V′中 Ω' 上后，保持了原有运算性质不变。所以，Ω 与 Ω' 是 V + V′上的对称体。

必须指出的是，这里的简化是依据广义对称性质（2）进行的。我们不能只按照通常的意思，Ω、Ω' 是 V + V′上的对称体，因此只简单地交换一下积分区域 Ω、Ω'，而不将被积函数也作相应的变换，即不是在变换 φ 下交换对称双方。这样，必不能保证空间 V 与 V′中运算性质不变。简化将是失败的。

更一般的数学运算中，凡用到变量替换的地方，都可认为是在某种条件下运用广义对称性来进行的。

3. 广义对称性在其他数学运算中的简化作用

复变函数论中，保形映照是研究在一定条件下将复杂区域里的单叶解析函数变换到简单区域上[8]，如半平面、圆盘等。黎曼有关定理解决了单叶解析函数双方单值保形映照的条件和方法问题。这个双方单值保形映照实质上就是一种对称变换。在这种变换下，两个空间的不同形体有着特定意义上的同构造，按定义Ⅱ它们是并空间的对称体。保形映照成功地解决了流体力学、空气动力学、弹性理论、磁场、电场与热场理论，以及其他方面的许多实际问题。

广义对称的一些特殊形式还是一些数学分支学科的根本基础。如概率与数理统计论研究的随机现象所依据的基本原理就是，在相同的时间间隔里，同一事件组里的具有对称性条件的所有随机事件发生的机会相同。而点集拓扑学则是在研究几何图形经双方一一对应的连续变换下的不变性质和关系——一种广义对称现象，逐步发展成一个抽象数学分支的。还有泛函分析的不变点变换原理，近世几何中的仿射变换和射影几何中的有关理论等，也都是广义对称变换的一种形式。

总之，广义对称原理在用数学作为工具去解决自然科学中的多种复杂问题时，起到显著的简化作用，使一些繁复得几乎不能解决的问题，变得非常容易。

对称变换可简化问题的实质，可以从近世代数理论中得到解释。我们强调一定是在一一对应的变换下形成两个空间的对称体，它们在特定意义下构造相同，在简化运算中应理解为运算性质相同，因而对称双方是一个同构关系。代数理论说，同构体在其运算下互换，效果是一样的。

广义对称的思想还可以在现代控制论、信息论和系统工程中得到应用。如信息论就是研究自然界中存在的各种形式和复杂的信息产生、传递和应变过程的规律。它要求用一些分类思想来将这些信息分门别类，从而解决它的控制、模拟、综合运用，最优化处理等。广义对称的集合论和 1－1 的变换思想及其不变性，使它成为信息论的一种新的思想方法。

第四节　广义对称性原理在宇宙学和理论物理学中的模式作用

对称性原理在物理学中的应用相当广泛，如各种场的球面对称分布、晶体的对称结构、量子力学中的波函数对称性，以及保形映照中提到的各种应用等。这里只就广义对称性在与物理学密切相关的宇宙学和理论物理学中的模式作用略论几例。

1. 广义对称性与天体物理学模型

物质世界由于矛盾的多样性、复杂性，构成了一幅相互依存、相互排斥、相互连接、相互渗透的繁复纷纭的运动图景。人们总可以在某一运动形式中抓住其决定物质形态和运动性质的主要矛盾，摒弃其次要枝节的矛盾，综合各个方面与之关联的因素，提出问题和建立与之相适应的物质运动模型，然后通过分析研究模型寻求解决的方法。每一个模型的成功，标志着物质世界的一个运动规律被揭示，人类的认识达到一个新的境地；而每一个模型都必定有一个基本思想为依据，这个基本思想的合适与否通常是决定这个模型命运的关键。广义对称性以其特有的性质成为自然科学各个领域中建立各种模型所依据的基本思想。

在天文学领域，天体结构理论和天体物理学创立以前，古代人们只是朴素地认为，大千世界是一个和谐完美的整体。宇宙（cosmos）一词在古希腊文中的意思是指一个和谐而有规律的整体，是由古希腊毕哥达拉斯学派首创并被沿用至今。这里就已含有一种广义对称的意思。只不过由于当时的学科发展水平，人们还不能说明它是以哪些因素对称存在的。到中世纪哥白尼创立日心说，以及开普勒、伽利略为代表的科学先驱的发现和努力，至牛顿最终给这些新的观念奠定动力学基础，才使近代天文学、天体物理学真正建立起来。人们勾勒出这样一幅宇宙图景：宇宙空间是无限的，无论前、后、左、右、上、下都可以一直继续下去。没有一个方向是有终点的，即宇宙空间是三维欧几里得空间；而宇宙在时间上也是无限的，没有开始，没有终结。这已经是四维意义上的对称性观点了。但还远远不够；因为人们在许多地方发现了它的矛盾，而且明确度也还不够。因此，近代人们在不断追求一个统一而自洽的宇宙模型。这一工作自当代伟大的科学家爱因斯坦用相对论思想建立有名的静态有限无边宇宙模型开创性工作之后，便空前活跃起来。相继的有德西特动态模型、弗里德曼和勒梅特动态模型，伽莫夫在勒梅特基础上的大爆炸始原说，以及霍伊尔、邦迪和哥尔德等的稳恒态模型[9]等。这些模型不断改进，相互补充，力争完善。这些模型的一个最大特点就是都不全同的肯定或者得出下面的一些观点和论断。

（1）真空中光速不变，它是宇宙极限速度。

（2）真实的物理定理在任意坐标系下都成立。

（3）宇宙空间和时间是各向均匀同性的，在空间上是黎曼几何所描述的有界无边的椭圆空间，在时间上是有始有终的。

（4）宇宙物质分布在大尺度上是各向均匀同性的，其密度 P 为常数。

（5）宇宙从任何一点观测都可发现，在它周围的一切天体，或者正在均匀地远离而去，或者匀速地聚拢，并且相对速度$\propto$相互距离。

（6）存在一种匀速背景辐射，那是大爆炸的遗迹。

上述观点均有相当精确的科学观测事实作为依据。

仔细分析一下，上述观点无一不是一种广义对称形式。真实的物理规律经任意变换不变，时空、物质各向均匀同性，等等。即广义对称原理自觉或不自觉地成为天体结构或天体物理学模型的基本思想，或者所构造的模型本身就是一种广义对称体。当然，这些是否被最终确认为正确的？科学发展会最终告诉人们宇宙是什么样子。而且，宇宙对称的层次还需进一步丰富和深入。

2. 广义对称性与统一场论模型

我们再来看一看统一场论[10][11][12]的工作。

众所周知，基本粒子世界中存在四种基本作用力和相应的力场。其中，万有引力，其引力场的理论工作是牛顿建立和完成的；电磁作用力，其力场的理论工作是法拉第和麦克斯韦等建立和完善的；强相互作用力和弱相互作用力这两个力场的理论工作吸引着一大批优秀的人物，如杨振宁、李政道、密尔斯、盖尔曼、茨威格、温伯格，等等，他们已经作出和正在作出开创性的工作和贡献。

现将四种相互作用力的相对强度、作用程和产生源、作用对象列于表 15－2。

表 15－2　　基本粒子四种作用力的主要特征

项目	强力	电磁力	弱力	万有引力
相对强度	1	10^{-2}	10^{-12}	10^{-40}
作用程（米）	10^{-15}	长	$<10^{-17}$	长
产生源和作用对象	重子、介子	带电粒子和有磁矩的粒子	轻子	任何粒子

资料来源：褚圣麟．原子物理学［M］. 北京：人民教育出版社，1979：371.

统一场论的工作是从爱因斯坦开始的。他在完成广义相对论的工作后，试图再做一适当推广，建立一个包括所有场的统一场。他在1946年的自述[13]中回忆当时的情景时写道："为表示整个物理空间，建立一个形式框架，这可能是一个最一般的场——总场。而其他的，至少是现在知道的一些场，只不过是从它里面分离出来的特殊场。"①

统一场论的工作目前已进行到这样的程度。电磁相互作用的理论是量子电动力学（QED），它研究的是电荷、光子间的相互作用。作用的模型是引进光子（一种玻色子）规范场，并且用S（1）群来描述。弱相互作用的理论是量子味动力学（QFD），它研究的是味荷与W玻色子的相互作用，所用的模型是引进W玻色子规范场，对应着SU（2）（群）场论。在QFD里，弱力与电磁力已经统一得差不多了。强相互作用的理论是量子色动力学（QCD），它研究色荷与胶子的相互作用，所用的模型是引进胶子规范场，对应着SU（3）（群）场论。大统一的思想是，鉴于低能量时，强力比弱力强得多，随能量（或质量）增加时，夸克（层子）——胶子耦合的强度（强力）将减小，直到渐渐地趋于零（"渐近自由"），因此，必定存在一个能量标度（大约为10^{-19}Gev），在那里强力与弱力存在类似的强度。大统一的数学模型是寻求一个超群，它应包括S(1)×SU(2)×SU(3)（QED、QFD、QCD），目前最有希望的是SU（5），SO（10），以及E_6群。也就是说，统一场论最基本的工作是用对称群理论描述基本粒子各种相互作用力的对称性特征。

3. 广义对称性与高能物理学模型

仔细研究物理学家们的思想，发现广义对称性几乎是高能物理学理论大厦的全部支柱。

科学家们认为，核力具有一种广义对称性，从变换角度，把中子和质子相互代换，核力是不变的。设想有一个抽象空间——同位旋空间，基本粒子在该空间里有自旋（如电子），并且对应的第三分量I_Z只能取$\frac{1}{2}$，$-\frac{1}{2}$。这就是同位旋对称模型，由同位旋对称性引入对称变换群SU（2）群论。

同位旋模型提出后，日本小川等物理学家注意到，如果忽略p（质子），

① 爱因斯坦文集（第一卷）[M]. 北京：商务印书馆，1976：30-33.

n（中子），Λ^{o}（超子）之间的电荷差别，将基础粒子相互代换，则它们所谓的复合粒子①质量相近，其他性质也相似。即是说在强相互作用下，这三个基础粒子是对称的，这是同位旋对称的推广，被称为幺正对称性，并由此引进对称变换群 SU（3）群论。值得一提的是，在将基本粒子按 SU（3）的对称性填入相应的位置的时候，发现了与介子性质相近的一簇介子对应的位置上空着，于是预言一个同位旋为零的 $\pi^{o'}$ 介子。即是说按照这种对称方式，必定还存在一个基本粒子。后来的试验中，果真发现了与之相近的 η 粒子。这个模型还得到强子质量间的近似关系式：盖尔曼—大久保公式，更有后面的在幺正对称性的基础上继续推广，得到了八重法对称模型[14]。即把粒子的 I_Z、y、c，作为三维空间的坐标轴，从而可确定任何一个粒子在该系中的位置（见图 15－6）。

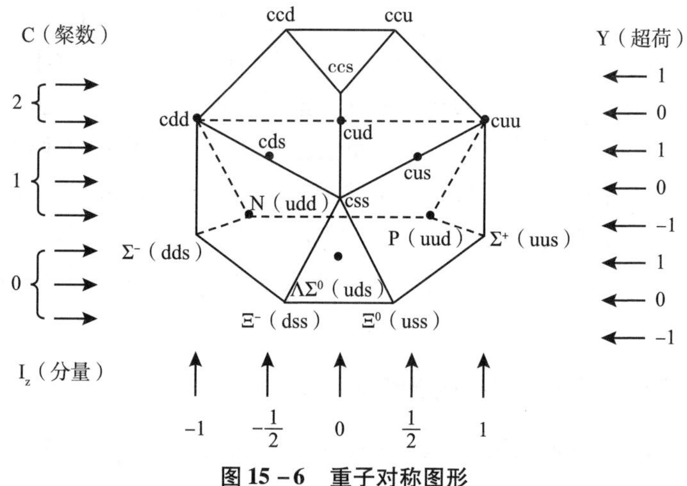

图 15－6　重子对称图形

资料来源：褚圣麟．原子物理学［M］．北京：人民教育出版社，1979：397.

这些粒子构成的立体图形是一个对称图形，八个重子全部可以确定它的夸克成分，它更清楚地揭示了基本粒子之间的联系。更有说服力的是，八重法在 SU（3）群的 10 维表示法上又发现了一个空位子，因而准确地预言了

① 坂田模型中，认为 p，n，Λ^{o} 和它们的反粒子是基本粒子中更为“基本”的粒子，称为基础粒子；而其他基本粒子都是它的复合粒子。这个模型现在不用了。

Ω^-粒子。这个粒子的发现轰动了整个物理学界[15]，充分说明了广义对称性作为建立物理模型的基本思想所取得的极大成功。

在统一场理论中引入的各种规范场，也是为了反映其基本粒子的内部对称性，保持场方程在场算符经过某一定域对称变换后的不变性而引入的矢量补偿场，这些场又极能反映粒子内部的客观实在。而 S（1）、SU（2）、SU（3）的运用则更反映了物理模型中的对称性和数学中对称群的对应关系。这些引入都体现着广义对称性在物理模型及其理论研究的指导作用，也反映了物质世界中从宏观到微观上的普遍的对称现象。

当然人们不会忘记，所谓层子或者夸克只不过是人们依据辩证法和有关对称理论预言的基本粒子的又一个层次，人们期望在下一代加速器中寻找到它们。其成功与否是对辩证唯物论关于物质无限可分观点的最好检验，也是对广义对称性的理论指导作用的一次重要考验。

以上举的是广义对称性在宇宙学和高能物理学中的几个例子。运用广义对称性抽象物理和数学模型的例子不胜枚举，是极为普遍、极为成功的，显示了广义对称性在自然科学领域里的理论指导作用的广阔前景。正因如此，它的研究对自然科学家来说有着巨大的吸引力。这也是群论和拓扑学理论成为现代数学的主要内容之一和蓬勃发展的真正原因。可以相信，它们将会给现代科学带来更多更重大的突破。

第五节　广义对称性的哲学解释

鉴于广义对称性在科学研究中的重要作用，我们力图知道它究竟带有多大的普遍意义。这里试从辩证唯物主义角度作一简单的讨论。

1. 广义对称性是对立统一普遍规律的一种具体形式

广义对称性是物质世界的物质结构和运动规律的一种特性，对称本身就含在统一体中对立的两个方面运动的意义。因此，我们首先肯定它反映了辩证唯物论对立统一的基本观点；其次广义对称性是对立统一规律的一种特定形式，对称变换则是物质矛盾运动的一种特定的具体形式。

辩证唯物论认为，物质世界的任何事物都具有两个相互联系、相互依赖又相互对立排斥的部分和趋势。事物内部存在着许多矛盾，其中又有决定事物性质或矛盾运动的主要方面和非主要方面[16]。我们看到，所谓对称就是事物具有相互对应的两个方面，这两个方面相互依赖处在统一体中。去掉其一方，这种性态就不存在。它还要求对应的双方的一些本质属性，在变换 φ 下保持不变。如一个对称图像以其对称根元素分为两个部分，每一部分称为关于该元素的对称体。这两个方面有着对立意义上的相互依赖关系，去掉其一方，则以该元素定义的对称性消失。要恢复对称性必须重找新的对称元素。这两个对应体都可以经过一些变换（旋转或平移）相互重合或叠合。又如简谐振动、固体晶核振动、分子振动中的势能量以中性点（零势点）为对称根元双方对称分布的（见图 15 - 7），我们不能指望它去掉某一方让另一方独立存在。这在运动过程中是绝不可能的。但我们在定性和定量分析中又可使它们对应的双方互换具有等效性。

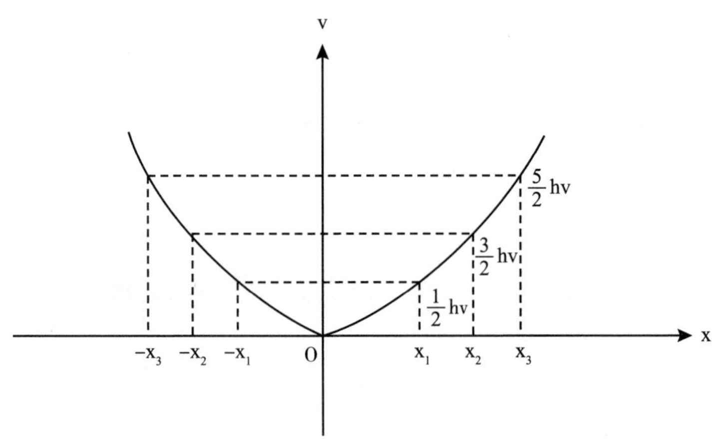

图 15 - 7　一维简谐振动势能分布

$$V = \frac{1}{2}kx^2 = \frac{1}{2}mw_0^2x^2$$

对称性之所以作为对立统一事物的一种特定形式，是因为对立统一的观点只强调事物具有对立统一的两个方面和趋势，并没有要求对立的双方有完好的一致性。对称的双方不仅可以在一定条件下相互转化，而且在明确的意义下相互代换。正是因为对称性的这种特性，使人们可以利用它解决许多问题。但是，宇宙中绝对的东西总是不存在的。我们且不能在同一时刻得到两个绝对一致的对称体。这就使人们在研究其性质和运用上受到限制。于是，在具体问题上，略去一些次要因素，仅就其决定因素考虑它们的一致性，便得到广义对称性的概念。它不再要求对称事物的双方各种因素都完全一致，而只要求在变换下有一种或几种不变特征；允许在另一个空间构造一个对称体，与之“遥遥对应”，而有些空间只不过是我们的思维中的“空中楼阁”。这样，适应对称定义的范围就大为开拓了。略去在解决问题中并不起决定作用的因素，只是减轻“负担”，使要解决的问题简单化、明了化，从而易于寻找解决问题的方法。仅以前面提到的例子来分析一下这种思想。

单叶解析函数，$W=\frac{e^z-i}{e^z+i}$将 Z 平面上的带形 $0<\mathrm{Im}z<\pi$ 保形映照成 W 平面上的单位圆盘$|W|<1$（见图 15－8）。

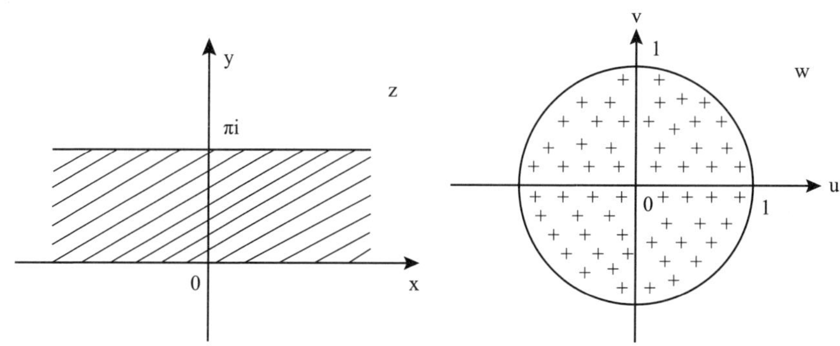

图 15－8　单叶解析函数从 Z 平面到 W 平面的保形映射

资料来源：余家荣. 复变函数［M］. 北京：人民教育出版社，1979：157.（图有修改）

表 15－8 中 Z(x，y) 平面（空间）里的带形与 W(u，v) 平面（空间）里的圆盘仅从图形上看，毫无相同之处。但是，通过 $W=\frac{e^z-i}{e^z+i}$，Z 上的每一点在 W 中都可以找到对应点，即对称元素，反之则相反；并且通过黎曼定理使它们在运算上保持一致，坐标原点为对称不变元素。这样，$0<\mathrm{Im}z<\pi$ 与$|W|<1$ 在 Z∪W 空间里对称。这里，我们根本没有考虑它们在形体上的差别，只抓住了它们在一一映射下对于运算来说构造一致，具有 1－1 对应的对称元素和对称不变元素。从这个意义上定义它们的对称性，从而将一

个空间中的复杂问题转换为另一空间的简单问题。这里，我们假定|W|<1上容易解决，反之可以用另一个变换。

再看同位旋对称和幺正对称性问题。p、n、Λ^0 粒子的特性如表15-3所示。

表15-3　　p、n、Λ^0 粒子的特性

粒子	静止质量Mev	寿命（秒）	电荷Q	自旋J	轻子数 $L_\mu L_e$	重子数B	内禀宇称	同位旋I	同位旋 I_Z 分量	奇异数S	超荷γ	典型衰变形式
p	938.3	稳	+1	1/2	0	+1	偶	1/2	1/2	0	+1	
n	939.6	930	0	1/2	0	+1	偶	1/2	-1/2	0	+1	$n \to p + e^- + \bar{v}_e$
Λ^0	1116	2.5×10^{-10}	0	-1/2	0	+1	偶	0	0	-1	0	$\Lambda^0 \to p + \bar{\pi}$

资料来源：褚圣麟．原子物理学［M］．北京：人民教育出版社，1979：387.

这三个粒子有许多不同性质，一般讲不容许混淆，但在处理核力问题时，其作用强度是主要矛盾，而它们的表现相似。于是，略去电荷和质量差别，对前两者，设想一个同位旋空间，它们的自旋和第三分量相同，由此引出同位旋对称性概念，建立SU（2）场论，导出两个守恒定律，预言 $\pi^{0'}$ 粒子成功。对三者取它们的复合粒子性质相近推广同位旋对称概念，引出幺正对称性，从而建立SU（3）场论，预言 Ω^- 粒子成功。

那么，广义对称性还可不可以作为对立统一规律的特定形式呢？现实世界中对立统一的双方性态千差万别，笼统来看，它们可能没有对称性；但是，如果在一定条件下，抽象出它们主要矛盾运动，在特定范围里就可以形成或恢复它们的对称性。这种广义对称在特定意义下同样具备对称的一般特征。因此，在整个矛盾世界的无限多样性面前，它还是一种特定的具体形式。

2. 广义对称性方法的普遍意义

我们还应看到，因为对立统一规律的普遍性，以及广义对称性思想方法的广泛适用性，广义对称方法具有很强的普遍意义。

对这个问题，我们先回顾一下辩证唯物论关于物质运动[17]的有关论点。

运动是物质存在的根本形式，物质的普遍性和特殊的性态决定了物质无限多样的运动形式和每一具体运动的特殊形式，一切物质在一定条件下可以互相转化。广义对称体的双方，就其具体内容来说都是客观世界中的某种事物，它毫无疑问地遵循辩证唯物论的运动观。如果抽象掉其具体内容，就其联系对称双方的依据——对称变换这一点来说，又有它的特殊性。对称变换总是和运动联系在一起的，或者毋宁说是物质世界的具体运动在意识中的反映。机械的（平移、旋转或它们复合方式）、物理的、化学的、生物的；还有一种是思维的，如广义对称的变换，可以是代数学中的映射。这些运动不仅仅可以反映客观世界中的一些具体运动，而且它的一个特殊方面就是φ(a) 完全也可以仅仅是一种抽象符号。按照唯物主义观点，人类思维运动也是一种物质运动形式。因此，对称变换作为物质运动的一种特殊形式就在于，它可以只需存在于人们的思维中，在现实世界里可以找到具体方法实现它；也可以只凭人类正确的逻辑思维运动来理解它。这种运动是联系对称双方或构成我们完成对称判别的基本依据；只要在这种运动下，它们存在并能被发现有不变特征或不变元素存在。也正是因为这种运动的特殊方面，使我们可以在更广泛的范围里追求物质的对称性，从而为我们的工作提供一个强有力的思想工具或方法论，广义对称性的普遍意义也在于此。

广义对称性的这种客观、主观特殊形式及其各自所带的普遍意义奠定了它作为科学研究中的一个重要的基本原理的地位。

自杨振宁、李政道的工作证实了宇称守恒定律在弱相互作用中不成立后，即在β衰变过程中，自然规律是左右不对称的，人们曾忧心地叹息道，热宇宙的对称时代已经一去不复返了！可是，他们马上又提出了 CP 联合反演理论，即中微子二分量理论，使理论在大的范围恢复了对称性。后来，人们又发现 CP 不对称，于是又由吴健雄提出 TCP 联合反演，即把时间变量换成矢量包括进去，“因而在一切形式的满足因果律的相对论场论中，任何相互作用经过任何次序的联合，TCP 变换都是不变的”。理论又在更大范围里恢复了对称性。这种对称—不对称—对称的过程，标志着人们的认识随着每一个阶段而更加深入一层。也使我们有理由这样说：

在今天的理论意义下，我们的热宇宙依然保持着完好的优美的对称性！

本章主要参考文献

[1] 唐有祺．对称性原理［M］．北京：科学出版社，1977.

[2]［美］米勒．对称性群及其应用［M］．栾德怀，译．北京：科学出版社，1981.

[3] 张禾瑞．近世代数基础 1978 年修订本［M］．北京：人民教育出版社，1978.

[4] 程守洙，江之永．普通物理学［M］．第 3 版，北京：人民教育出版社，1961.

[5] 肖士珣．理论力学简明教程［M］．北京：人民教育出版社，1979.

[6]、[7] 北京大学数学力学系，数学分析与函数论教研室．数学分析［M］．北京：人民教育出版社，1961.

[8] 余家荣．复变函数［M］．北京：人民教育出版社，1979.

[9] 肖兴华，唐晓英．宇宙学的现状与展望［J］．自然辩证法通讯，1980 (4)：34 -42.

[10]［苏］Л. 朗道，［苏］E. 栗弗西兹．场论［M］．任朗，袁炳南，译．北京：人民教育出版社，1959.

[11]［美］H. 乔治，［美］S. L. 格拉肖，刘克桓．基本粒子力的统一理论［J］．自然杂志，1981 (7)：497 -505.

[12]［英］F. E. 克洛兹，张大卫．统一场论的梦想正在成为现实吗?［J］．自然杂志，1979 (12)：20 -22.

[13] 爱因斯坦文集［M］．第 1 卷，许良英，范岱年，编译．北京：商务印书馆，1976.

[14] 褚圣麟．原子物理学［M］．北京：人民教育出版社，1979.

[15] 张民生，冯承天．Ω^- 粒子的发现［J］．自然杂志，1979 (3)：53 -57.

[16]、[17] 艾思奇．辩证唯物主义和历史唯物主义［M］．北京：人民出版社，1978.

（本文写于 1981 年 6 月 ~1983 年 5 月）

附录一：

江西省主要学科（社会科学）学术或技术带头人项目及若干经济数学论文简介

一、江西省主要学科（社会科学）学术或技术带头人计划项目工作汇报

江西省主要学科学术或技术带头人计划主持部门领导：

谨向你们汇报我承担的省主要学科（社会科学）学术与技术带头人计划项目完成的情况。

我于1999年开始主持的江西省社会科学学术带头人计划项目“国民产品的系统结构与价格模型方法”近日通过省科技厅验收。验收专家委员会由国务院研究机构、国内著名大学和省内著名专家、学者组成。专家委员会认为，本项目在研究马克思经济学、国际比较、价格改革以及宏观经济运行与调控等领域的一些重大理论问题和实际应用问题方面，形成了具有理论方法原创性和实践意义的重要成果，对马克思劳动价值论研究作出了重要贡献。项目各项技术经济指标均达到或超过原计划目标任务。基础研究部分达到国际先进水平，整体研究达到国内本领域领先水平，是近年来我省理论界取得的一项重要研究成果。

本项目主要运用20世纪80年代初期我在国务院原价格研究中心参加“中国理论价测算”研究工作期间提出的基础价格数学模型以及计算机技术，提出了马克思劳动价值“转形”的一种对称不变性解法，并对马克思劳动价值论进行了公理化、数学形式化尝试。这些研究被认为创新了劳动价值论的研究方法，维护和丰富了马克思政治经济学理论。这部分研究2004年获得了中国第三届“薛暮桥价格研究奖”。

本项目还提出了不同于汇率法和购买力平价法的新的国际比较原理和模型方法——比价法国际比较方法；联系我国改革和发展实际，论证了在一个有价格、税收、财政、金融、外汇等多种调节手段的经济系统中，运用宏观调控保持经济稳定运行的数量关系；分析了通货膨胀对居民收支影响的定量关系；提出了加快社会主义市场经济进程以及创建宏观经济运行和价格监测调控新参照系等建议。为进行各国经济比较分析和汇率分析，为我国价格改革、经济运行机制建立和宏观调控提供了重要的理论依据和数量依据。

“学术或技术带头人”研究团队在项目实施6年中，取得了丰富的合作成果。先后合作和单独发表了研究报告、论文100余篇，著作多部，团队成员先后参与省委省政府重要文件、工作报告调研起草30余项，先后有20多篇研究报告获省领导批示、批转和采纳，7篇研究成果获国家部委和省级优秀成果奖。

本项目工作能够取得预期成果，首先要感谢计划主持部门——省科技厅、省委组织部、宣传部、人事厅的大力支持；感谢省政府发展研究中心领导、同志们的关心、爱护，历任领导多次听取汇报，提供支持；感谢研究团队的同志们精诚团结和刻苦勤奋，这些丰富成果是大家共同努力的结果。同时要感谢在研究过程中给了许多指导和帮助的学术前辈，感谢提供宝贵文献资料和研讨问题的朋友、同行们。当然，作为带头人，我也觉得非常不容易，课题组承担了较重的政策咨询研究、文件起草和领导交办的调研任务，本项目研究基本上都是利用节假日和晚间时间做的。在从事研究工作的20年里，本人勤思苦作，未曾懈怠，寒来暑往，辛甘备尝。

我们的工作还有许多欠缺和不足，本项目中还有一些重要课题需要继续深入研究。我决心一如既往，和同志们一道工作，进一步发挥好带头人的作用，为马克思主义理论研究，为我省政策咨询研究工作，做出更多的贡献。

附：1. 江西省主要学科（社会科学）学术或技术带头人培养计划项目验收意见。

2. 新闻报道：江西省主要学科（社会科学）学术或技术带头人科研项目取得重要成果。

汇报人：江西省政府发展研究中心研究员　王志国

2006年6月20日

江西省主要学科（社会科学）学术或技术带头人培养计划项目验收意见

2006 年 6 月 11 日，江西省科技厅组织有关专家对江西省政府发展研究中心王志国研究员承担的江西省主要学科（社会科学）学术或技术带头人培养计划项目“国民产品的系统结构与价格模型方法”进行了评审验收。评审委员会听取了项目工作汇报和研究成果介绍，审查了相关技术文件，进行了质询和评议，形成以下意见。

1. 该研究以马克思价值价格理论为基础，运用系统科学方法和数理分析方法，吸收当代各类价格模型理论，提出了一系列有关价格问题的原理模型和应用模型。在解决马克思经济学、国际比较、价格改革以及宏观经济运行与调控等领域的一些重大理论问题和实际应用问题方面，形成了一项具有理论方法原创性和实践意义的重要成果。

2. 提出了一种计算国民产品理论价格体系的数学迭代模型及其多项应用模型。该基础模型克服了传统投入产出价格模型的利润率经济学机理不清晰、高阶矩阵求逆、求特征根不易实现的困难，具有重要创新意义。以该模型为基础，探讨了马克思经济学的一些重大理论问题。运用集合论、概率与数理统计方法对劳动价值论体系中的主要定义、定理和条件进行了公理化、数学形式化推导。提出了对马克思“价值转形”问题的一种对称不变性解法，不仅从数理逻辑上证明，而且从计算机运行上验证了马克思“两总量相等命题”在相当一般条件下同时成立，找到了使其成立的一组表示无穷生产结构的充分必要条件及其通解，维护和丰富了马克思经济学，是对马克思劳动价值论研究的重要贡献。另外，还提出了一种国际比较新方法，创造性地提出国际比价体系具有同构性、无技术差别性、无货币量纲性以及开放性条件下具有趋同性，并依此设计了不同于购买力平价法的新的比较指标体系计算方法，为有关国际组织和国内外研究机构进行国际比较或汇率分析提供了一个新的比较原理和模型方法。

3. 联系我国现实经济体制改革和经济运行，证明了在具有价格、财政、税收、货币多种调节因素的多维经济系统中，价格不是保持经济稳定运行的唯一因素，进而证明了经济系统在原稳定态、新稳定态和非稳定态三种运行情况下，价格变化的充分必要条件及其数量关系。对通货胀缩条件下居民收支的变化和影响进行了定量和实证研究，分析了 20 世纪 90 年代中国城镇不同收入类型居民家庭收入、支出在通货膨胀和通货紧缩两种情况下的收入变动规律及分类消费特征。以价格市场化为线索，对我国改革开放、经济转轨以来的物价上涨运动的基本轨迹和各个时期的变动特点进行了总结探讨，提出了深化价格改革、加快社会主义市场经济进程以及创建宏观价格监测调控新参照系等建议。这些研究为价格改革、经济运行机制建立和宏观调控提供了重要的理论依据和数量依据，具有一定的实践操作意义。

4. 坚持定性分析与定量分析相结合，规范分析与实证分析相结合。充分运用现代科技手段，研究思路清晰，模型前提正确，推导缜密，论证严谨，结论可靠，提供的技术资料完整，数据真实可信，图表文并茂。有关基础价格模型、马克思劳动价值论研究、国际比较方法研究达到国际先进，整体研究达到国内领先水平。

5. 该项目的实施，培养和锻炼了一批科研人员。参加研究的成员合作或单独发表论文、研究报告 100 余篇，著作多部，先后有 20 多篇研究报告获江西省政府领导批示、转载、采纳，7 篇研究成果获国家部委和省级优秀成果奖，多人晋升了职务、职称，形成了以经济研究、政策咨询研究为特色的学术研究团队。

评审委员会认为，该研究项目完成了带头人培养计划的目标任务，各项技术经济指标均达到或超过计划任务书的要求。同意结题验收。

建议课题组在坚持马克思主义经济学理论和方法研究的同时，注意借鉴和吸纳其他经济学派有关价格形成的科学成果，结合我国社会主义市场经济实践，进一步深化本项目模型的应用研究和拓展研究。

评审委员会
2006 年 6 月 11 日

新闻报道：江西省主要学科（社会科学）学术或技术带头人科研项目取得重要成果

本报讯记者宋茜报道：近日，江西省科技厅在南昌组织召开了由省政府发展研究中心王志国研究员承担的第三批江西省主要学科（社会科学）学术或技术带头人培养计划项目“国民产品的系统结构与价格模型方法”验收会。与会专家一致认为，该项目各项技术经济指标均达到或超过计划任务书的要求，基础价格模型、马克思劳动价值论研究、国际比较方法研究成果达到国际先进水平，整体研究成果达国内本领域领先水平，是近年来江西省理论界取得的一项重要研究成果。

“国民产品的系统结构与价格模型方法”项目，运用国民产品理论价格体系数学模型和计算机方法，探讨马克思劳动价值论的理论问题，并对这一理论的研究做出了新的贡献。项目提出的国际比价体系及依此而设计的不同于购买力平价法和汇率法的新的比较指标体系计算方法，为有关国际组织和国内外研究机构进行国际比较分析提供了一个新的比较原理和模型方法。同时，项目联系我国现实经济体制改革和经济运行，对模型进行了实证应用研究，提出了深化价格改革、加快社会主义市场经济进程以及创建宏观经济运行和价格监测调控新参照系等建议，为价格改革、经济运行机制建立和宏观调控提供了重要的理论依据和数量依据。目前，项目部分成果已获得中国第三届薛暮桥价格奖。

资料来源：《江西日报》（A2 版）http：//www. jxnews. com. cn 2006 – 06 – 19 01：31。

关于《国民产品的系统结构与模型方法》申报第四届“薛暮桥价格研究奖”的推荐意见

该成果是江西省主要学科（社会科学）学术或技术带头人计划项目（社会科学第一批唯一项目）的核心成果，是项目主持人王志国研究员集 20 余年心血攻关的原创性成果。

成果主要内容是，提出了一种计算国民产品理论价格的迭代模型，运用这一基础模型对马克思劳动价值论、国际比较、市场经济宏观调控手段的数量关系等领域的重大理论问题和实际应用问题进行了数量模型分析研究，提出了加快社会主义市场经济进程以及创建宏观价格监测调控参照系等政策建议。

该成果有以下主要创新点。

1. 提出了不同于均衡价格、影子价格、传统投入产出价格的一种新的迭代价格模型。

2. 运用基础价格模型以及集合论、概率与数理统计方法对马克思劳动价值论的包括基本范畴、基本概念定义、基本关系定律等进行了公理化、数学形式化尝试。

3. 运用基础模型对马克思“价值转形”百年难题进行了数理证明和计算机验证。首次提出了马克思“价值转形”的一种对称不变性解法，并首创计算机验证；证明了“价值转形”的“两总量命题”一般条件下同时成立；得出了不同于国内外众多“转形”研究者所没有的重要结论。

4. 运用基础模型提出了不同于购买力平价法和汇率法的一种基于比价体系的国际比较模型，为联合国和各国进行国际比较提供了一种新的比较理论和分析工具。

5. 提出了现代经济系统价格、财政、税收、金融、外汇等多种调节手段在经济运行中的数量联接关系及系统稳定性条件。

本项目于2006年6月通过了由国务院研究机构、国内著名大学和省内著名学者组成的专家委员会的评审验收。专家委员会认为，本项目在“解决马克思政治经济学、国际比较、价格改革以及宏观经济运行与调控等领域的一些重大理论问题和实际应用问题方面，形成了具有理论方法原创性和实践意义的重要成果”；有关马克思劳动价值论的研究，“维护和丰富了马克思经济学，是对马克思劳动价值论研究的重要贡献”；所提出的比价法国际比较模型，“为有关国际组织和国内外研究机构进行国际比较或汇率分析提供了一个新的比较原理和模型方法”；有关创建宏观价格调控参照系等建议，“为价格改革、经济运行机制建立和宏观调控提供了重要的理论依据和数量依据”。

根据以上情况，特推荐该成果入选第四届薛暮桥价格研究奖。

江西省价格协会
2007年5月21日

二、《一种新的国民产品系统的线性价格模型》简介

本文提出了一种计算国民产品系统理论价格的数学模型。本模型是王志国研究员早年在基层工作时提出的一种“分部位销售猪肉”订价模型推广到国民产品整体的情形。该模型依据马克思价值价格以及当代价格理论，从社会总产品的系统结构出发，以投入产出关系为基础，把平均利润率明确表示为社会总剩余对各种分配因素的比率，并运用作者构造的“自适应迭代”数值逼近方法，求出满足各种经济关系和不同政策条件下的理论价格体系。本模型是江西省主要学科（社会科学）学术或技术带头人项目的核心模型。

本模型的主要思路如下。

1. 国民产品是一个具有多层结构的系统，可以分为总产品、部门产品、大类产品、中类产品乃至具体产品。国民产品总价格是由不同产品层次的产品量和产品价格的乘积之和组成，即：$G = \sum Q_i P_i$。

2. 在每一层次产品类，选一个标准产品为基准产品，其他产品与标准产品的比值称为比价，国民产品存在一个比价体系。国民产品总价格可以由产品量，标准品价格，比价体系确定。

3. 利用投入产出列向量可以构造任一产品价格：$P = C + V + M$。其中，C 为物质成本，由投入产出物质消耗系数决定；V 为劳动成本，由工资消费品消耗系数决定；M 为利润，由国民产品总价格减去总消耗：$G - \sum (C + V)$——形成的总剩余，对各种分配要素：成本 C，劳动 V，资本 K 及其组合形式——形成的比率来分配，或称为按成本利润率、工资利润率、资金利润率及其组合形式分配总利润。可以分别得到成本型价格、价值型价格、生产价格、多渠混合价格。其中，价值型价格、生产价格就是马克思经济学定义的商品价值和生产价格。

4. 可以编制实物——价值型混合投入产出表，获得国民产品系统的物质消耗系数 a_{ji}，工资消费品消耗系数 c_{ji}，资金占用系数 b_{ji}；并且假定不管国民产品某些产品价格可能有许多不合理，但是其总产品价格总是合理的。国民产品体系中最紧要的是其比价体系或比价关系；因为，总产品价格的绝

对值可以变换，比如可以为 1，也可以为 100 或其他绝对量。因此，可以把总价格 G 规定为国民产品现实总价格。当总产品价格 G，具体产品 Q_i，初始价格 P_i^0，消耗系数 a_{ji}、b_{ji}、c_{ji} 确定后，一个反映了社会总剩余或总利润对各种分配要素合理分配的新的理论价格 P_i^1 就初步确定了。

5. 由于计算 C、V 部分的初始价格可能包含不合理分配的因素在内，因此它就会把不合理因素带到新价格体系中，于是可以用这个新的价格把国民产品系统再核算一遍，因为其利润分配始终保持对各种分配因素的平均率分配，因此，再核算一遍得到的价格 P_i^2 就比第一次核算价格要合理一步。如反复迭代下去，当达到不动点时 p_i^T，我们认为其初始价格不合理成分就被彻底消除了，这时候的价格就是真正反映了马克思价值价格理论和现代价格理论的理论价格体系。我们把这个过程叫作自适应迭代过程。

本模型构造了一类新的独立的价格模型，其最重要的理论与方法创新有以下三点。

1. 采用不同于传统投入产出价格的结构方法与计算方式。传统投入产出价格须用矩阵特征根求解，并把相应矩阵非负最大的特征根的倒数定义为平均利润率，其经济学含义不甚明晰。本模型把利润率直接规定为社会总剩余对各分配要素的比率，与利润的分配或利润率的确定理论完全一致。

2. 传统投入产出价格由于用特征根求解，因此，其高阶矩阵求解运算不易。本模型运用自适应迭代算法，线性求解计算相对容易实现。

3. 本模型为解释与实现马克思价值转形、第二种社会必要劳动时间参与价值决定等重大理论问题，提供了重要基础模型；在模拟不同政策条件下社会平均工资与消费品价格挂钩等方面，也取得了重要应用进步。

本模型的上述创新为 1984 ~ 1986 年中国理论价格测算研究提供了新的思路和方法，解决了大规模价格体系求解平均利润率的实现困难，以及消除人们普遍关心的实际工资水平会随消费品价格变化下降的担忧。受到了国务院价格研究中心、国家物价局有关领导和专家的高度评价。为此，作者受邀参加了当时中国理论价格测算的研究工作。

1986 年以来，作者围绕本模型和本研究领域发表了一系列研究论文，主要篇目发表刊物（包括学术会议）及时间为：《系统工程理论与实践》，12 卷 2 期，1992 年；《成本与价格资料》1990 年 No. 8；“西安国际定量分析研讨会”，1991 年 7 月；《价格理论与实践》，1991 年 No. 12；“中国数量经济学会第 4 次理论研讨会”，1990 年 9 月；《系统工程》，10 卷，增刊，

1992 年；《江西经济管理学院学报》，1988 年 No. 1。其中，另一篇《中国理论价格测算与模型方法》，1992 年获省青年社科优秀成果奖一等奖。

资料来源：王志国．崛起与创新的历程（下册）［M］．南昌：江西人民出版社，2016.

对《一种新的国民产品系统的线性价格模型》的评价意见

王志国同志的论文《一种新的国民产品系统的线性价格模型》，依据马克思的劳动价值论，以社会总产品系统结构和社会产品投入产出关系为基础，从建立商品比价关系入手，利用自适应迭代逼近的方法，提出了计算不同类型理论价格的一种新方法。这是我们迄今见到的有关内容的第一篇文章。这种方法具有以下特点。

1. 价格模型中最关键的变量——各种利润率作为内生变量求得。
2. 价格决定中引进了表示社会总劳动量分配关系的部门产量。
3. 反映和把握了相互消耗产品价格间的连锁反应机制。
4. 经过适当扩充，可以模拟不同宏观经济条件和经济政策下的价格水平及结构变动，从而为宏观决策和经济政策的评估提供了一个预测和分析的工具。
5. 经初步验证，方法简单易行。

我们认为，王志国同志的这篇论文，观点新颖，立论清楚，论证严谨，可操作性强。有一定的学术价值和实用性，是一篇好文章。

国务院经济技术社会发展研究中心价格组
1986 年 12 月 10 日

三、《马克思“价值转形”的对称不变性解法》简介

本模型是江西省主要学科（社会科学）学术或技术带头人项目的核心模型在马克思劳动价值论领域重要的原创性应用成果之一。

劳动价值论是马克思政治经济学的理论基石，是马克思经济学的批判性和革命性的锐利“武器”。100 多年来，一些资产阶级经济学家否定马克思经济学，主要集中在对劳动价值论的否定上。其中最为直接的证据就是所谓“价值转形”矛盾问题。

“价值转形”，是指马克思《资本论》第一、第二卷采用劳动价值论分析被掩盖的资本主义生产奥秘——剩余价值的生产和实现，而第三卷采用生产价格分析资本主义现实生产总过程及其剩余价值的分配；因而在方法论上产生了由价值向价格转化，并在数理逻辑上产生了对应转换关系。

19 世纪后半叶，《资本论》先后发表不久，奥地利学派著名代表欧根·冯·庞巴维克连续发表论著，批评马克思的劳动价值论和剩余价值理论，认为不符合逻辑又与经验事实相违背，第三卷与第一卷矛盾。1907 年，德国统计学家鲍尔特基维茨进一步把矛盾集中在马克思转形公式的逻辑形式上，认为马克思阐述的价值——C + V + M 向生产价格——K + S 转化中，只完成了总剩余向总利润 M→S 的转化，而不变成本、可变成本向总生产成本的转化——C + V→K 则没有完成。他创立了简单再生产条件下，三部门比例转化系数法的完全转化方法，结果证明马克思价值转形的数量依据——命题一：总价格 = 总价值，不能成立；命题二：总利润 = 总剩余，能够成立。命题一、命题二合称为“两总量命题”。此后，罗宾逊夫人及萨缪尔森等，均认为价值转形是矛盾的、多余的，主张抛弃劳动价值论。斯迪德曼则主张用斯拉法体系代替马克思劳动价值分析。

面对资产阶级经济学家的“诘难”和攻击，马克思经济学家进行了长期不懈的坚决反击。一些正直的经济科学家，则在鲍氏之后进一步致力于寻求完全转形下，马克思“两总量命题”同时成立的证明。1948 年，美国经济学家温特尼茨改进鲍氏的方法，证明命题一能够成立，但命题二又不成立。1957 年，英国经济学家塞顿用投入产出描述转形问题，并假定三部门在资本构成极端特殊的条件下证明两总量命题能够同时成立。1978 年，日籍经济学家森岛通夫构造转形问题的一种马尔柯夫链，也在生产结构的特殊条件下证明两总量命题同时成立。20 世纪 80 年代，我国学者胡代光、杨玉生、朱绍文、王宏昌、黄谷等翻译和评述了国外马克思价值理论研究和转形问题大论战相关大量文献资料。此后有丁堡俊、白暴力等学者用数学方法对转形问题进行证明。但由于这些解法要么只能证明两总量命题只有一个成立，要么只能证明在特殊条件下同时成立；所以，北京大学晏智杰教授于

2001年在对“价值转形”百年“论战”做了全面、深入、系统的考证之后说“迄今为止，中外学者尚未见谁提出一种解法，从理论上证明两个相等关系可以同时成立”。[①] 马克思“价值转形”问题由此成为一个争论百年、困惑百年的科学难题，成为100多年来马克思经济学、非马克思经济学和反马克思经济学斗智斗勇的理论前沿。

本文按马克思的原意对两总量命题进行了全新的求解证明（以下简称《对称解法》。其证明思路是，马克思的价值转形中的投入产出关系可以一般性地转换为价值——实物混合型投入产出表、不变资本占用表、可变资本消费表，从而可以获得投入产出消耗系数 a_{ji}、资本占用系数 b_{ji} 和人工消费系数 c_{ji}；利用这三种系数，运用作者在20世纪80年代参加中国理论价格测算研究时创立的迭代价格模型，建立马克思的劳动价值体系 $W = C + V + M$ 和生产价格体系 $P = K + S$ 的迭代算法；依据数学证明的一般方法：欲证明某两个数量关系相等，可以直接令它们相等，然后推导出其相等的条件——由此建立马克思 W、P 两体系在两总量相等条件下的联立迭代求解关系［参见本文原发刊物《经济评论》2003年第5期第10页公式（11）、公式（12），公式（14）、公式（15）］；其迭代过程就是 C + V 不断向 K 转化的过程，当两体系迭代均衡也就是转化完成后，可以求得满足两总量关系同时成立的一组充分必要条件［参见原发刊物《经济评论》2003年第5期第10页公式（16）］。这组条件是一个对应生产结构无穷多种状态的不定方程组，任给一组定解，对应着一种生产结构，均可以使两总量关系同时成立。这就是说，这种解法证明了在一般条件下，马克思价值转形的两总量命题都是可以同时成立的。

作者研究中发现，西方学者和我国绝大部分学者都是运用或沿续部门转化系数的证明方法，如果将两总量分别相等作为约束条件列入转化方程，必将使方程组个数比未知数个数总要多出一个。在方程组都独立的情况下，必使方程组成为无解的超定方程；而要使方程组有解，必须放弃一个总量相等关系。这是他们不能证明“两总量命题”问题的根本症结所在。而《对称解法》完全不使用转化系数，而是根据经济系统投入产出的生产结构，根据价值体系和生产价格体系的逻辑结构关系，运用数学证明的一般原理和自适应迭代算法，使价值体系和生产价格体系分别达到均衡不动点，求解出两

① 晏智杰．劳动价值学说新探［M］．北京：北京大学出版社，2001：62.

总量命题同时成立的充分必要条件。

《对称解法》得到一个具有极为严肃含义的结果：在满足前述充分必要条件的某种生产结构下，一个经济系统的总价值、总价格，总剩余、总利润、总成本、总工资诸总量在一定的货币表价下都是唯一确定的；而价值和生产价格对这些总量来说，则互为镜像。给定 W 体系的一组初始值可以转换到 P 体系；给定 P 体系的一组初始值又可以转换到 W 体系。即它们是对称的。这说明，在一个经济系统里，生产结构具有决定性作用，价值和生产价格都是量的一种核算手段，不同的历史时期、不同的经济制度和不同的意识形态，决定着是哪种核算手段发生作用或用哪种核算手段来分析认识问题。马克思的无产阶级世界观和历史唯物主义决定了他的认识论是劳动价值论，方法论是由价值到生产价格即 W→P 体系的转换。

《对称解法》是迄今较好地反映马克思原意的一种证明方法。其设定的基本条件和证明结果都严格地反映了马克思的原意。马克思在当年察觉转形“矛盾”时说过，“在形成资本 B 的不变部分的商品上，以及在作为工人生活资料因而间接形成资本的 B 的可变部分的商品上”都会发生这样的情况，“实现在 B 中的剩余价值可以大于或小于加入 B 的产品价格的利润”①。马克思又说“这一切总是这样解决的，加入某种商品的剩余价值多多少，加入另一种商品的剩余价值就少多少，因此，商品生产价格中包含偏离价值的情况会互相抵销”②。但马克思并未用严格的数理逻辑方法证明它们是如何抵消的，而《对称解法》中所得到那组充分必要条件，恰好就是“多多少、少多少”相互抵消的数学表述。这就充分说明了马克思的推想完全是正确的。

该解法还得到两个有重要意义的推论：马克思价值转形问题中，非基本品是参与和能够实现利润平均化的；各部门的扩大生产率是可以不相同的。这两个结果也改变了近 100 年来鲍氏、温氏、威斯齐、塞顿、森岛等的证法中，非基本品不参加利润平均化过程，或要求各部门扩大生产率都相同的相应结论。《对称解法》最后还将《资本论》第三卷中的五部门“转形表”示例转化为投入产出形式，运用现代计算机编程计算技术对转形过程成功地进行了对称解法验证。

---

①② 马克思．资本论（第三卷）［M］．中共中央马克思恩格斯列宁斯大林著作编译局，译．北京：人民出版社，1975：179－181.

作者王志国研究员于1986年在国务院原价格研究中心从事理论价格测算研究工作期间，提出了一种可测算价值和生产价格的基础模型。此后，一直致力于用这套模型研究马克思劳动价值论、“价值转形”等相关问题。2003年，作者在主持江西省主要学科（社会科学）学术或技术带头人项目中，经过艰难探索，才完成这一理论证明。其论文《马克思“价值转形”的对称不变性解法》第一次在中国数量经济学会2002年年会上宣读时，获得了强烈反响。有关专家认为，这种方法的提出，为解决“价值转形”问题提供了新的思路，“是对马克思劳动价值科学体系完备性的重大贡献。”2003年，本文在《经济评论》第5期刊出，2004年8月获第三届“薛暮桥价格研究奖”论文奖。

资料来源：崛起与创新的历程（下册）[M]. 南昌：江西人民出版社，2016.

学术通信：致北京大学胡代光教授

尊敬的胡老前辈：

您好！我是您未曾见过面的学生。您在经济学上的述著，尤其是马克思经济学和西方经济学上的述著，为中国经济学的发展做出了重大贡献，是我和我这样一大批中青年学者在相关领域研究工作的最重要指导。今寄上我的一篇文稿《马克思“价值转形”的对称不变性解法》，请您万忙之中审阅。这是我20世纪80年代在国务院原价格研究中心工作期间开始的一项工作，经历了艰辛的思考求证，有望是对争论了100余年的马克思“价值转形”问题的一种破解，但可能还有不完善的地方。敬请老前辈批评、指正、指点，以便修改完善。本来，前几天我随同江西省领导在京参加有关会议，其间通过与秦宛顺老师的联系，想去拜访您，但您外出开会，未能如愿。以后，如果允许的话，我将专程去拜访老前辈。能得到您的指教，我不胜荣幸！

谨致崇高的敬意！

您的学生：王志国　敬启

2002年12月12日

胡代光[1]教授的回信

志国同志：

早收到寄来论文，我特请北京师范大学经济学院白暴力教授、博士生导师阅读你的论文，因他对“转形”问题颇有研究。现将他提出的意见转交你参阅！他亲自到我家来，我们交换了意见，觉得你对价值转形问题的探讨是很有意义的，希继续努力，更上一层楼。论文论题很好，但题目是否可修改为“马克思劳动价值论中转形问题的对称不变性解法”仅供参考。

祝

春节阖府愉快，工作如意！

胡代光

2003 年 1 月 20 日

四、《一种用比价体系构建的国际比较方法》简介

本文提出了一种不同于购买力平价法的国际比较方法。本方法是江西省主要学科（社会科学）学术或技术带头人项目的核心模型在国际比较领域取得的最重要的一项原创性应用成果。

本文揭示，各国商品比价体系具有价格组成同构性、无货币量纲性、在开放条件下相同商品的比价具有趋同性和无技术差别性。价格同构性是指商品价格由物质成本、人工成本、利润三部分组成。商品比价无货币量纲性是指两种商品单位价格的比值，其货币量纲已经被消除了。趋同性是指没有商品贸易的两个国家，其相同的两种商品的比价可能是不同的；但在开放条件下商品贸易日益增多，其比价开始接近，并逐步趋同，最典型的比如欧元区各国。无技术差别性是指各国由于技术经济条件不同，劳动生产率不同，商

① 胡代光（1919 年—2012 年 12 月）中国著名经济学家。曾任第七届全国人大常委、财经委委员；北京大学校务委员，经济学院院长、教授；中华外国经济学说研究会会长，中国《资本论》研究会副会长等。长期从事经济学教学研究，著述丰厚，为中国马克思经济学、中国西方经济学研究作出了重要贡献；曾获国家社科基金著作奖，孙冶方经济科学著作奖，吴玉章、蔡元培奖等。

品价格不同，但由于价格组成的同构性和开放条件，其相同两种商品的比价可能相同，即比价消除了技术差别。比价体系的四大特性非常重要，它是构造本文所提出的新的国际比较方法的基石。

设共有 s 个国际比较参与国，每个国家有 n 个生产部门，第 k 国第 j 生产部门只有或者经折合只有同种同质的一种标准商品 q_j^k，p_j^k 为对应的单位商品价格，r_{ij}^k为 j 部门商品对基准商品 i 的比价，G^k 为 k 国的总产出，其中，k = 1，2，3，…，s 为国家序号，j = 1，2，3，…，n 为生产部门或商品序号，i 为基准部门商品序号，可以任意选定。假定各国的比价都相同 $r_{ij}^k = r_{ij}$，则 k 国以 i 商品为基准商品的总产出可以写作：$G_i^k = [r_{i1}q_1^k + r_{i2}q_2^k + \cdots + r_{ii}q_i^k + \cdots + r_{in}q_n^k]p_i^k = Q_i^k p_i^k$，其中，$Q_i^k = \sum r_{ij}q_j^k$ 称为 k 国以 i 商品为基准商品的总产品物量。如果给 k 国总产品物量以任何一个比较国 b 的基准商品 i 的价格来标出，即：$G_{ib}^k = Q_i^k p_i^b$，称为 k 国以 i 商品为基准商品，以 b 国货币为基准货币计算的比较总产出。这样，$R_{ib}^k = G_i^k / G_{ib}^k$，为 k 国与基准货币国 b 国的货币交换比率。

上述方法就利用比价体系构造了一个国际比较分析框架和获得了一套指标体系。其主要指标有基准商品、基准商品价格、基准货币，部门商品量、部门商品价格，总产出、总产品物量，比较价格、比较总产出、货币交换率。在各国部门商品量、商品价格、总产出确定的情况下，其总产品物量、比较价格、比较总产出、货币交换率都是唯一确定的。其中总产品物量、比较价格与基准商品有关；比较总产出、货币交换率与基准商品选择无关，与基准货币选择有关。这正是我们需要的。比如，无论是选粮食作为基准商品，还是以钢铁作为基准商品，只要基准货币选定了，比较国的比较总产出、货币交换率就是唯一确定的。比如，以美元为基准货币，以标准粮食为基准商品，则中美两国总产出（总产品）物量形态可以表达为多少标准粮单位，称为总产品物量，每个标准粮单位价格为多少美元；美国总产出的货币形态还是美元计价的原总产出，中国总产出的货币形态则可以表达为美元计价的总产出，称为比较总产出；本国货币总产出与比较总产出的比就是货币交换率。如果以标准钢为基准商品，则中美两国总产出（总产品物量）就表达为多少标准钢单位，每个标准钢单位价格为多少美元；中美两国美元总产出、货币交换率与以标准粮为基准计算的结果是一样的。

上述方法的一个关键假定是各国比价都相同。但在目前各国有限开放的条件下，比价很可能是不相同的。本文采用的处理办法是运用各国比价对各国产品量进行加权平均，从而获得平均比价体系。本法故称为比价法。本文运用美、中、日、德、英、法、意、印等国总产出数，假定了部门产品量，进行了示例运算，获得了各项比较指标体系。当然，由于使用了假定数，因此不是实例。

本方法与购买力平价法（简称“平价法”）理论基础不一样，指标含义不一样，模型构造与解模方法不一样。比如，比价法的理论基础是比价体系的四大特性；平价法的理论基础是同一篮子商品不同货币购买力相等。比价法的总产品物量是具备实物特性的物量，如多少标准粮单位，多少标准钢单位，比较价格和比价体系也是具有价格量纲和实物属性的，直观易解；而平价法物量、比较价格并没有实物量纲和对应的价格量纲，其国际价格是计算中介概念或虚拟概念。平价法的解模方法如 G－K 法是迭代算法；比价法是线性直解，相对容易，等等。

本文为王志国研究员主持的江西省主要学科（社会科学）学术或技术带头人项目《国民产品的系统结构与价格模型方法》的子项目，载于中国统计学会《统计研究》2005 第 11 期，中国人民大学复印报刊资料《统计与精算》F104，2006 年第 2 期将全文收录。

资料来源：王志国．崛起与创新的历程（下册）[M]．南昌：江西人民出版社，2016.

学术通信：致《统计研究》杂志社

尊敬的编辑同志：

你们好！首先非常感谢你们给我宝贵的机会，百忙中阅读此信。对你们严谨的学术风范，表示崇高的敬意！

论文《一种基于比价体系的国际比较方法》是关于国际比较的一种原创性模型与方法。本方法是建立在我本人独立发现和应用的各个国家都普遍存在的国民产品比价体系的四大特性理论基础之上、不同于目前国际上流行的购买力平价法的一种国际比较方法。其思想来源于我 1986 年前后在国务院原价格研究中心参与“中国理论价格”测算研究工作期间，我本人提出的中国理论价格测算的一种算法模型——《一种新的国民产品系统的线性价格模型》。后来，我回江西工作，由于所承担的主要是政府政策研究相关工作，这项研究一拖就是10多年。1998年，我主持江西省主要学科（社会科学）学术或技术带头人项目，这项工作才得以延续，经过多年艰辛努力，终于形成此文。

这篇论文的第一部分，作为与目前国际上流行的国际比较方法对比，简要介绍了国际比较的两种传统方法：汇率法和购买力平价法（以下简称“平价法”），并简要评述了平价法中的G-K法模型计算公式和存在的缺陷。第二部分是本论文的主体、核心。本部分提出了我创立的“比价体系法”国际比较模型与方法，简称“比价法”。其中第1小节专门提出作为理论基础的各国国民产品比价体系四大特性：即价格组成同构性、比价无货币量纲性、比价无技术差异性、开放条件下不同国家的商品比价存在趋同性。在这个基础上，第2小节提出了比价法国际比较数学模型。第三部分，以《中国统计年鉴》刊载的中、美、日、英、法、印等国的国内生产总值（GDP）数据，假设了部门产品量、部门产品价格条件，用比价法计算了各国的国民总产品的标准物量、标准价格和比较总产出、货币交换率。由于是假定条件，不能算实例，所以文中没有标明国家。第四部分是比价法与平价法的简要对比，非常简洁明确地说明了两种方法的相同与不同。所谓相同，是指平价法和比价法都定义了比价、物量、国际价格等指标；都可以计算比较总产出和货币交换率。所谓不同，是指理论依据、比较指标定义、模型构造和解模方法不同。比价法的理论依据是我独立发现和应用的比价体系四大特性；所定义的标准产品、总产品物量、标准产品价格和商品比价等指标均具有明确的物质载体、价格量纲；模型构造解法明显不同，比价法解模为线性直解。而平价法的理论依据是同一种商品篮子的不同货币购买所需的货币数量，它们是等价的；其物量、国际价格并不是具体物质产品相应量纲；G-K法用迭代方法求解。因此，两种方法是既有联系又有极大区别的国际比较模型。平价法是中国人原创的比较模型。应该说，如果两法的理论基础原理可靠的话，两法的结果应比较接近，不会差得很远。但比价法的标准品、物量、价格因为有具体的物质载体和相应量纲，因此有更好的实用意义。

应该说，构建经济数学模型和自如地运用数学方法需要深刻的数学抽象和经济学思维双重学科知识结构。我本科阶段是学数学专业，后来学经济学。我努力在基层工作实践中发现经济计量问题，然后抽象成数学模型，并力图找到解决方法。因此，我提出过多项重要经济数学模型。这篇文章是其中的一个案例。

最后，再一次对你们严谨和高度负责的学术风范，表示崇高的敬意和衷心的感谢！

江西省政府发展研究中心研究员　王志国
2005年9月23日

五、《物流场论及其在经济分析中的应用》简介

本文第一次提出了广泛存在于人类社会生产中的一种基本的“场”现象——物流场。本文认为，人类每一个生产聚集点或生活聚居点都构成一个物流源点，每一个源点与其他源点都存在物质、信息、人员、金融交流交换关系，而它们都要通过物的流动来实现交流交换。本文定义：一定的区域内，按照某种有序方法连接物流源点及其物流运动，构成一个物流场。物流场是人类生产生活物质流的基本特征的抽象。

以一定空间面积的物流水平、经济发展水平为特征指标，引用数学和物理学上的场方法论，严格地给出了物流场特征指标体系。物流功P：用货物周转量表征；物流场强度E：单位物流产生的社会生产总值；物流位势U_{ij}：物流源j对i的物流占物流源j全部物流的比重；物流密度λ：单位面积上的物流量；国土开发水平H：单位面积上的社会生产总值。上述定义、指标体系及数学表达式，构造出物流场理论体系和应用分析框架。

运用物流场理论和指标体系，可以用来分析地理、交通运输经济、生产力布局和区域经济发展等相关联的问题。本文收集了大量国际国内数据资料，实证分析了国内29个省（区、市）物流场特征与发展变化情况，分析了世界主要国家美、苏、德、日、英、法、印度的物流场特征与发展变化情况，建立了2000年前后，中国物流场发展变化的数学统计模型，特别是提出了用“等物流位势面”作为经济势力范围或经济腹地的理论与方法。

本文的主要创新点是，第一次提出了广泛存在于人类生产生活中的场现象，构建了物流场理论概念和特征指标体系。这个理论框架和分析指标为地理交通运输经济、生产力布局和国土开发、区域经济方法提供了一种新的分析框架和统计分析工具。特别是用物流等位势面确定中心城市经济势力范围

或经济腹地的方法，是关于经济腹地划分的较具科学意义的精确量化方法。

本文载于中国科学院《地理学报》第45卷第1期，1990年3月；中国人民大学复印报刊资料《中国地理》K91，1990年第4期将全文收录；1991年获江西省青年社会科学优秀成果奖一等奖；1992年获江西省第5次社会科学优秀成果奖二等奖。

资料来源：王志国．崛起与创新的历程（下册）[M]．南昌：江西人民出版社，2016.

六、《森林资源循环的一般均衡模型》简介

本文从经济学一般均衡思想出发，提出了森林资源循环、永续利用的一种理想稳定状态——一般均衡态模型；提出了一般均衡态和三种特殊均衡态的控制与实现方法；提出了森林资源循环一般均衡表编制及其应用方法；并对已有的一些理想森林模型进行了归纳分析，提出了异龄林按多层细分面积插花状不规则分布实现同龄化的设想与方法。

本文主要思想与创新性工作有以下四个方面。

1. 依据数学逻辑化形式化原理，提出了森林经理学重要概念的一系列的公设，定义、性质、定理。定义了特定面积上的林区森林生长量、采伐量、蓄积量和保有蓄积等重要概念和特征量指标，定义了均衡采伐和非均衡采伐概念，推导出不同采伐模式下各特征量的相互数量关系、性质、定理。特别是提出了保有蓄积量（M）的概念。本文指出从森林经理上看，只有保有蓄积量才是森林生产力和生态功能最直接的生物基础。通过控制保有蓄积量及其林分结构的稳定，使森林采伐量、枯损量之和与森林生长量相等，从而达到或进入森林资源循环的一般均衡状态，并据此构造出森林资源循环的一般均衡模型。由于模型表达的思想正是森林可持续发展的核心要求，因此，本模型可以看作森林可持续发展的一种数量表达方式。

2. 提出并构造了森林资源循环的三种特殊或称为三种基本的优化均衡态模型。依据森林资源的三种基本功能：提供给人类生存的生态环境、提供活立木的生物生产、通过交易提供人们的经济收益，提出了森林资源循环保有蓄积的三种特殊量：生态基量M_e、生物效量M_b、经济效量M_r；构造了与其对应的三种特殊或优化均衡态：生态基均衡态、生物效均衡态、经济效均

衡态；并提出了实现其功能的控制方法。这些特殊或称为基本的优化的均衡态，是森林可持续发展在生态、生物、经济社会三个主要方向上的优化控制状态。

3. 在揭示森林资源循环一般均衡态各特征量及其数量关系的基础上，提出了一般均衡表及其编制应用方法。它用于森林经营管理，具有直观、明了和多功能性，并将十分复杂的理论模型简便操作化，可以广泛用于林区的经营管理和优化控制。

4. 用一般均衡的思想和方法对已有的几种森林采伐模式如均衡采伐、非均衡采伐、同龄林法正采伐、异龄林法正采伐等，进行了归纳分析。提出了按多层细分面积不同构造分布的方法，把各种采伐模式统一为法正均衡采伐模式，特别是提出了异龄林同龄化、异龄林构造法正状态的思想和方法。

本文最初在“中国林业系统工程学会第二届年会”发表，载于《江西农业大学学报》1995 年第 2 期；1996 年获江西省科学技术协会首届一等优秀论文奖。

资料来源：王志国．崛起与创新的历程（下册）[M]．南昌：江西人民出版社，2016.

学术通信：致北京林业大学于政中[①]教授

尊敬的于老师，您好！

您 3 月份的来信收到，非常感激老师在百忙之中抽看学生的论文，并给予详尽的指导。老师严谨的治学态度，鼓励、扶持后学的崇高精神，学生感到万分敬仰！

我写这篇文章断断续续花了好几年时间，认真参阅研究了森林经理、森林调查统计等方面的相关文献、教科书。包括您编著的《森林经理学》教材和您译著的日本学者铃木太七所著的《森林经理学》，走访了江西省内有关专家、学者，如江西省林科院肖南安院长、江西农业大学丁思统教授、省

① 于政中（1926 年 1 月—1997 年 1 月），我国著名森林经理学家、森林经理学开拓者，北京林业大学教授。20 世纪 80 ~ 90 年代，先后引进翻译出版了日本著名林学家井上由扶的《森林评价》、铃木太七的《森林经理学》、美国著名林学家 J. L. 克拉特等的《用材林经理学——定量方法》等，并主编我国林学经典教材《森林经理学》。其研究成果多次获林业部科技进步奖。

林业厅优秀青年学者邱水文硕士等，听取他们的指导和意见。算是绞尽脑汁、呕心沥血之作。由于学生知识结构有限，功底尚浅，其疏漏之处，自不待见。

如果详细向您汇报这篇文章的相关理论与实践操作问题，一封信容量肯定不够。我在争取机会去一趟北京，当面聆听老师的教导。这些想法我和肖南安院长谈过，他很支持，并说争取我们一起去。下面，我向老师简要汇报三个重要问题的想法和研究体会。

1.《森林资源循环一般均衡模型》的核心思想是引进经济学一般均衡思想于森林经理学，提出保有蓄积量的概念，在林分结构稳定的基础上，提出通过采伐量加上自然损失量，与生长量的动态平衡，实现森林资源循环的一般均衡状态。同时，提出通过控制特定数量和结构的保有蓄积量，实现森林经理不同目标下的持续最优均衡态，即生态基、生物效、经济效三种特殊均衡态；并提出一般均衡表的编制与应用方法。应该说，这种思想方法可以适用任何生态系统，如陆地动植物、海洋生物乃至微生物系统的持续均衡循环发展问题；并不受森林经理学中的同龄林、异龄林、法正林、调整林或者疏密度的限制。本文还提出了异龄林同龄化、细分面积等有关概念、设想与方法。这是由一般均衡模型的思想与方法形成的相关概念和方法，它们在森林经理学上也应是有十分重要意义的概念和方法。特别是异龄林同龄化方法，它把复杂的异龄林采伐控制问题简化为同龄化的采伐控制，建立了异龄林与同龄林在森林经理上的等价管控方法。

2. 对于均衡、非均衡采伐，狭义、广义法正林，同龄、异龄林，调整林等概念模式和特征量，本文围绕森林长消均衡这一核心思想，按照特定的思路和森林经理学概念表达方式，给予数学公设、定义、定理形式表述、图解、或者给予归纳。其中有一些扩张延伸，并沟通原来并不直接相关的一些概念的关系。期望通过这些工作，对森林经理上一些概念和方法使之有较严密的数学表述，如均衡、均衡采伐，森林循环的各种特征量等。而对另外一些概念，期望起到拓广、加深人们的认识理解的作用，如各种经典的理想采伐模式、同龄林法正林模式、异龄林同龄化法正模式等。这些对于一个学科的严密性来说，是非常必要的。当然我的这些工作主要是作为我以一个数学专业的思维结构来思考的，很可能有遗漏和不完善的地方，这是特别需要您这样的森林经理学专家来指点和斧正的。

3. 关于广义法正林，本文只简略地提到并指出需要进一步解决的问题，并未作详细的比较讨论。我对这个问题的认识最初是在大学数学系学习概率与数理统计课程中遇到的马尔科夫过程，读《森林经理学》教科书时，才知道林龄转移空间是一个很典型的马尔科夫链：其林龄转移矩阵的元素就是P_{ij}——i 龄级林分在 j 分期被采代的概率——减反率 q_j。马尔科夫过程的结果是：只要转移矩阵满足两个条件：（1）正规；（2）P_{ij}不变。经过有限步分期转移后，其转移矩阵表达的特定系统的状态，就会达到一个平衡点（不动点）；再无限次转移下去，也只能保持这种状态，也就是均衡态。在这里就是林分结构、保有积蓄量、生长量与采代量均保持不变。广义法正林是森林循环的一般均衡态。但是，它没有通过控制保有蓄积量达到和实现各种最优均衡态的理论和方法。应该说，通过控制林龄转移矩阵实现森林循环最优均衡态是一个重大研究课题。我反复认真研读了老师的译著《森林经理学》①，特别是第Ⅲ章第 2、第 3 节（P139 ~ P147）以及第Ⅳ章与之相关的内容。当然学生理解上可能存在不周全的地方，需要老师多多指导。

收到老师的信后，我反复琢磨您提到的有关问题很久，加上单位工作繁忙，很晚才给您写这封信，余言未尽，待将来当面聆听老师的教诲。

再一次对老师的指导和关怀表示万分感激！

敬祝老师身体健康，工作愉快！

您的学生：王志国　敬启

1995 年 5 月 30 日

关于《森林资源循环的一般均衡模型》论文申报省科协一等优秀论文的推荐意见

该论文从均衡思想出发，提出了森林资源良性循环、永续利用的一种稳定状态——一般均衡态模型；探讨了一般均衡态和三种特殊均衡态的控制和实现方法；并对已有理想森林模型进行综合分析、科学归纳，提出了新颖而科学的异龄林按多层细分面积呈插花状不规则分布实现同龄化的设想与方法。论文中具有许多创新点。

---

① ［日］铃木太七．森林经理学［M］．于政中，译．北京：北京林学院，1983.

（1）提出了保有森林蓄积量概念，认为它是森林生产力和生态功能最直接物质基础，通过控制保有蓄积量及其结构的稳定，达到森林资源循环的一般均衡态。本文通过公设、定义、特征量及相互数量关系、定理等构造出森林资源循环的一般均衡模型。模型是一种数量化表达方式，其表达的中心思想是森林可持续发展的核心。

（2）根据森林的生态环境、生物生产、经济收益三种基本功能，提出了森林资源循环（保有蓄积）的三种特殊或优化均衡态及其控制实现方法。

（3）在揭示森林循环一般均衡各特征量及其数量关系的基础上，提出了一般均衡表及其编制应用方法。它用于森林经营管理，具有直观、明了、多功效等实用性。

（4）用均衡思想和方法，对几种理想的森林采伐模式进行了分析归纳，运用多层细分面积法，把不同采伐模型统一为法正均衡采伐模型，特别是提出了异龄林同龄化、异龄林构造法正状态的思想和方法，等等，均为创新。

总之，该论文是一篇技术难度大、理论水平高，具有科学性、先进性、新颖性和实用性，达到国际同类先进水平的优秀论文。

推荐人：江西省林业科学院

1996 年 4 月 30 日

附录二：

研究成果历年获奖情况

（共 34 项成果 39 次获奖）

1.《关于把我省打造成中医药产业强省的政策建议报告》，2014～2015 年度国务院发展研究中心科技进步奖“中国发展研究奖”二等奖。

2.《今后一个时期江西加快发展的宏观环境与战略思路研究》，2012～2013 年度“中国发展研究奖“三等奖。

3.《江西生态城市建设、指标体系与促进措施政策研究》，2010～2011 年度“中国发展研究奖“三等奖。

4.《国民产品的价格模型方法》，第四届“薛暮桥价格研究奖”著作奖（不分等级），2007 年 11 月；江西省主要学科（社会科学）学术或技术带头人项目。

5.《县域经济高质量跨越式发展的有益探索》，中国生产力学会，第十一届全国优秀生产力理论与实践成果奖（不分等级），2020 年。

6.《科学发展观与江西社会事业发展》，2006～2007 年度“中国发展研究奖“三等奖；江西省第十二次社会科学优秀成果奖，一等奖，2007 年 7 月。

7.《扩大消费，拉动江西经济进一步持续快速增长》，2004～2005 年度“中国发展研究奖”三等奖。

8.《南昌高校新区的建设及其基本经验》，江西省第十一次社会科学优秀成果二等奖，2005 年 12 月。

9.《开创赣港合作互动新时代》，2008～2009 年度“中国发展研究奖”三等奖。

10. 《关于加快我省农业产业化发展的调研报告与政策建议》，江西省第十三次社会科学优秀成果奖，三等奖，2009 年 9 月。

11. 《马克思“价值转形”的对称不变性解法》，第三届“薛暮桥价格研究奖”论文奖（不分等级），2004 年 7 月。

12. 《“十五”时期江西支柱产业发展研究》，2002 ~ 2003 年度“中国发展研究奖”三等奖。

13. 《新形势下江西就业状况分析及对策研究》，江西省政府系统调研课题优秀成果奖一等奖，江西省人民政府办公厅，2003 年 9 月。

14. 《江西省建立风险投资机制的研究》，江西省第十次社会科学优秀成果奖二等奖，2002 年 12 月。

15. 《江西省企业技术创新体系建设研究》，江西省第十次社会科学优秀成果奖三等奖，2002 年 12 月。

16. 《加入世界贸易组织（WTO）对我省经济发展的影响与对策分析》，江西省第九次社会科学优秀成果奖三等奖，2000 年 12 月。

17. 《转变江西经济增长方式研究》，1998 ~ 1999 年度“中国发展研究奖”三等奖。

18. 《关于我省实施跨世纪开放兴省战略的初探》，江西省纪念党的十一届三中全会二十周年暨第五次邓小平理论研讨会，三等奖，中共江西省委宣传部等，1998 年。

19. 《稀土产业能不能成为江西优势产业》，进一步解放思想、加快江西兴赣“隆中对”优秀征文三等奖，省社科联等，1998 年。

20. 《江西对外开放研究》，江西省第八次社会科学优秀成果奖二等奖，1998 年。

21. 《中国跨世纪区域协调发展战略》，1996 ~ 1997 年度“中国发展研究奖”一等奖，子课题主要执笔人。

22. 《江西稀土产业发展思路研究》，1996 ~ 1997 年度“中国发展研究奖”三等奖。

23. 《关于宜春地区推进农业工业化的考察报告》，江西省人民政府决策咨询委员会金策奖，不分等级，1997 年。

24. 《中国地区协调发展战略与政策综合研究》，国家科技进步奖二等奖；子课题主要执笔人，1996 年。

25. 《中国农村产业结构及其调整障碍》，江西省第七次社会科学优秀成果奖三等奖，1996 年 12 月。

26.《九十年代至下世纪初江西支柱产业及其发展对策》，江西省第七次社会科学优秀成果奖二等奖，1996 年 12 月；江西省建设有中国特色社会主义理论学术研讨会，二等奖。

27.《森林资源循环的一般均衡模型》，江西省科协首届一等优秀学术论文，一等奖，1996 年。

28.《江西省边际地区经济发展与政策环境研究》，江西省首届润田经济学奖，三等奖，1996 年。

29.《跨世纪的 2 +3 战略》，“走向 21 世纪兴赣隆中对”优秀征文二等奖，省社科联等，1995 年。

30.《多维经济系统价格体系非唯一性及其证明》，江西省第三次青年社会科学优秀成果奖二等奖，1993 年。

31.《物流场及其在经济分析中的应用》，江西省第五次社会科学优秀成果奖，二等奖，1992 年；江西省首届青年社会科学优秀科研成果奖一等奖，1991 年。

32.《中国理论价格的测算与模型方法》，江西省第二次青年社会科学优秀科研成果奖一等奖，1992 年。

33.《一种计算国民产品系统理论价格的线性模型》，江西省第四次社会科学优秀成果奖二等奖，1990 年。

34.《中国非均衡传统农业的改造》，纪念农村改革十周年理论讨论会优秀论文，中央书记处政策研究室等，1989 年。